Detlef Garz

Sozialpsychologische Entwicklungstheorien

Detlef Garz

# Sozialpsychologische Entwicklungstheorien

Von Mead, Piaget und
Kohlberg bis zur Gegenwart

4. Auflage

**VS VERLAG** FÜR SOZIALWISSENSCHAFTEN

Bibliografische Information der Deutschen Nationalbibliothek
Die Deutsche Nationalbibliothek verzeichnet diese Publikation in der
Deutschen Nationalbibliografie; detaillierte bibliografische Daten sind im Internet über
<http://dnb.d-nb.de> abrufbar.

1. Auflage 1989
2. Auflage 1994
3. Auflage 2006
4. Auflage 2008

Lektorat: Stefanie Laux

VS Verlag für Sozialwissenschaften ist Teil der Fachverlagsgruppe
Springer Science+Business Media.
www.vs-verlag.de

Umschlaggestaltung: KünkelLopka Medienentwicklung, Heidelberg
Druck und buchbinderische Verarbeitung: Krips b.v., Meppel
Gedruckt auf säurefreiem und chlorfrei gebleichtem Papier

ISBN 978-3-531-16321-5

# Inhalt

# Vorwort

Ich habe beim Schreiben dieses Textes an Anfänger und „fortgeschrittene Anfänger" gedacht, die sich mit sozialisations- und entwicklungstheoretischen Fragen
aus einer bestimmten Perspektive vertraut machen möchten; nämlich mit Arbeiten, welche zentrale Dimensionen menschlicher *Entwicklung* wie (logisches) Denken und Moral, aber auch unser Verhältnis zum Ästhetischen und Letztgültigen
*als stufenförmig* sich ausbildend darstellen und diskutieren. Gemeint sind also Studierende der Soziologie, der Erziehungswissenschaften und Psychologie, die einen
ersten, möglicherweise auch einen zweiten Blick auf ein Gebiet werfen wollen, das
bisher noch wenig erschlossen ist. Dabei kann es sich nicht um eine vollständige
Darstellung der jeweiligen Theorie handeln, sondern nur solche Aspekte können
aufgegriffen werden, die für das Verständnis der *entwicklungsbezogenen* Thematik
notwendig sind.

Die einzelnen Kapitel stellen jeweils eine Person in den Mittelpunkt. Dies könnte Anlass für die Vermutung geben, dass es mir noch einmal darum geht, eine
Theorie „großer Persönlichkeiten" zu formulieren und damit hinter Brechts „Fragen eines lesenden Arbeiters" zurückzufallen:

Der junge Alexander eroberte Indien.
Er allein?
Caesar schlug die Gallier.
Hatte er nicht wenigstens einen Koch bei sich?
Philipp von Spanien weinte, als seine Flotte
Untergegangen war. Weinte sonst niemand?
Friedrich der Zweite siegte im Siebenjährigen Krieg. Wer
Siegte außer ihm?

Jede Seite ein Sieg.
Wer kochte den Siegesschmaus?
Alle zehn Jahre ein großer Mann.
Wer bezahlte die Spesen?

So viele Berichte
So viele Fragen.

(Brecht 1973, S. 111).

Lässt sich die von mir gewählte Vorgangsweise angesichts solcher Einwände überhaupt rechtfertigen? Ich denke, ja. Sobald man sich verdeutlicht, dass ein Text einführenden Charakters gerade um Übersichtlichkeit und „einfache Linienführung" bemüht sein muss, zeigt sich die Notwendigkeit zur Heraushebung bestimmter Aspekte und der Zurückstellung anderer. Ich muss gestehen, dass mir in diesem Fall die Betonung von „Klassikern" der geeignetste Weg der Darstellung erschien. Dabei ist mir bewusst, dass ich damit vielen anderen Wissenschaftlern, auch den Mitarbeitern und Mitarbeiterinnen der präsentierten Autoren, Unrecht tue. Ich muss das zugunsten einer besseren Lesbarkeit in Kauf nehmen. Aber gerade die Wegweiser in einem Labyrinth sollten sich durch Einfachheit auszeichnen.

Danken möchte ich für Rat und Tat den Kollegen und Freunden. Insbesondere Wolfgang Althof, Fritz Oser und Michael Zutavern in Freiburg/Schweiz sowie Stefan Aufenanger, Klaus Kraimer, Roland Maier und Uwe F. Raven. Die Deutsche Forschungsgemeinschaft hat mir im Rahmen eines Ausbildungsstipendiums einen Aufenthalt bei Lawrence Kohlberg am Center for Moral Education der Harvard Universität sowie bei Ulrich Oevermann an der Universität Frankfurt ermöglicht. Last but not least: Die erste Texterstellung lag in den Händen von Frau Hügelmeyer und Frau Wallner (Osnabrück).

# 1. Einleitung

„We get so soon old and so late smart".
Sprichwort bei deutsch-amerikanischen Farmern

Der gewählte Titel „Sozialpsychologische Entwicklungstheorien" bedarf einer Erläuterung und Eingrenzung. Zunächst soll damit betont werden, dass es die **menschliche** Entwicklung ist, die im Folgenden thematisiert wird. Unter Entwicklung können ja in einer ersten und ganz allgemeinen Bestimmung jegliche „Veränderungen von Entitäten im Zeitkontinuum" (Baltes/Sowarka 1983, S. 12) verstanden werden – auch bei Gesellschaften und selbst bei Fotografien spricht man von Entwicklung. Demgegenüber beschränkt sich die Diskussion im Schnittfeld von Sozialisationsforschung, Sozial- und Entwicklungspsychologie auf „Veränderungen menschlichen Verhaltens innerhalb des zeitlichen Kontinuums von der Konzeption bis zum Tod" (ebd., S. 14). Und auch diese Bestimmung ist für die hier ausgewählten Konzepte noch zu allgemein, da die Vorstellungen, welche Form diese Entwicklung annehmen kann, vielfältig sein können.

Dennoch erfolgt die vorgenommene Auswahl nicht beliebig. Die in der vorliegenden Arbeit versammelten Ansätze formen ein Paradigma, also eine Anzahl von Theorien, die – bei allen Unterschieden im Detail – gemeinsame Merkmale aufweisen. Das soll erläutert werden. Je nachdem, ob Entwicklung eher kontinuierlich, also „als allmählicher Übergang" mit kleinen Verhaltensänderungen, verstanden wird, oder ob sie eher diskret bzw. diskontinuierlich, also in deutlich erkennbaren Entwicklungsschritten verlaufend, konzipiert wird, ergeben sich für einen theoretischen Zugriff grundlegende Unterschiede[1]. Im ersten Fall erfolgt eine Erklärung der Entwicklung überwiegend mithilfe lerntheoretischer Modelle, beispielsweise durch die verschiedenen Formen der Reiz-Reaktions-Ansätze, die mit den Namen von Pavlov bis Skinner verbunden sind. Im zweiten Fall haben wir es mit einer Form der hier anzusprechenden Stufentheorien zu tun.

Nun können und sollen wiederum nicht alle Theorien, die von einem stufenförmig verlaufenden Entwicklungsprozess ausgehen, hier beschrieben werden. Weite-

---

1   Aus einer wissenschaftstheoretischen Perspektive lässt sich die **Wahl** eines kontinuierlichen oder eines diskontinuierlichen Entwicklungsansatzes als **Entscheidung** darstellen, die vor aller empirischen Arbeit getroffen wird und letztendlich nur im Hinblick auf die Fruchtbarkeit der Ergebnisse legitimiert werden kann. Mühle weist auf den Akt der Dezision hin und verdeutlicht ihn anhand Rilkes „Malte Laurids Brigge", in dem die Rede ist von der „unendlichen Realität des Kindseins", von dem er weiß, „daß es nicht aufhören würde, so wenig das andere erst begann". Und ergänzend heißt es, „daß es natürlich jedem freistand, Abschnitte zu machen, aber die waren erfunden" (Mühle 1970, S. 36).

re Präzisierungen sind notwendig. Zum einen liegt den in dieser Arbeit präsentierten Theorien **eine** spezifische Idee der Stufenabfolge zugrunde: Die Vorstellung, dass sich die einzelnen Stufen jeweils auf die angegebene Weise folgen; d. h. dass deren Reihenfolge unveränderlich ist, dass keine Stufe übersprungen werden kann und dass auch – von eng begrenzten Ausnahmen abgesehen – kein Rückfall von einer einmal erreichten Stufe möglich ist. Bei einer Entwicklungsfolge, die diese Kriterien erfüllt, kann von einer **Logik** der Entwicklung gesprochen werden.

Damit ist jedoch noch nichts darüber gesagt, welche **Mechanismen** diese Entwicklung bewirken. Bei einer feststehenden Reihenfolge der Stufen liegt es vermeintlich nahe, eine Reifung, d. h. ein im Organismus bei Geburt bereits angelegtes Entwicklungsprogramm zu unterstellen. Dies ist ein Weg, der in der Tat von vielen Entwicklungstheoretikern von Anfang bis Mitte des vergangenen Jahrhunderts eingeschlagen wurde. Ich kann deren Arbeiten an dieser Stelle nicht würdigen. Es lässt sich jedoch zeigen, dass jene Erklärungsversuche für die hier interessierenden Entwicklungsbereiche wenig relevant sind: Wie sollte ein internes Entwicklungsprogramm aussehen, das qualitativ unterschiedliche Stufen im Laufe der Zeit steuert und ablaufen lässt? Demgegenüber wird Entwicklung in den hier zusammengefassten Theorien interaktionistisch verstanden, also als bewirkt durch die aktive Auseinandersetzung des Individuums mit der Umwelt, sei es die äußere Natur oder die Gesellschaft[2].

Es lässt sich noch ein anderes, gesellschaftstheoretisches Kriterium für die Auswahl der hier präsentierten Stufentheorien benennen, nämlich eine Ausbildung sozialer Strukturen, auf die Jürgen Habermas im Anschluss an Max Weber aufmerksam gemacht hat: Mit dem Prozess der historischen Ausdifferenzierung von Gesellschaften geht eine typische Entwicklung individueller Bewusstseinsstrukturen einher. Es sind vor allem drei Bereiche menschlichen Denkens, die sich aus der religiösen Tradition herausgelöst haben und die jetzt überwiegend getrennt voneinander, jedoch sich auch zum Teil noch berührend, existieren. Um welche Bereiche handelt es sich?

„Mit Wissenschaft und Technik, mit autonomer Kunst und den Werten der expressiven Selbstdarstellung, mit universalistischen Rechts- und Moralvorstellungen kommt es zu einer Ausdifferenzierung von *drei Wertsphären, die jeweils einer eigenen Logik folgen*" (Habermas 1981, Bd. I, S. 234; Hervorhebung im Original). Für das Subjekt bedeutet dies, dass mit dem Zerfallen der klassischen (metaphysisch oder religiös gespeisten) Weltbilder „die überlieferten Probleme unter den spezifischen Gesichtspunkten der Wahrheit, der normativen Richtigkeit, der Authentizität oder Schönheit aufgespalten, (und) jeweils *als* Erkenntnis-, *als* Gerechtigkeits-, *als* Geschmacksfragen behandelt werden können" (Habermas 1981a, S. 452). Die

---

2 Von den Stufentheorien der Entwicklung sind weiterhin die sogenannten Phasentheorien (z. B. in der Psychoanalyse Freuds und (teilweise) bei E. H. Erikson) zu unterscheiden, die überwiegend von der Vorstellung einer Reifung der jeweiligen Fähigkeiten ausgehen, somit stärker biologisch ausgerichtet sind und die Wechselwirkung von Umwelt und Individuum gering(er) schätzen.

Fähigkeit zur Erkenntnis oder, allgemeiner, zu denken, zu gerechten oder moralischen Urteilen und zu Geschmacks- bzw. ästhetischen Urteilen steht nun (neben der Fähigkeit des religiösen Urteils) im Zentrum der hier zu präsentierenden Theorien. Die Idee, dass sich diese Fähigkeiten auf eine spezifische Art und Weise entwickeln, ist deren vereinendes Band.

Noch ein weiterer Punkt lässt sich in diesem Zusammenhang benennen. Die angesprochenen Fähigkeiten müssen sich von den Subjekten nicht nur anwenden, sondern auch verteidigen lassen. Wahrheit, Gerechtigkeit sowie Schönheit und Religiosität sind Konzepte, die mit einem normativen, d. h. einem Wahrheits-, Richtigkeits- bzw. Wahrhaftigkeitsanspruch verbunden sind. Eine Person, die sich auf solche Konzepte beruft, muss prinzipiell in der Lage sein, Gründe für ihre Entscheidung zu mobilisieren. Das gelingt für den Bereich der kognitiven Entwicklung besser als für die moralische Entwicklung und dort wiederum besser als für ästhetische und religiöse Aussagen. Bei Unklarheiten, die die ersten beiden Bereiche betreffen, ist – im Prinzip – eine diskursive Wahrheits- bzw. Gerechtigkeitsfindung möglich, im Falle der ästhetischen und religiösen Aussagen verfügen wir nur über eine schwächere Form der „Beweisführung": Die Kritik bzw. genauer: Die Kunstkritik sowie das religiöse Gespräch.

Die vorliegende Arbeit berücksichtigt die genannten Hinweise und versucht, vor allem zwei Fragerichtungen hervorzuheben, die sich zwar nicht immer der Sache nach, wohl aber doch analytisch trennen lassen.

1. Einmal soll gezeigt werden, wie sich *menschliche Entwicklung* vollzieht. Welches die Bereiche dieser Entwicklung sind und wodurch diese Entwicklung ihrerseits bewirkt wird. Diese Darstellung führt zu dem Ergebnis, dass es sich bei den hier diskutierten Fähigkeiten um fest im Subjekt verankerte Kompetenzen handelt. Insofern haben wir es nicht nur mit einer sozialisations- bzw. entwicklungstheoretischen Fragestellung zu tun, sondern auch mit einer anthropologischen Konzeption. Die sich entwickelnden individuellen Fähigkeiten sind zugleich tief in der Gattung verankert (vgl. Garz 1989).

2. Wie gestaltet sich die *Entwicklung der Theorien* im Laufe der Zeit, d. h. von der ersten wissenschaftlich inspirierten Konzipierung bei Baldwin bis zu den Weiterführungen der Gegenwart; generell formuliert: Von Baldwins Versuch einer umfassenden Darstellung der verschiedenen Entwicklungsbereiche über Meads Aussagen zur „Rollenübernahme" und zum (ethischen) Selbst hin zu Piagets Untersuchungen zu Moral und Kognition bis zu Kohlbergs Stufen der Gerechtigkeitsentwicklung und Gilligans Erweiterungen im Hinblick auf eine Moral der Fürsorge und Anteilnahme sowie den Arbeiten zur religiösen und ästhetischen Entwicklung bei Fritz Oser bzw. Michael Parsons?[3] Antworten

---

3 In meinem Band „Theorie der Moral und gerechte Praxis" (Wiesbaden 1989) habe ich stärker theoretisch-systematisch argumentiert und zentrale methodologische Fragen diskutiert, nämlich:

auf diese Fragen werden in den folgenden acht Kapiteln, die also *historisch-inhaltliche* wie *systematische* Untersuchungen beinhalten, vorgetragen. Eine Grafik soll diese Idee illustrieren und idealtypisch verdeutlichen, wie die verschiedenen Bereiche sich ausdifferenzieren.

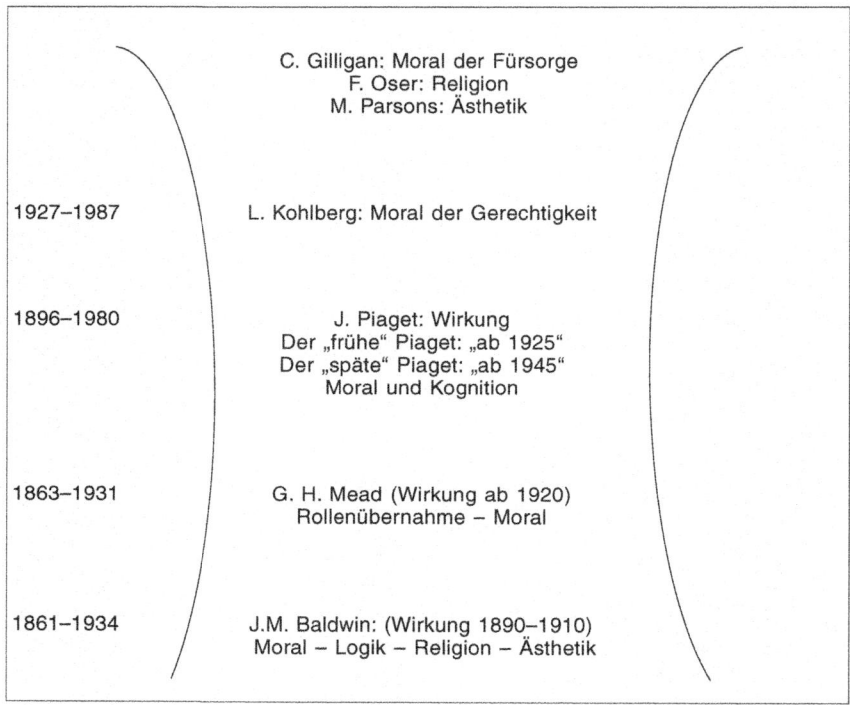

Der Ausgangspunkt wissenschaftlich inspirierter Theorien zur Stufenentwicklung menschlicher Fähigkeiten ist in den umfangreichen Arbeiten James Mark Baldwins zu finden, die heute – wie ich zeigen werde: zu Unrecht – fast gänzlich vergessen sind (Kapitel 2). Baldwin hatte versucht, für die verschiedenen Bereiche der

---

1. Welche Aussagen konstituieren den Strukturkern des Kohlbergschen – oder wie ich dort formuliere: des rekonstruktiven – Wissenschaftsprogramms; wissenschaftstheoretisch gefragt: Lassen sich innerparadigmatische, aber transtheoretische Aussagen zum „hard core" der Ansätze von Chomsky, Piaget und Kohlberg formulieren?
2. Welchen Beitrag zum rationalen Theoriefortschritt generiert der ausgewiesene Strukturkern; konkret: Lassen sich Bereiche zeigen, auf die die Kohlbergschen Basisaussagen erfolgreich (progressiv) anwendbar sind? In Beantwortung dieser Frage diskutiere ich das Verhältnis von moralischem Urteilen und Handeln sowie das Problem der Errichtung von gerechten Gemeinschaften (just communities).

menschlichen Entwicklung – für Kognition, Moral, Religion und Ästhetik – *eine* angemessene Erklärung vorzulegen. Diese Vorschläge gerieten aufgrund der eigentümlichen Rezeption, die Baldwin widerfuhr, relativ bald in Vergessenheit, hatten aber dennoch die Kraft, sich gewissermaßen unbemerkt in die verschiedenen Folgetheorien einzunisten und diese in einem nicht unbeträchtlichen Maße zu beeinflussen.

In Auseinandersetzung mit, aber auch in Abgrenzung zu Baldwins Arbeiten vollziehen sich dann die Überlegungen George Herbert Meads, aus dessen umfangreichen Gesamtwerk hier nur eine Auswahl, nämlich die entwicklungstheoretisch akzentuierten Aussagen, vorgestellt wird (Kapitel 3). Diese bezieht sich auf den Erwerb der Fähigkeit zur Rollenübernahme (taking the role of the other) sowie auf das Verhältnis von Individuum und Gesellschaft, das im Handeln der Subjekte als Widerstreit, aber auch als Zusammenarbeit von „I" und „Me" aufscheint. Schließlich liefern die ethischen Vorstellungen Meads einen wichtigen Beitrag und eine unmittelbare Voraussetzung für die Arbeiten zur Gerechtigkeitsentwicklung von Lawrence Kohlberg.

Bei Piaget, der explizit auf Baldwin zurückgreift, lassen (in Kapitel 4) sich zwei große Arbeitsschwerpunkte im Hinblick auf die Formulierung von Stufentheorien unterscheiden. Einmal, das gilt eher für den „frühen" Piaget der 20er und 30er Jahre, stellen seine Arbeiten „Zum moralischen Urteil beim Kinde" die ausgiebige und bis heute vorbildhafte Behandlung der Entwicklung der Moral dar. Zum anderen, das trifft stärker für die Arbeiten des „späten" Piaget ab den 40er Jahren zu, errichtete er ein Gebäude von Aussagen im Hinblick auf die Ausbildung der Fähigkeit zur kognitiven, also Denkentwicklung.

Ein vorläufiger Höhepunkt dieser Diskussion liegt mit den Veröffentlichungen Kohlbergs vor (Kapitel 5). Kohlberg hat die verschiedenen und bis dahin getrennt nebeneinander stehenden Stufentheorien aufgegriffen und verbunden. Er hat sowohl das interaktionistische Programm Baldwins und Meads wie den Strukturalismus Piagets in ihrer jeweiligen Stärke erkannt und in einer Zusammenbindung diese Elemente verknüpft und damit erhalten. Inhaltlich war er damit in der Lage, eine Stufentheorie der Entwicklung von Gerechtigkeitsurteilen zu formulieren, die Erkenntnisgewinn ausgelöst und in weite Bereiche hinein, selbst dann, wenn sie kritisiert wurde, fruchtbar gewirkt hat.

In Kapitel 6 schildere ich eine Theorie moralischer Entwicklung, die in unmittelbarer Auseinandersetzung mit den Kohlbergschen Ideen entstanden ist: Die Konzeption einer Moral der Fürsorge von Carol Gilligan. Gilligans These besagt, dass das von Kohlberg untersuchte Gebiet nur einen Bereich moralischen Denkens adäquat abbildet, nämlich das Gebiet einer Gerechtigkeitsmoral. Eine weitere wichtige Variante moralischen Urteilens, die Position einer Moral der Fürsorge, geht, so die These, in den Kohlbergschen Ausführungen verloren. Trifft das zu, so wäre dies vor allem deshalb problematisch, da sich in der vernachlässigten Moral der Fürsorge (care) und Anteilnahme möglicherweise gerade die Stimme von Frauen zum Gehör bringt.

Schließlich kommen zwei Konzeptionen zur Sprache, die sich noch in einer vergleichsweise frühen Phase der Ausarbeitung befinden.

In Kapitel sieben stelle ich die Forschungsergebnisse zur Entwicklung des religiösen Urteils vor, die von Fritz Oser und Mitarbeiter/innen seit einer Reihe von Jahren am Pädagogischen Institut der Universität Freiburg/Schweiz vorgelegt werden. In fruchtbarer Aufnahme werden hier zunächst die Kohlbergschen Vorschläge zur Stufentheorie der Gerechtigkeitsentwicklung adaptiert und dann in eigenständiger Weise neu bearbeitet, um das Gebiet der religiösen Entwicklung angemessen erfassen zu können. Im Verlauf dieser Forschungen konnte aufgewiesen und empirisch gut dokumentiert werden, dass auch von einer Entwicklung des Verhältnisses von Mensch und Letztgültigem gesprochen werden kann.

Der im achten Kapitel präsentierte Entwurf von Michael J. Parsons zur Entwicklung ästhetischer Vorstellungen ist der jüngste Versuch der Behandlung eines Gegenstandes in stufentheoretischer Absicht. Insofern zeigen sich dort noch die größten Unsicherheiten und Beschränkungen. Dennoch kann anhand eines Objektbereiches – der ästhetischen Beurteilung von Bildern – verdeutlicht werden, inwieweit Stufentheorien der Entwicklung auch auf diesem Gebiet Erkenntniszuwachs zu sichern in der Lage sind.

Im Ausklang sollen einige Reflexionen angestellt werden, die sich nicht so sehr auf die präsentierten theoretischen Entwürfe beziehen, sondern eher auf vernachlässigte Konzeptionen und mögliche Tendenzen für die zukünftige Forschung und Theoriebildung aufmerksam machen sollen.

# 2. James Mark Baldwins Konzeption einer Theorie der sozialen Entwicklung

„Baldwin had done nothing less than
bring idealism down to earth"
E. Becker

## 2.1 Biographisches

James Mark Baldwin wurde am 12. Januar 1861 in Columbia, South Carolina, geboren und starb am 8. November 1934 in Paris. Er sah sein erfülltes Leben als zwischen „zwei Kriegen" liegend, dem amerikanischen Bürgerkrieg (1861–1865) einerseits, den er als Sohn von „Yankees" (Nordstaateneltern) in den Südstaaten erlebte, und dem Ersten Weltkrieg andererseits, den er – aufgrund eines Skandals, in den er verwickelt war und seiner daraufhin folgenden „Emigration" – in Paris als „Wahlfranzose" mitempfand und durchlitt.

Baldwin wuchs in einer Familie auf, die von den religiösen Vorstellungen der presbyterianischen Kirche durchdrungen war, so dass seine gesamte Jugendzeit von einer Hingabe („rein im Herzen") an deren Prinzipien bestimmt war, allerdings gemildert durch die liberalen politischen Grundsätze seiner Eltern. Er besuchte zunächst zwei Privatschulen und später die Columbia Military Academy, bevor er für zwei Jahre auf Wunsch seines Vaters in einem großen Textilgeschäft seiner Heimatstadt „Disziplin lernte". Im Alter von 18 Jahren beendete er diese Tätigkeit, um sich im „Salem Collegiate Institute" in Salem, New Jersey, auf seinen Übertritt ins College vorzubereiten. Sein religiöser Glaube, „der immer noch auf dem Beispiel und der Konvention beruhte und nicht auf informierter und begründeter Überzeugung" (Baldwin 1926, Bd. I, S. 17), veranlasste ihn, den Beruf des Geistlichen anzustreben, wofür der Besuch von Kursen an einer weiterführenden Bildungseinrichtung Voraussetzung war. Die Wahl fiel eher zufällig auf Princeton, da ein Freund Baldwins sich für ein Studium dort bereits entschieden hatte.

Die Vorläuferin der heutigen Princeton University, das College of New Jersey, bot zu der Zeit des Eintritts von Baldwin im Jahre 1881 lediglich zwei Hauptstudienrichtungen an: Die auf den klassischen Disziplinen beruhende „akademische" (vor allem Sprachstudien, Philosophie und Einführungen in die Naturwissenschaften) sowie die „naturwissenschaftliche". Baldwin entschied sich, eingedenk seiner religiösen Motivation, für die erste Richtung und legte seinen Schwerpunkt, besonders im „Senior-Jahr", auf philosophische Fragestellungen. Baldwin war ein eifriger Student und qualifizierte sich im Abschlussjahr für das „Chancellor Green Stipendium", das ihm nach der Graduierung im Juni 1884 einen Aufenthalt im Ausland ermöglichte. Er wählte dafür Deutschland und verbrachte einige Zeit in Leipzig (vor allem bei Wundt), Berlin (als Hörer bei Paulsen über Spinoza) und in Freiburg.

Was dieser Schritt für seine Karriere bedeutete, beschrieb er später wie folgt: „Selbst ein so kurzer Aufenthalt in Deutschland gab mir, wie so vielen amerikanischen Graduierten in den 80er Jahren, einen deutlichen Vorteil für den beruflichen Wettlauf zu Hause. Ein deutscher Doktorgrad, oder zumindest ein Studienaufenthalt in Deutschland, war zu dieser Zeit für einen jungen amerikanischen Lehrer, der eine Stelle auf der College-Ebene anstrebte, fast unverzichtbar" (ebd., S. 35)[4].

Nach seiner Rückkehr in die USA im Herbst 1885 übernahm Baldwin eine Stelle als Dozent für Französisch und Deutsch in Princeton und begann zugleich seine Ausbildung am Theologischen Seminar, das übrigens keine Verbindung zur Universität besaß. Obwohl Baldwin bis 1887 am Seminar studierte, erwarb er dort keinen gültigen Abschluss. Der Grund hierfür lag wohl teilweise in einer bereits früher erkennbar gewordenen schlechten gesundheitlichen Verfassung Baldwins, die ihn weg vom Amt des Geistlichen und hin zum Beruf des Lehrers streben ließ, und teilweise in der „rigiden und intoleranten Theologie", die im Seminar gelehrt wurde. Schließlich zeichnete sich die Möglichkeit ab, eine Stelle als Professor der Philosophie an der Lake Forest University in Illinois anzutreten. Obwohl der Aufenthalt an dieser Stätte nur eine kurze Episode blieb (von 1887 bis 1889), waren die Weichen für eine Universitätslaufbahn jetzt doch klar gestellt.

Zum einen schloss Baldwin 1889 seine noch ausstehende Doktorarbeit über Spinoza bzw. „eine Widerlegung des Materialismus" bei seinem Lehrer James McCosh in Princeton ab, zum anderen erhielt er kurz nach der Veröffentlichung des ersten Bandes seines „Handbook of Psychology: Senses and Intellect" als 29-Jähriger einen Ruf auf den Lehrstuhl für Metaphysik und Logik der Universität Toronto. Gleich nach seiner Ankunft dort errichtete Baldwin, noch im Jahr 1889, das erste Labor für Experimentalpsychologie auf kanadischem Boden (und auch

---

4 Meine Recherchen an der damaligen Karl-Marx-Universität Leipzig ergaben, dass Baldwin sich am 18.10.1884 im Fach Philosophie für das Wintersemester 1884/85 an der Universität Leipzig eingeschrieben hatte und folgende Vorlesungen belegte:
1. Prof. Dr. Drobisch: Historische kritische Übersicht der Prinzipien der Ethik.
2. Prof. Dr. Heinze: Geschichte der neueren Philosophie von der Renaissance bis zur Gegenwart.
3. Prof. Dr. Wundt: Psychologie; Grundzüge der Ethik.
4. Prof. Dr. Biedermann: Geschichte der deutschen Literatur im 16. und 17. Jahrhundert.
Das Archiv der Humboldt-Universität zu Berlin teilt mit Brief vom 14. 10. 1986 mit, dass die Unterlagen keinen Hinweis auf eine Immatrikulation Baldwins enthalten. Auch die Unterlagen des Archivs der Universität Freiburg enthalten keinen Hinweis auf einen Aufenthalt Baldwins; vermutlich hielt sich Baldwin nur kurzfristig an diesen beiden Universitäten auf.

für das gesamte britische Empire) und zeigte damit, dass er bereit und in der Lage war, der „Neuen" empirisch und vor allem experimentell ausgerichteten „Psychologie", die er in Deutschland besonders bei Wundt kennengelernt hatte, einen soliden Platz auf nordamerikanischem Boden zu verschaffen.

Baldwin beobachtete in den folgenden Jahren vor allem sehr intensiv die Entwicklung seiner beiden Töchter (Helen, geb. 1888 und Elizabeth, geb. 1891) über eine Spanne von mehr als fünf Jahren (1888 bis ca. 1893) und musste erkennen, dass die von ihm bisher als gültig angesehene Vorstellung einer bereits beim Kind festgefügten mentalen Ausstattung nicht der Wirklichkeit entsprach. Die Vernunft bildete sich nach seinen Beobachtungen erst mit der übrigen Entwicklung des Kindes aus. Für Baldwin wurde es somit notwendig, sich sowohl mit einer empirisch fundierten Theorie der Entwicklung des menschlichen Geistes als auch mit Mechanismen, die diese Entwicklung zuallererst ermöglichen und in Gang halten, ausführlicher zu beschäftigen. Damit war der entscheidende Schritt von der (statischen) mentalen Philosophie bzw. Psychologie zur evolutionären Psychologie (und Biologie) zurückgelegt.

Obwohl die Zeit in Toronto äußerst anregend für Baldwins wissenschaftliche Arbeit war, nahm er 1893 die Berufung auf den Stuart-Lehrstuhl für Psychologie an seiner alma mater in Princeton an. Baldwin blieb zehn Jahre in Princeton; Jahre, die institutionell gekennzeichnet waren durch die Errichtung eines Experimentallabors (1894) sowie durch die Gründung von bzw. Herausgeberschaft an zwei psychologischen Zeitschriften (Psychological Review und Psychological Bulletin). In diese Zeit fällt auch die Publikation der beiden frühen Hauptwerke Baldwins: „Mental Development in the Child and the Race: Methods and Processes". New York 1894/1895 (Dt.: „Die Entwicklung des Geistes beim Kinde und bei der Rasse" (= Gattung; D. G.). Berlin 1898); sowie „Social and Ethical Interpretations in Mental Development. A Study in Social Psychology". New York 1897 (Dt.: „Das soziale und sittliche Leben erklärt durch die seelische Entwicklung". Leipzig 1900), die eine erste merkliche Abkehr von experimental-psychologischen Untersuchungen anzeigen.

Baldwin sah sich nun durchaus in der Nachfolge Hegels (vor allem vermittelt durch Josiah Royce), versuchte jedoch, dessen spekulativen Entwicklungsgedanken durch Vorstellungen aus der Darwinschen Evolutionsbiologie und deren Anwendung auf die kindliche Entwicklung zu ergänzen und damit wissenschaftlich zu begründen. Die Begriffe Habit, Assimilation, Akkommodation, Imitation, zirkuläre Reaktion, Suggestion bzw. soziale Suggestion (d. h. Beeinflussung) sowie der häufig kritisierte Ausdruck „soziale Erbschaft" wurden zu dieser Zeit geprägt und (in Ansätzen) systematisch ausgearbeitet. Zudem gebrauchte Baldwin den Begriff Sozialpsychologie zum ersten Mal im Titel eines Buches und markierte damit den Beginn einer neuen Disziplin, die „das Individuum als ‚soziales Ergebnis und nicht als soziale Einheit'" (1930, S. 5) versteht. Baldwin wandte sich in der Folge verstärkt theoretischen Fragen der Psychologie wie auch der Philosophie zu und begann ein Projekt, das ihn nach eigenen Angaben „sieben volle Jahre" (1926, Bd. I, S. 71), einschließlich eines Winters in Oxford, in Anspruch nahm; nämlich die Herausgabe des „Dictionary of Philosophy and Psychology", das von 1901 bis 1904 in vier Bänden erschien.

Im Jahr 1903 wechselte Baldwin, wie sich später herausstellen sollte ein letztes Mal, seinen Wirkungsort und nahm einen Ruf an die Johns Hopkins Universität in Baltimore, Maryland, an. Hier entstanden die drei großen Bände seines philosophischen „Spätwerkes" (Baldwin war ca. 45 Jahre alt!) zur „Genetischen Logik und Epistemologie", die 1915 durch eine „Genetische Theorie der Wirklichkeit" vervollständigt wurden. Mit diesen Veröffentlichungen hatte Baldwin die empirische Psychologie endgültig „hinter sich gelassen" zugunsten einer theoretisch-philosophischen Sichtweise der menschlichen Entwicklung (des Selbst), die nach seiner Vorstellung sich über die Stufen des Prä-logischen, des Logischen bis hin zum Hyper-logischen bewegt und in der Idee des „Pancalismus" gipfelt – der Versöhnung von Wahrheit und Moralität unter dem gemeinsamen Dach des Schönen.

Die wissenschaftliche Karriere J. M. Baldwins wurde 1908 abrupt beendet, als er in einen Skandal verwickelt wurde. Der Eklat – Baldwin wurde mit schwarzen Prostituierten in einem Freudenhaus in Baltimore angetroffen – veranlasste ihn, nicht nur seine Stelle aufzugeben, sondern auch das Land zu verlassen. Baldwin ging zunächst nach Mexico, wo er als Berater für Fragen der Erziehungsreform und als Professor für Philosophie und Sozialwissenschaften an der National University in Mexico City tätig war[5]; später, ab 1912, nach Paris, wo er sich aktiv für Fragen des amerikanischen und französischen Zusammenhalts einsetzte. Während des ersten Weltkrieges kämpfte er für die Beendigung der Neutralitätspolitik der Vereinigten Staaten, indem er vor allem politisch-publizistisch tätig war. Seine ehemalige Begeisterung für Deutschland bzw. das deutsche Geistesleben schwand völlig (vgl. die beiden Bände, „Between Two Wars" (1926)), und diese Einstellung dauerte lange Zeit über die Beendigung des Krieges hinaus an. Erst in einem abschließenden Resümee seines Lebenswerkes, das vier Jahre vor seinem Tod in der Reihe „A History of Psychology in Autobiography" (Vol. I, 1930) erschien, fand er wieder zu einer versöhnlicheren Sichtweise der ehemals von ihm bewunderten wissenschaftlichen Leistungen Deutschlands zurück.

## 2.2  Der Mechanismus der Entwicklung

Bevor ich auf die verschiedenen von Baldwin beschriebenen Bereiche der menschlichen Entwicklung eingehe, will ich darauf hinweisen, wodurch er diese Entwick-

---

5   Den mexikanischen Präsidenten Porfirio Diaz, der das Land diktatorisch regierte, beschrieb er wie folgt: „Sicher war er ein Diktator; aber einer, dessen Methoden ehrlich waren und dessen Dekrete offen ausgeführt wurden" (Baldwin 1926, Bd. I, S. 131).

lung bestimmt sieht. Baldwin spricht von einer Anzahl „von Einflüssen, die für die Entwicklung des Geistes des Individuums notwendig sind (...). Funktionen wie die gesprochene und geschriebene Sprache, Spiel und Kunst ... sind nicht nur Annehmlichkeiten des Lebens, sie sind für das Wachstum notwendige Mittel" (Baldwin 1913, Bd. II, S. 130; vgl. 1913 (5. Aufl.), Kap. IV, S. 135–162). Wesentlich wichtiger und umfassender als diese Einflussfaktoren ist jedoch das übergreifende Wechselspiel von „habit" (Gewohnheit/Assimilation) und Akkommodation.

Baldwin ist in der Tat so fixiert auf die zentrale Bedeutung des „Habit-Akkommodations-Mechanismus", dass er auf die Funktion der Sprache für die Entwicklung nur relativ kurz eingeht[6]. Er konzediert zwar zunächst, dass mit der Sprache ein für die Entwicklung des Individuums unverzichtbarer Mechanismus gegeben ist und betont, dass durch sie „der soziale *Geist* (im Original auf deutsch), der Sozius, zu einem immer klareren und adäquateren Ausdruck kommt" (1913 (5. Aufl.), S. 147). Allerdings wird diese Hochschätzung dadurch relativiert – oder fast gänzlich zurückgenommen –, dass Baldwin der Sprache im Verhältnis zur Imitation einen nur untergeordneten Stellenwert beimisst. Sprache wird selbst durch Imitation, zunächst des Wortklangs, dann der Wortbedeutung, erworben.

Diese Sichtweise der Sprache als „Bei-Produkt der Imitation" (Sewny 1945, S. 31) wurde bereits früh von Cooley wie von Mead kritisiert, und sicher ist ein Teil des Erfolgs der beiden letztgenannten Autoren, besonders natürlich von Mead, darauf zurückzuführen, dass sie die Bedeutung der verbalen Interaktion in den Mittelpunkt ihrer Überlegungen stellten und damit grundlegten, was heute als „Symbolischer Interaktionismus" in den Sozialwissenschaften und der Philosophie bekannt ist (vgl. Meltzer, Petras und Reynolds 1975). Dazu später mehr. Nicht nur die Vorstellung, dass Sprache durch Imitation erworben wird, sondern die generelle Konzeption von Imitation als Medium der Entwicklung hat Baldwin häufig den Vorwurf der Übervereinfachung und damit mangelhafter Erklärung der Veränderungen im Leben des Kindes und der Jugendlichen eingetragen. Hier ist allerdings Vorsicht geboten, wenn man den Ideen Baldwins gerecht werden will, denn der Prozess der Imitation, so wie ihn Baldwin dargestellt hat, ist keinesfalls durch die herkömmliche Beschreibung der kopie-gleichen Übernahme von Umweltdaten angemessen definiert. Im Gegenteil, Baldwin subsumiert unter den Begriff der Imitation zwei „Teilhandlungen", die sich zu einem „Zirkulärprozess" ergänzen; nämlich zum einen die Handlungen der Gewohnheit (habit), zum anderen die Handlungen der Akkommodation, der Änderungen der eingeschliffenen Gewohnheiten.

Baldwin kann nun zunächst für sein Konzept der Gewohnheit in Anspruch nehmen, dass es einige Annahmen formuliert, die von allen Theoretikern der Entwicklung, also sowohl von Biologen, Psychologen als auch von Soziologen und

---

6 Auf die Bedeutung von Spiel und Kunst weise ich im Abschnitt über die Entwicklung ästhetischer Vorstellungen kurz hin.

Philosophen, zu seiner Zeit geteilt werden. Allerdings bestehen mehrere Varianten dieses „Gesetzes der Gewohnheit", und Baldwin nimmt für seine Erklärung in Anspruch, dass sie diejenige darstellt, die am ehesten mit den Fakten des tatsächlichen Lebens übereinstimmt. „Gewohnheit drückt", nach seiner Auffassung, „die Tendenz des Organismus aus, seine lebenswichtigen Stimulationen zu sichern und zu bewahren" (Baldwin 1906 (3rd ed.), S. 205). Dazu sind allein zwei Funktionen notwendig: Aus biologischer Sicht muss der Organismus über Kontraktilität verfügen, d. h. über die „Fähigkeit, auf einen Reiz mit einer Reaktion der Bewegung zu reagieren" (ebd., S. 453). Aus psychologischer Sicht bedarf es immer eines Anreizes, „um die richtige Bewegung zunächst auszuführen und dann durchzuhalten" (ebd.).

Aber dieses „Gesetz der Gewohnheit" reicht nicht aus, um *Entwicklung* zu erklären, denn Gewohnheit allein führt nicht zu etwas Neuem, mithin auch zu keiner Änderung oder Entwicklung. Um Aussagen über den Vorgang der Entwicklung machen zu können, bedarf es einer weiteren Teilhandlung des Subjekts, die Baldwin, wiederum in Übereinstimmung mit anderen psychologischen und biologischen Theorien seiner Zeit, als Akkommodation bezeichnet. Er erklärt diese Funktion wie folgt: „Ein Organismus akkommodiert sich, oder lernt, sich neu anzupassen, indem er einfach die Bewegungen, über die er bereits verfügt – seine Gewohnheiten – auf eine gesteigerte oder exzessive Art und Weise ausübt" (ebd., S. 205). Damit ist klar, dass jede neue Handlung eine akkommodierende Handlung darstellt; beispielsweise jede Funktion, „die das Individuum *gelernt* hat. Handeln zu lernen ist einfach Akkommodation, nichts mehr und nichts weniger. Sprechen, Flechten, Schreiben, Klavierspielen, alle motorischen Errungenschaften stellen Akkommodationen dar, d. h. Adaptionen an komplexere Bedingungen" (ebd., S. 455). Lernen ist dann nur der pädagogisch relevante Spezialfall einer Akkommodation, auch Zufälle, Beeinflussungen, „schierer Gehorsam", Willensanstrengungen usw. erfüllen das Kriterium der Akkommodation und damit der Entwicklung.

Somit zeigt sich, dass nur in dem Wechselspiel (der Dialektik) von Gewohnheit und Akkommodation, die beide unter dem Begriff der Imitation zusammengefasst werden, eine ausreichende Erklärung für die Entwicklung, sei es des Selbst oder der Moral, der Religion oder der Ästhetik gefunden werden kann[7]. „Eine kontinuierliche Akkommodation ist nur möglich, weil das andere Prinzip, das der Gewohnheit, immer wieder die Vergangenheit konserviert und points d'appui (Haltepunkte; D. G.) in einer verfestigten Struktur für die neuen Akkommodationen bereitstellt" (ebd.).

---

7  In einer späteren Arbeit (1912/1913) beschreibt Baldwin das imitative Wechselspiel folgendermaßen. „Das Individuum erreicht sein subjektives Verständnis durch eine (einfache) Imitation und bestätigt dann seine Interpretation durch einen weiteren imitativen Akt, indem es seine eigenen Gedanken (self-thoughts) in die anderen ejiziert" (vgl. S. 527).

## 2.3  Die Ausbildung des Selbst

Versucht man die Frage zu beantworten, welche Motive oder welche Ziele Baldwin bei der Untersuchung der Entwicklung des Selbstbewusstseins der Individuen geleitet haben, ist es hilfreich, sich daran zu erinnern, dass Baldwin die Idee für seine entsprechende Abhandlung (Baldwin 1897) unter Berücksichtigung einer Preisaufgabe der „Königlichen Dänischen Gesellschaft der Wissenschaften" gefasst hat. Die vorgegebene Fragestellung, für deren Beantwortung Baldwins Buch mit der „Goldenen Medaille" der Gesellschaft ausgezeichnet wurde, lautete wie folgt: „Ist es dem in der Gesellschaft isolierten Individuum möglich, Verhaltensregeln zu etablieren, die allein aus seiner persönlichen Natur entspringen – und wenn solche Regeln möglich sind, wie ist deren Beziehung zu jenen Regeln, die bei der Betrachtung der Gesellschaft als Gesamtheit erreicht werden würden?" (1897, S. VII).

Baldwins Ausführungen zu diesem Punkt sind, im Gegensatz zu vielen anderen Themen, die er recht weitschweifig behandelt, deutlich und sehr bestimmt. Das einsame Individuum ist aus seiner Perspektive gesehen überhaupt nicht vorstellbar: „Der Mensch ist viel eher ein soziales Produkt als eine soziale Einheit (unit)" (1897, S. 87). Und an anderer Stelle heißt es noch deutlicher. „The social individual, indeed, is the *product of the social life*" (1909, S. 48). Erreicht wird dieses Resultat des sozialen Selbst durch eine „*Dialektik des Persönlichen Wachstums*" (1897, S. 9); d. h. durch ein Geben und Nehmen (give-and-take) zwischen dem Individuum und seinen Mitmenschen: Das Kind interpretiert zunächst die gesamte Natur als belebt (Animismus) und unterscheidet nicht zwischen Lebendigem und Totem, Geistigem und Physischem. Baldwin geht davon aus, dass das Kind, sobald es zwischen Personen und Dingen unterscheiden kann, d. h. von einem a-dualistischen in einen dualistischen Erfahrungshorizont übergeht, zugleich ein anfangs noch rudimentäres Gefühl für die Eigenschaften, durch die sich Personen voneinander unterscheiden, erwirbt.

Für die Ausbildung eines Selbst bedeutet diese Differenzierung, dass Dinge (vielleicht zunächst mit der Ausnahme von Nahrungsmitteln) für den Aufbau eines Selbst-Bewusstseins an Bedeutung verlieren, während Personen zunehmend an Relevanz gewinnen. Dieser Zustand ist für das kleine Kind allerdings nicht unproblematisch, da Personen „für eine Gruppe von Erfahrungen stehen, deren Bedeutung sowohl für die Zukunft als auch für die Vergangenheit gleich unbeständig ist" (1894, S. 335 f.). Die Erkenntnis der Besonderheit von Personen, gekoppelt mit dieser Unsicherheit, führt das Kind dazu, in eine erste „*projektive Stufe*" des Selbst „einzutreten", die dadurch gekennzeichnet ist, dass das Kind ein fragiles Bewusstsein von anderen hat, bevor es über ein Selbstbewusstsein verfügt (vgl. 1894, S. 19) und bevor es die Aufteilung (den Dualismus) in eine innere und äußere Realität (vollständig) erreicht hat.

Die Stufe des projektiven Selbst wird überwunden, sobald das Kind aufgrund der Erfahrung des eigenen aktiven körperlichen Selbst die bisherigen rein außengeleiteten Eindrücke als unzureichend für sein Selbst-Verständnis empfindet. Es verfügt jetzt über Emotionen und Wünsche, die spezifisch seine eigenen sind. Wenn zu dem „privatimen" kindlichen Körpergefühl (zu Spannungen, Druck, Schmerz etc.) der Wille des Kindes hinzukommt, wird die Stufe des *subjektiven Selbst* erreicht, in dem jetzt die Körpererfahrungen, durch die sich das Kind von anderen Körpern unterscheidet, assimiliert werden. Dadurch wird das Kind erstmals sich selbst bewusst.

Aber auch jetzt ist die Ausbildung des Selbst noch nicht abgeschlossen. Baldwin betont, dass in einem weiteren Schritt, einer von ihm so genannten Rück-Dialektik (return dialectic), das Kind wiederum dazu übergeht, die anderen Personen zu betrachten. Das in der ersten Stufe „Projizierte" wird erneut untersucht und aufgrund des erworbenen subjektiven Selbst-Bewusstseins neu bestimmt. „Das Kind sagt sich, die Körper anderer Personen tragen dieselben Erfahrungen *in sich* wie mein eigener. Sie sind auch ‚Ichs' (me's); sie können deshalb an mein Ichbild (me-copy) assimiliert werden. Dies ist die dritte Stufe; das ‚*ejektive'* oder soziale Selbst ist geboren" (1894, S. 338), indem also das kindliche Bewusstsein über die andere Person als dem eigenen Bewusstsein ähnlich angesehen wird.

Der angesprochene Problembereich wird noch deutlicher, wenn man sich an den folgenden Erläuterungen Baldwins orientiert. Er resümiert: *„Ego* und *Alter* werden mithin zusammen geboren. Beide sind roh und unreflektiv sowie großteils organisch, ein Aggregat von Empfindungen ...[8]. Und beide werden zusammen gereinigt und geklärt durch jene doppelte Reaktion zwischen Projekt und Subjekt und zwischen Subjekt und Ejekt. Mein Gefühl für mein Selbst wächst, indem ich dich imitiere, und mein Gefühl für dein Selbst wächst im Hinblick auf mein Gefühl für mein Selbst. Sowohl *Ego* und *Alter* sind so vom Wesen her sozial; jeder ist ein *socius* und jeder ist eine Kreation der Imitation"[9] (1894, S. 338; für einen kurzen Überblick vgl. auch 1913, Bd. 2, S. 162 ff.).

Neben dieser allgemeinen Beschreibung des Selbst-Verständnisses hat Baldwin sich auch mit der Ausprägung weiterer Persönlichkeitsbereiche beschäftigt, die um die Jahrhundertwende noch vorwiegend Gegenstand a-genetischer und ausschließlich philosophischer Reflexion waren; so mit Fragen des logischen, moralischen, religiösen und ästhetischen Denkens. Ich will die entsprechenden Vorstellungen jetzt in dieser Reihenfolge skizzieren. Interessant ist in diesem Zusammenhang vor allem, dass die von Baldwin diskutierten Bereiche nach und nach wieder aufgegrif-

---

8  Aggregat wird von Baldwin als Zustand definiert, der zwar eine „Gemeinsamkeit darin hat, daß er von verschiedenen Personen erwogen wird, ohne daß jedoch ein Bewußtsein der Übereinstimmung besteht" (vgl. 1915, S. 313).

9  Socius bezeichnet „das einzelne Selbst oder die einzelne Person, die die andere in ihrem Denken berücksichtigt". Baldwin illustriert diese Definition folgendermaßen: „Die Unmöglichkeit, im strengen Sinne über private Gedanken zu verfügen, enthüllt den Socius" (vgl. 1915, S. 320).

fen wurden, angefangen bei Piaget, der die logische (und moralische) Entwicklung von Kindern und Jugendlichen untersuchte, über Kohlberg, der die Ausprägung der Moral über die Lebensspanne zu seinem Thema machte, bis hin zu den Arbeiten, die die religiösen (Oser) und ästhetischen (M. Parsons) Entwicklungen erneut untersuchen.

## 2.4 Das Denken und die Dinge – Die Ausbildung logischer Urteile

Baldwin geht hier, wie in seinem gesamten Werk, von der Gegenüberstellung der a-genetischen und genetischen Wissenschaften aus. Agenetische Wissenschaften gehen nach seiner Vorstellung von exakten, aber statischen Prämissen aus und machen die Gleichsetzung, die sich für logische Vorgänge in einem „Gemeinplatz, in der majestätischen Formel der Identität ‚A = A‘" (Baldwin 1915, S. 222) ausdrückt, zu ihrem Ideal. Demgegenüber formulieren die genetischen Wissenschaften die „Gesetze der Progression", d. h. aus A wird B.

Bevor man seine Konzeption auf die logischen Urteile übertragen kann, gilt es demnach zu klären, in welchem Verhältnis die neue Vorstellung einer genetischen Wissenschaft zu den herkömmlichen Ansätzen der Logik steht. Baldwin unterscheidet ohne Anspruch auf Vollständigkeit zwei Richtungen, die als die klassischen Ausprägungsformen der Logik gelten können: Einmal die formale Logik, die er auch als die Logik der Logiker bezeichnet, und zum anderen die dialektische Logik, die er auch die Logik der Metaphysiker nennt. Diesen beiden Richtungen stellt er sein Modell der genetischen Logik gegenüber; hierfür verwendet Baldwin auch die Bezeichnung „die Logik des Wissenden" (the knower's logic) oder die Logik des Wirklichen.

### A: Die formale Logik

Unter formaler Logik versteht Baldwin in Übereinstimmung mit den althergebrachten, auf Aristoteles zurückgehenden Definitionen den Korpus der Regeln, der gültiges Urteilen leitet. Obwohl die in dieser Disziplin gesammelten Regeln exakten Denkens von großer, in ihrer anwendungsbezogenen Variante auch von praktischer Bedeutung sind (man denke heute nur an die Programmierung von Computern), lassen sich die strengen Anforderungen dieser Logik im Alltagsleben fast nie erfüllen, weshalb Baldwin vorschlägt, dass sich die Psychologie nicht auf diese Form logischen Denkens konzentrieren sollte, sondern auf die Logik des Wissenden selbst, so wie sie von diesem unmittelbar zur Anwendung gebracht wird.

## B: Die dialektische Logik

In dem von Hegel zur Blüte gebrachten Ansatz einer dialektischen Logik sieht Baldwin eine gewisse Verwandtschaft gegeben zu seiner Vorstellung einer genetischen Logik des Funktionalen. In ihr wird der Versuch unternommen, über den engen Bereich der formalen Logik hinaus, die „Gesamtheit des Lebens in den Griff zu bekommen". Diese Metapher zeigt aber zugleich den Fehler bzw. den zu hohen Anspruch einer solchen Konstruktion auf; nämlich die vor aller empirischen Analyse vorhandene Vorstellung eines sich entfaltenden „objektiven Geistes", der sich über alle Lebensäußerungen legt und mithin alles und jedes zu einem Problem logischer Entwicklung werden lässt.

## C: Zwei Formen genetischer Logik

### – I. Die genetische Logik als Logik des Funktionalen

Hat sich eine formale Logik als zu beschränkt erwiesen und umfasst die dialektische Logik einen zu großen, unspezifischen und empirisch nicht erfassbaren Bereich, so erweist sich die genetische Logik als Schlüssel zur Erfassung des Funktionierens des Geistes. Ihr Ziel ist es, die „Art und Weise des psychischen Funktionierens, die Wissen genannt wird", zu unterscheiden und zu beschreiben; d. h. eine *Psychologie* der logischen Operationen zu sein. Inhaltlich lässt sich die genetische Logik des Funktionalen in drei Aspekte und damit verbunden in drei zentrale Fragerichtungen unterteilen:

1) Wie denken wir?

Hiermit ist die generelle Frage angesprochen, wie wir Denkprozesse bzw. das Funktionieren des Kognitiven identifizieren und beschreiben können; d. h. „wie Wissen entsteht und das Denken weiterschreitet".

2) Weshalb oder wozu denken wir?

Unter dieser Überschrift behandelt Baldwin das Ziel oder die Funktion des Denkens im Fortschreiten der geistigen Entwicklung sowohl für das Individuum als auch für die Gattung. Auf der individuellen Ebene wird damit die Frage nach den Interessen der Subjekte und deren Ausbildung im Sinne einer „affektiven Logik" zum Thema.

3) Worin resultiert das Denken?

In einem letzten Schritt gilt es schließlich, die Ergebnisse des Denkprozesses zu untersuchen; d. h. die psychisch erzeugten Objekte (Objektivationen) in ihren unterschiedlichen Ausprägungsformen und die Bedeutung, die sie für uns und unser alltägliches Handeln und Verhalten besitzen, zu analysieren.

### – II. Die genetische Logik als Logik des Wirklichen/Realen

Es ist zunächst von Interesse, dass Baldwin bei der Einführung dieses Sachverhalts auf einen Punkt aufmerksam macht, der auch heute wieder (oder noch) Gegenstand von Diskussionen ist (vgl. Habermas 1976a; Lapsley/Serlin 1984, S. 165 f.). Er unterscheidet die Logik, die die „normalen" Denkprozesse betrifft, d. h. die formale Logik, von einem allgemeineren Logikbegriff, der sich sekundär zu diesem verhält, da er ersteren als Voraussetzung für sein Bestehen anerkennt. In diesem zweiten Sinn spricht er von einer „Logik der Evolution", einer „Logik der Gefühle" oder der „Logik der Wissenschaften" und meint damit eine allgemeine Regel fortdauernder und geordneter Änderung. Damit ist genau jene Vorstellung angesprochen, die später von Piaget präzisiert und in der Folge in den Arbeiten von Habermas und Kohlberg unter dem generellen Begriff der Entwicklungslogik aufgegriffen werden sollte. Baldwin gibt auch bereits die beiden fundamentalen Kriterien für eine Theorie genetischer Entwicklungsfolgen an.

1) Jede wirklich genetische Folge ist irreversibel.
2) Jede neue Stufe oder jeder neue Ausdruck einer wirklich genetischen Folge ist sui generis eine neue Erscheinungsweise in dem, was wir Realität nennen (vgl. 1930, S. 8 f.).

Für den umfassenden Begriff seines logischen Universums prägt Baldwin den Ausdruck „Genetische Epistemologie". Im Unterschied aber zu Piaget, der diesen Ausdruck später populär machen sollte, subsumiert Baldwin unter seine „Genetische Theorie der Wirklichkeit" auch „Realitäten", die trans-subjektiven oder außer-psychischen Wert besitzen. „Die ultimate Bedeutung mag demnach nicht einmal im Modus logischen Denkens gegeben sein, sondern in einem hyper-logischen, ästhetischen oder gar mystischen Modus der Erfahrung" (vgl. Baldwin 1908, S. 13 f.). Diese Idee wird im Abschnitt über die Entwicklung der ästhetischen Vorstellungen etwas ausführlicher zu würdigen sein.

Für beide Ausprägungsformen der genetischen Logik, die funktionale wie die reale, gilt, dass sie sich in einem Prozess entwickeln, der sich über drei Stufen erstreckt:

1. Der prälogische Modus
2. Der eigentlich logische Modus und
3. Der hyper-logische Modus der Intelligenz.

Wie schon im Abschnitt zur Entwicklung des Selbsts gezeigt, wirken auch hier die Unterschiede zwischen innen-außen, tatsächlich-unwirklich, Selbst und Nicht-Selbst usw. in dem Sinne, dass eine zunehmende Klärung der Dualismen im Verlauf des Stufendurchgangs erfolgt.

Im *prälogischen* Modus ergibt sich für das Kind noch keine Differenzierung, es lebt noch in ungebrochener und vollkommener Übereinstimmung mit der Welt. Dieser Modus der Unmittelbarkeit wird gespeist durch diffuse Motive des Gedächtnisses, der Vorstellungswelt und durch das kindliche Spiel, die alle auf einem konkreten kognitiven Level operieren.

Die *„eigentliche" Logik* bringt wichtige Änderungen mit sich:

1. Mit der sich ausbildenden Sprachfähigkeit gewinnt das Kind ein Medium, in dem es seine kognitiven wie emotionalen Bedürfnisse und Interessen in einer angemessenen Weise ausdrücken kann; das Wissen lässt sich in Beziehung setzen und wird kommunizierbar.
2. Das Selbst-Verständnis entwickelt sich auf eine Art und Weise, dass ego und alter sich (sozial vermittelt) gegenüberstehen.
3. Schließlich macht es das Anwachsen der allgemeinen Urteilsfähigkeit möglich, dass der Jugendliche über seine eigenen Vorstellungen reflektiert. Damit wird er „zum Richter, zum Kritiker, zum Interpreten, zum Philosophen" (1930, S. 13).

Auch für diesen (formal-)logischen Modus gilt, so Baldwin, dass er nicht anders als gesellschaftlich vermittelt verstanden werden kann: „Apriorische Prinzipien, selbst die Axiome der Mathematik, sind konsolidierte oder gefrorene Bestandteile der persönlichen oder Gattungserfahrung" (vgl. 1926, Vol. II, S. 164 f.); sie konstituieren so etwas wie eine „logische Gemeinschaft" ... alle Erkenntnis ist sozial erworben und wird sozial vermittelt.

Insgesamt geht mit dem logischen Modus die Periode der Dualismen einher; was zuvor undifferenziert und adualistisch gesehen wurde, tritt sich im Prozess der Ausprägung gegenüber.

Dem logischen Modus folgt nach Baldwins Konzept eine letzte Stufe der „Denk-Entwicklung", die er als *„hyper-"* oder *„super-logisch"* bezeichnet. Hier geht es darum, die Dualismen, die für die kindliche Entwicklung einmal notwendig waren, sich aber jetzt unvermittelt gegenüberstehen, wieder zu versöhnen und (wie auf der ersten Stufe) eine Einheit herzustellen. Andernfalls bleibt das Denken immer in einem Aufstand sich widersprechender Motive und Versuchungen gefangen. Baldwin rekonstruiert zwei Formen, die eine mögliche Versöhnung annehmen kann. Zum einen bietet sich der Weg an, in eine primitive Unmittelbarkeit, kinder-gleich, zurückzufallen und zu hoffen, dass dieser ungetrübten Erfahrung sich die „unmittelbare Wirklichkeit" (Unmittelbarkeit) zeigen wird.

Baldwin bestreitet, dass dies ein gangbarer Weg ist. Nach seiner Überzeugung kann das „Wesen des Geistes" sich nicht in einem Zustand finden, der eben von diesen Wesensmerkmalen gereinigt wurde. Die „unmittelbare Unmittelbarkeit" ist als Ort der Versöhnung der auseinandergetretenen Dualismen nicht geeignet. Es ist nur der Zustand der „höheren Unmittelbarkeit", der die stattgefundene Entwicklung in sich aufhebt, welcher in der Lage ist, die auseinanderstrebenden Bereiche zu versöhnen. Die Kunst (das Schöne) ist für Baldwin das Medium (ein Zustand der Kontemplation), in dem die Welt der Tatsachen (das Wahre) und die Welt der Werte (das Gute) sich als eins erweisen und die Aufgabe der Versöhnung lösen (vgl. dazu den Abschnitt über die ästhetische Entwicklung).

## 2.5 Das moralische Selbst

Baldwin beginnt seine Diskussion der Ausbildung eines moralischen Selbst ganz als Kind seiner Zeit, indem er dem Problem des kindlichen und jugendlichen *Gehorsams* einen zentralen Stellenwert innerhalb seiner Ausführungen einräumt. Allerdings gelingt es ihm, anhand des Beispiels der respekterheischenden Eltern (vor allem „natürlich" des Vaters) zu zeigen, wie sich sowohl das Ich der Gewohnheit als auch das akkommodierende Ich als unfähig erweisen, Probleme moralischer Natur angemessen anzusprechen: Das Kind, das zum allerersten Mal mit einer Aufforderung konfrontiert wird und gehorcht, folgt in diesem Gehorsam ja nicht seiner Gewohnheit, da die verlangte Handlung seine Gewohnheit gerade verletzt. Andererseits stimmt die Aufforderung zum Gehorsam auch nicht mit seinem akkommodierenden Ich überein, da es in der Regel nicht tun will, was verlangt wird. Neben den beiden bisher genannten Ich-Vorstellungen muss es somit noch etwas anderes geben – ein anderes Ich, damit sich ein *moralisches* Selbst herausbilden kann. Davon soll im Folgenden die Rede sein.

Mit dem Auftauchen der Anforderungen des Gehorsams und der damit verbundenen „Verleugnung der Impulse, der eigenen Triebe usw.", um den Wünschen eines anderen zu entsprechen, lernt das Kind, zunächst dunkel und unbewusst, dass Sollensanforderungen zu seinem regulären Alltagsleben gehören und gehören werden. Baldwin betont: „Hier, in diesem dämmernden Gefühl der größeren Grenzen, die der persönlichen Freiheit Barrieren errichten, bildet sich die ‚Vorlage', die seine persönliche Autorität oder sein persönliches Gesetz darstellt" (Baldwin 1912/1913 (5. Aufl.), S. 42; dt. 30). Und der Mechanismus, der zum Erwerb dieser Vorlage führt, besteht wiederum in der Imitation, der Übernahme der befohlenen sowie der vorgelebten Muster. „Hier wird mein ideales Selbst, mein äußerstes Muster, mein ‚Sollen' mir vorgestellt" – sagt sich das Kind. „Mein Gefühl des moralischen Ideals ist deshalb mein Gefühl eines möglichen vollkommenen regulären Willens, der *in mich* (von mir) übernommen ist und in dem das persönliche und das soziale Selbst – meine Gewohnheiten wie meine sozialen Pflichten – in vollständige Harmonie gebracht sind" (ebd.).

Wie lässt sich dieser Prozess der Ausbildung des moralischen Selbst nun genauer beschreiben? Baldwin gibt die folgenden Erklärungen. Wenn das Kind etwa drei Jahre ist und seine persönlichen Beziehungen komplexer werden, zeigt sich das heraufdämmernde moralische Gefühl so, dass es von außen erfasst werden kann, denn das Kind beginnt nun seinerseits, die Herausbildung und Existenz des „socius" zu bemerken. Der socius, d. h. „die Einsicht des Individuums, dass sein Selbst andere enthält", erweist sich jetzt zum ersten Mal als ein weiterer Ich-Faktor neben den beiden bisher bekannten. Obwohl das Kind die Natur dieses weiteren Elements noch nicht versteht, spürt es doch, dass sich im Verhalten der anderen, zunächst vor allem der Eltern, eine bestimmte Komponente zeigt, die mit seinen bisher erworbenen Ich-Fähigkeiten nicht erklärbar ist. Aber genau in diesem Erstauntsein des Kindes, in dieser produktiven Verunsicherung, liegt für Baldwin der Motor für die weitere moralische Entwicklung – „the very puzzle of these situations is just the essential thing" (ebd., S. 51; dt. S. 37).

Diese Konstellation bildet, wie gezeigt, den Ausgangspunkt der moralischen Entwicklung. Jetzt kann die Frage, was neben den „beiden vorhandenen Ichs" eine Rolle für die moralische Entwicklung spielt, erneut gestellt und besser beantwortet werden: „Ein dominierendes anderes Selbst, ein neues ‚alter' ist vorhanden; das ist das Wichtige" (ebd., S. 52; dt. S. 38). Das Kind kann auf dieser zweiten Stufe seiner moralischen Entwicklung, dank der gleichfalls stark angewachsenen Intelligenz, jetzt wesentlich schneller lernen und begreifen. Und es ist wichtig, darauf hinzuweisen, wie Baldwin diesen Prozess beschreibt, um zu zeigen, dass er auch hier die aktive Auseinandersetzung des Individuums mit der sozialen Welt und zugleich die Bedeutung dieser Welt hervorhebt.

Das Kind „lernt durch die Handlung, die es im Vollzug des Gehorsams ausführt, die Bedeutung dieser Handlungen: wie sie empfunden werden, zu welchen guten oder schlechten Resultaten sie führen. Und, indem es durch diese Einwirkungen lernt, lernt es vor allem die großartige Lektion, die für die Entwicklung seines Ichs entscheidend ist: Daß immer etwas vorhanden ist, eine Atmosphäre, ein Kreis gemeinsamer Interessen, eine Eigenheit der Familie, eine Vielzahl akzeptierter Traditionen. *Jetzt realisiert es zum ersten Mal, was der socius bedeutet"* (ebd., S. 53; dt. S. 38).

Die Kraft dieses socius ist noch beschränkt und muss sich gegen das private, besitzergreifende Selbst erst durchsetzen. Baldwin illustriert diesen noch in der Schwebe befindlichen Konflikt am Beispiel des kindlichen Wunsches nach einem Apfel, dessen Verzehr zuvor von den Eltern verboten wurde. Das egoistische Verlangen, den Apfel zu verzehren, steht im Gegensatz zum Verbot des Vaters, und es gibt, so Baldwin, keine Frage, welche Seite gewinnen wird, solange die moralische Lektion noch nicht vollständig gelernt wurde. Dann ist es zunächst so, dass sich das ich-bezogene Element durchsetzt, der Apfel wird gegessen. Aber nach und nach bringt sich die Stimme der Pflicht, der moralischen Verantwortung, stärker zu Gehör und lässt das Kind zögern und unsicher werden. Nach einigen weiteren (inneren) Kämpfen setzt sich die Stimme der Moral durch, das Gewissen in Form einer „gesetzgebenden Persönlichkeit von außen" wird nach innen genommen und wird mehr und mehr ein intimer Bestandteil des eigenen Selbst.

Verfügt das Kind mit einiger Sicherheit über dieses moralische Ich, erfolgt ein nächster Schritt in seiner Entwicklung: Das Kind ejiziert („wirft zurück") die zum inneren Bild gewordenen Vorstellungen auf seine Eltern und peers (Gleichaltrigen). Es überwacht mit ziemlicher Rigidität, dass die Gesetze der Familie und Gruppe befolgt werden; dass die Geschwister beispielsweise den gleichen Regeln folgen (müssen), wie es selbst. Aber auch die Eltern werden dieser moralischen Überprüfung unterworfen. Baldwin gibt folgenden am Mittagstisch geäußerten Vorhalt seiner Tochter wieder – der übrigens ein Licht auf seine „guten alten viktorianischen" (Kohlberg) Erziehungsvorstellungen wirft: „Papa, was machst Du mit Deinen Händen, während Du wartest?" (ebd., S. 308).

Ist das ideale Ich einmal so fest im Innern des Kindes verankert, wird es alle seine eigenen wie die Handlungen der anderen nach diesem Maßstab beurteilen. Doch beginnt es auch zu erkennen, dass seine ersten Vorbilder – die Eltern –, die die zu imitierenden Vorlagen liefern, nicht oder nicht immer miteinander übereinstimmen und nicht immer adäquat handeln und somit kein einheitliches Bild eines idealen Ich repräsentieren. Dann erweitert es die Vorlagen seines idealen Ichs um das Wissen über das „Was und Wie" seines Lehrers, seiner Bücher, seines bevorzugten Schriftstellers, seines Gottes. Und das Gefühl der Übereinstimmung mit dem, was dort gelehrt wird, „ist ein für allemal mein Gewissen" (ebd., S. 57; dt. S. 41).

Mit diesem moralischen Selbst, das jetzt fest in der Vorstellungswelt des Kindes und stärker noch des Jugendlichen verankert ist, gehen weitere Konsequenzen einher, die für eine dritte Stufe der moralischen Entwicklung, welche allerdings von Baldwin nur knapp umrissen wird, entscheidend sind:

1.  Das erwachsene Ich braucht immer weniger die Beeinflussung von außen; „das andere Ich, die Autorität, das heilige Orakel usw." werden in dem Maße unwichtig für die Entwicklung des Individuums, wie der eigene innere Antrieb sich durchsetzt.

2.  Je stärker sich der socius im Individuum entwickelt, desto stärker wird dessen Verlangen, sein ideales Selbst auf die anderen zu ejizieren. Zunächst, wie gezeigt, auf die Eltern; später auf die peers und weitere Bezugspersonen und schließlich auf die Literatur, den König, den Staat, die Kirche bis hin zur öffentlichen Meinung „als den modernen Ausdruck für die rein soziale Form dieses Geistes" (ebd., S. 59; dt. S. 43).

3.  Schließlich ist zu betonen, dass das übernommene Gesetz immer das Gesetz einer oder mehrerer anderer Personen darstellt. Ohne andere kann nichts sein; niemand würde eine Vorschrift losgelöst und aus dem „luftleeren Raum" heraus verstehen können. Es muss Quellen geben, und diese liegen üblicherweise in den Eltern, dem Gesetz der Familie usw. Und so wie das Kind die Regeln empfangen hat, wird es selbst einmal Regeln setzen, nicht nur für sich, sondern auch wieder für andere – seine zukünftigen Kinder.

4.  Es bleibt abschließend auf ein Faktum hinzuweisen, das das anfangs wiedergegebene Statement, nach dem das ethische Ich kein Ich der Gewohnheit ist, modifiziert. Denn ist dieses ethische Ideal erst einmal nach innen genommen,

*entsteht* die neue Gewohnheit, immer weiter nach „höheren Gesetzen" zu suchen und durch deren Übernahme alte Gewohnheiten aufzubrechen, so dass sich eine Gewohnheit, nämlich alte Gewohnheiten zu verletzen, „ausbildet und ein Leben lang erhalten bleibt".

Mit diesen Charakteristika liegen im Ansatz Elemente zur Bestimmung einer dritten Stufe der moralischen Entwicklung vor. Der Trend zur Autonomie und die zunehmende Abstraktion der Moral, die Hinweise auf die Verinnerlichung wie die Weitergabe der moralischen Vorstellung sowie die immerwährende Wirkweise der moralischen Vorstellungen deuten auf deren zunehmend flexiblere Handhabung im Erwachsenenalter hin – ohne dass dies bei Baldwin ausführlicher ausgeführt wäre.

Es finden sich lediglich allgemeine Hinweise, die zeigen, dass er die Rolle des Individuums als moralischem Gesetzgeber, die auch beinhaltet, bestehende Normen und Gesetze zu kritisieren und zu befragen, durchaus ernst nimmt. So beschreibt er die Form des moralischen Ichs im Übergang zum Erwachsenenalter folgendermaßen: Der Jugendliche „bewegt sich jetzt auf einem Meer intellektueller Unruhen und Anstrengungen, das durch seine andauernde Bewegung und Änderung, durch das Setzen und Verletzen von Idealen, das soziale Leben und den sozialen Fortschritt möglich macht" (ebd., S. 335). Und an anderer Stelle gebraucht Baldwin folgende Formulierung, die sein moralisches Ideal in Analogie zum Kategorischen Imperativ Immanuel Kants ausdrückt: „Handle so, daß alle Mitglieder der sozialen Gruppe, der du angehörst, d. h. alle deine anderen Ichs (selves), dein Verhalten ohne Schmerz für dich selbst kennen können" (ebd. (1. Aufl. 1897), Anhang D, S. 557).

## 2.6 Die Auffassungen über Religion und Kunst

### 2.6.1 Zur Religion

> „Religion und Kunst sind die
> ‚Luxusgüter' des Lebens".
> James Mark Baldwin

Baldwin sieht, in Übereinstimmung mit seinen sonstigen Arbeiten, sowohl die religiöse als auch die ästhetische Erfahrung unter genetischem Aspekt. Die religiösen Studien teilt er hierzu in zwei Gruppen ein. Er unterscheidet die anthropo-genetischen Untersuchungen, die die Gattungsentwicklung zum Gegenstand haben, von den psycho-genetischen Untersuchungen, welche sich mit der individuellen Entwicklung befassen. Die erste Richtung bezeichnet Baldwin als „Komparative Religionswissenschaft", die zweite als „Genetische Psychologie". Die beiden Disziplinen stehen in Verbindung zueinander: sie durchdringen sich, bestätigen sich wechselseitig oder geben auch den Anstoß zur Widerlegung von Vorstellungen, die sich aufgrund der eigenen Untersuchungen nicht (länger) halten lassen: „Religion ist immer die Verkörperung der tatsächlichen *religiösen Erfahrung* von Individuen auf einer bestimmten Stufe der Kultur, während religiöse Erfahrung ihrerseits immer eine persönliche Interpretation einer bestehenden Religion darstellt ... In ihrer Natur und Ordnung entsprechen die Stufen, die in der Entwicklung der personalen religiösen Erfahrung entdeckt wurden, großteils jenen in der Religionsgeschichte selbst aufgefundenen oder sie stimmen mit ihnen überein" (Baldwin 1909, S. 93).

Um diesen Zusammenhang belegen zu können, geht Baldwin von bestimmten Ergebnissen der anthropo-genetischen Forschung aus, die er für konsensfähig hält und deren Richtigkeit er durch die genetische Psychologie erhärten will. Zugleich sieht er, gewissermaßen im Umkehrschluss, dadurch die Ergebnisse der eigenen Arbeiten bestätigt.

1. Es gibt keine „Verkörperung Gottes, die allen Religionen gemeinsam ist". Das Objekt der Verehrung „variiert von den krudesten physischen und unbelebten Dingen bis hin zu den höchsten Abstraktionen des Denkens und den edelsten Schöpfungen der Kunst" (ebd., S. 94).
2. Demgegenüber teilen alle Objekte der Verehrung einen Inhalt, nämlich die Idee, dass diese eine *symbolische* Bedeutung für die Subjekte besitzen und dadurch deren religiöse Handlungen beeinflussen.
3. Bei allen untersuchten Religionen handelt es sich um *soziale Phänomene*.
4. Die Verkörperung des religiösen Sinns – die Gottheit – weist immer einen *personalen* oder *quasi-personalen Charakter* auf.

Beruhen diese Annahmen auf korrekten Beobachtungen, so müssten mithilfe der psycho-genetischen Untersuchungen aufschlussreiche Gemeinsamkeiten feststellbar sein. Baldwin beschreibt dazu zunächst zwei *allgemeine* Merkmale, die für alle Entwicklungsbereiche gelten, die jetzt aber die spezifisch religiöse Entwicklung verstehen helfen. Bei der ersten Annahme, die Baldwin durch seine Arbeiten bestätigt sieht, handelt es sich um die soziale (gesellschaftliche) Konstituiertheit der Religion. Die Ausbildung der religiösen Erfahrung lässt sich nach seiner Analyse nur nach jenem Muster verstehen, das bereits für die übrigen Entwicklungsbereiche zutraf. „Diese Entwicklung ist bis ins Mark hinein sozial ... Das Individuum bildet sein Denken über sich selbst (...) durch imitative und sonstige give-and-take Prozesse aus ..." (ebd., S. 96).

In der Entwicklung des Selbst können (2.), wie bereits dargestellt, zwei Pole unterschieden werden, die sich gegenüberstehen, die aber zugleich durch ihre Wechselwirkung aufeinander verwiesen sind. Baldwin spricht deshalb auch hier vom „individuellen personalen Selbst, dem ,ego' (Ich-selbst) sowie vom anderen Selbst, dem ,alter', zu dem das ego in Beziehung steht". Doch der (mögliche) Widerspruch zwischen „ego" und „alter" verstößt nach Baldwins Auffassung nicht gegen die Idee eines einheitlichen, übergreifenden Selbst; denn neben den beiden genannten Einheiten gibt es noch ein drittes Selbst, das „gute oder ideale Selbst", also „eine höhere oder ideale ‚Persönlichkeit', deren Entscheidung in allen Fällen angemessen und richtig ist" (ebd., S. 98).

Baldwin macht an dieser Stelle noch einmal deutlich, dass er nicht nur eine „ideale Wahrheit" postuliert, die die Vorstellungen (die Einbildungskraft; Imagination) über Dinge und Ereignisse der äußeren Welt „kontrolliert" sowie ein „ideal Gutes", das die praktischen Beziehungen des Lebens „kontrolliert", sondern auch eine „ideale Persönlichkeit", „die die partiellen und kontrastierenden Selbste unseres wirklichen Lebens umfasst. Dieses Ideal, das ideale Selbst, ist Gott" (ebd., S. 99).

Nach der Einführung dieser beiden allgemeinen Merkmale kann Baldwin nun auf den behaupteten Zusammenhang zwischen anthropo-genetischer und psycho-genetischer Wissenschaft zurückkommen und deren Harmonie verdeutlichen oder – stärker noch – zeigen, wie die psycho-genetische Wissenschaft „die Lehren der Anthropologie, soweit sie die Religion betreffen, bestätigt" (ebd., S. 100).

1.  Zunächst weist Baldwin wiederum auf die Entwicklung des Selbst hin, vor allem natürlich auf die Ausbildung des idealen Selbst, das die Gottesvorstellung beinhaltet. Selbst und ideales Selbst entwickeln sich ganz „natürlich und normal in der Erfahrung" der Subjekte. Das ideale Selbst ist „relativ grob oder kultiviert, je nach der Entwicklungsstufe des Selbst. Das Ideal entwickelt sich *pari passu* (in gleicher Geschwindigkeit) mit dem entwickelten Selbst" (ebd.). Damit stimmt der Sachverhalt überein, dass die symbolische Bedeutung der religiösen Erfahrung mit der „Stufe der Kultur und dem Typ des sozialen Lebens des Stammes oder der Gruppe variiert" (ebd.). Die Entwicklung der religiösen Erfahrung beim Individuum sowie in der Gattung bringt sich beispielsweise auch in unterschiedlichen Symbolisierungsformen zur Geltung: Der krude „Animismus" (d. h. die Vorstellung der Belebtheit der Natur) des Kindes und der Gattung im Unterschied zu den höheren Formen der kulturellen Symbolik, wie sie sich z. B. in den Künsten niederschlagen, macht dies deutlich.

2.  Durch die Arbeiten der genetischen Psychologie hat auch der soziale Charakter der Religion seine Erklärung gefunden. Das wurde bereits erläutert.

3.  Was schließlich den „personalen Charakter Gottes" betrifft, so erfolgt auch hier eine klare Bestätigung durch die psycho-genetischen Arbeiten: Da „die religiöse Erfahrung durch eine Idealisierung des Selbst voranschreitet (...), kann nichts anderes als ein personales Selbst deren angenommenes Ziel sein" (ebd., S. 102). Beispielsweise nähert sich das Kind seinem Vater in ähnlicher Weise, wie sich der religiöse Verehrer dem „Großen Gott" nähert; die Vereinigung und Versöhnung mit Gott auf späteren Stufen der Entwicklung erfolgt lediglich auf verfeinerte Weise und umfasst z. B. reife Formen von Buße und Sühne. In seiner extremsten Form zeigt sich dieses Verlangen der Übereinstimmung mit dem personalen Gott in hervorgehobenen Handlungen. „Das Opfer

der Anhänger Baals oder das den Götzen entbotene Opfertier, das Leiden des
Asketen wie die Ergebenheit des Märtyrers entspringen alle dem gleichen Mo-
tiv: Dem Bedürfnis, mit dem Ideal eins zu sein; dem Bedürfnis, das ideale
Selbst zu *sein*" (ebd., S. 103 f.).

## 2.6.2 Zur Kunst: Die Idee des „Pancalismus"

„Die Wahrheit, das Gute, die Schönheit, diese drei, aber das Großartigste davon
ist die Schönheit" (1926, Bd. II, S. 172). Diese Aussage, von Baldwin häufig wiederholt und erläutert, stellt das Motto seines späten Werkes (etwa ab 1906) dar.
Baldwin hatte sich in dieser Periode fast ganz von der empirischen Arbeit des Psychologen zurückgezogen und widmete sich dem Versuch, seinem Werk, insbesondere den verschiedenen Bereichen der Entwicklung, eine übergreifende Deutung
zu geben. Er war nicht länger Erfahrungswissenschaftler, sondern Philosoph, der
versuchte, seinem Bild von der „Beschaffenheit des Menschen" Ausdruck zu geben. Dazu gehörte es, einen Aspekt der Entwicklung auszuzeichnen, der sich von
den anderen abhob und dem diese sich unterordnen ließen.
   Ich erinnere noch einmal an bereits Gesagtes. Das Hauptgewicht meines Über-
blicks lag bisher auf der Darstellung der Entwicklungsbereiche und dem jeweiligen
Stufendurchgang. Nun genügte Baldwin jedoch diese fragmentierte Sichtweise
nicht länger – die Bereiche müssen miteinander versöhnt werden; und einem Bereich: dem ästhetischen, kommt hierbei eine hervorragende Rolle zu. Der von ihm
für dieses Programm gewählte Ausdruck Pancalismus bezeichnet genau diese Vorstellung, nämlich dass wir nur in der reifen ästhetischen Erfahrung einen umfassenden Zugang zur Welt besitzen. Einen Zugang, der sich weder durch (theoreti-
sches) Wissen noch durch (praktisches) Handeln in gleichem Maße eröffnet. Beiden Erfahrungsweisen kommt im Vergleich nur ein eingeschränkter Modus der
Welterfassung zu; einzig „die Schönheit umschließt und vereint die beiden anderen" Zugangsweisen (vgl. ebd., S. 172 ff.)[10].
   Baldwin verdeutlicht seine Sichtweise an dem möglichen Einwand, dass er gerade „die oberflächlichste und flüchtigste Erfahrung" zur grundlegendsten erhebe.
Welche Vorstellungen führen ihn zu diesem Urteil? Er geht davon aus, dass das
Wissen, auch wenn es vollständig wäre, nur das aufzeigen könne, was ist; eine zwar
vollständige Beschreibung der Wirklichkeit – aber nicht mehr. Jegliche Formen
emotionaler oder moralischer Zufriedenheit blieben ausgespart. „Was für eine

---

10 Sucht man nach den Wurzeln dieser Auffassung, so findet sich diese Vorstellung überraschender-
   weise viel klarer in dem um ca. 100 Jahre zuvor entstandenen, in der Regel Hegel zugeschriebenen
   „Ältesten Systemprogramm des Deutschen Idealismus": „.... die Idee, die alle vereinigt, (ist) die
   Idee der *Schönheit* ... Ich bin nun überzeugt, daß der höchste Akt der Vernunft, der, in dem sie
   alle Ideen umfaßt, ein ästhetischer Akt ist und daß *Wahrheit und Güte in der Schönheit* verschwis-
   tert sind" (Hegel 1970, S. 235).

armselige Affäre wäre diese Welt! ... Menschen, die alles wissen, sich aber um nichts kümmern – die Dinge existieren einfach, ohne weitere Aufgabe oder Ziel: Eine Welt der Wahrheit ohne Seele" (ebd., S. 174).

Diese Auffassung, so Baldwin, spiegelt die Vorstellungen des philosophischen Rationalismus, der die Welt einzig durch den Verstand erkennen will. Erweitern wir diese Konzeption und „statten unseren Intellektuellen, den Menschen, der ... nichts als Wissen besitzt, mit einem weiteren Vermögen aus, dem des Findens von Werten in der Welt" (ebd., S. 174 f.). Dieses Vermögen bezeichnet Baldwin als Willen, der das Gute verfolgt und der nun zusätzlich zur rationalen die „praktische" Welt einschließt. Beispielsweise „ist für den religiösen Menschen das Wissen um den Himmel von geringer Bedeutung; was zählt, sind die notwendigen Schritte, um dort hinzugelangen" (ebd., S. 175). Baldwin misst dieser Sichtweise, die er als voluntaristisch bezeichnet, die also den Willen als zentralen Mechanismus der menschlichen Psyche ansieht, große Bedeutung zu: „Eine Sache zu genießen bringt eine reichere Erfahrung hervor, als sie lediglich zu kennen." Dennoch bleibt für ihn die Frage bestehen, ob mit diesen beiden Erfahrungen, dem Wissen-des-Wahren und dem Willen-zum-Guten, schon die Gesamtheit der menschlichen Möglichkeiten ausgeschöpft ist; und Baldwin verneint diese Frage mit dem Hinweis auf etwas Drittes.

Es trifft zwar zu, dass wir die Welt erkennen und sie genießen, aber wir bewundern sie auch, und diese Bewunderung fügt der Erfahrung etwas hinzu, nämlich eine ästhetische Befriedigung. Ich möchte diese Auffassung mithilfe eines Beispiels verdeutlichen, das von Baldwin vorgetragen wird:

> „Ich habe einen Strauß Rosen auf meinem Schreibtisch. Weshalb stelle ich sie dort hin? Ist es, weil ich als Botaniker sie als Rosen erkenne? Das mag der Grund sein. Ist es, weil ich den Duft genieße? Auch das kann der Grund sein. Aber ich *bewundere* die Rosen, das ist mein Grund, sie auf meinen Schreibtisch zu stellen. Weder Kartoffeln, noch Golfbälle, noch Papierstücke, die den gleichen Farbton wie die Rosenblätter aufwiesen, wären zufriedenstellend, obgleich es sich hier um Gegenstände meines Wissens und gelegentlich meines Wunsches handelt. Es ist die *Schönheit* der Rosen, was immer das ist, die mich anzieht und mich bewegt, sie auf meinen Schreibtisch zu stellen. Das ist für mich die tiefste und reichste Art, die Rose zu erfassen – sie zu bewundern ... Wenn wir die Welt unter diesem Aspekt betrachten, erreichen wir eine dritte Perspektive: die Ästhetische" (ebd., S. 176 f.).

Baldwin fügt seiner Argumentation weitere Punkte hinzu, um seinen Standpunkt noch überzeugender vertreten zu können. Die „Welt des Schönen" ist danach durch die folgenden Merkmale bestimmt (vgl. S. 177 ff.):

1. Die Kunst entbindet Wissen und Werte aus ihrem angestammten Kontext und „befreit" sie dadurch;

2. Dem schönen Objekt wird ein „inneres Lebensprinzip" zugeschrieben, mit dem sich der Künstler durch eine Bewegung der „ästhetischen Sympathie" identifiziert;

3. Dadurch wird dem Kunstwerk zugleich eine neue Bedeutung und Realität zuerkannt und

4. Im „Universum der ästhetischen Kontemplation" verschwinden die Widersprüche zwischen „Selbst und Nicht-Selbst, Wissen und Wille, dem Wirklichen und der Fantasie", wenn wir uns in der unmittelbaren Gegenwart von Kunstwerken befinden.

Zu 1) Der Gegenstand der Kunst besteht aus der Erzeugung eines Scheins (semblance); sie ist eine Vortäuschung (make-believe), d. h. bewusster Schein. Diese Charakterisierungen dürfen aber dennoch über das „wahre" Wesen der Kunst nicht hinwegtäuschen. Das vom Künstler geschaffene Objekt – das Kunstwerk – wird, indem es alle Zufälligkeiten des Lebens ausklammert, zu einem „echteren" Bild des realen Menschen „als das Original". Indem der Künstler von den bloßen Eigenheiten abstrahiert, gelingt es ihm, das Verhältnis zwischen Schein und Realität umzukehren. „Das Bild zeigt den wirklichen Menschen, während die wirkliche Person, die aus Fleisch und Knochen vor mir steht, die ‚Schein'-Person ist; das erstere ist real, das letzte ‚Fiktion'" (ebd., S. 178 f.).

Baldwin lässt keine Einwände gegen diese Darstellung gelten. So widerspricht er Aussagen, die „einfach" darauf hinweisen, dass z. B. der porträtierte Mensch tatsächlich gegenwärtig ist, während das gemalte Bild doch lediglich dessen Wiedergabe darstellt. Einsprüche der genannten Art treffen nicht zu, da der Künstler den Menschen nicht nur abbildet, sondern ihm im Gegenteil erst zu seiner Würde und Autonomie verhilft.

Wir dürfen uns nicht allein auf unsere Wahrnehmungen verlassen, auch der Löffel in einem Wasserglas erscheint in unserer Anschauung gekrümmt, während uns die Wissenschaft (in diesem Fall) eines Besseren belehrt. Dem entspricht die Aufgabe der Kunst: Sie entbindet uns aus der unmittelbaren Anschauung, befreit mithin den Gegenstand aus seinem Kontext.

Zu 2) „Der Unterschied", so Baldwin, „zwischen einem unbelebten Gegenstand und der künstlerischen Darstellung eben dieses Gegenstandes ... besteht darin, daß der erste tot ist, wohingegen dem zweiten eine Art Leben zukommt" (ebd., S. 182). Die „Belebung des Gegenstandes" geschieht durch eine Bewegung des Künstlers, die Baldwin als „ästhetische Sympathie" oder „Empathie" bezeichnet, also durch das Hineinversenken des Künstlers in sein Objekt. Indem dieser beispielsweise einem Sonnenuntergang noch etwas hinzufügt, nämlich sein eigenes Gefühl, und in gewissen Sinn das Unpersönliche personalisiert, macht er zugleich von seiner (begrenzten) Freiheit Gebrauch. „Deshalb ist es nicht nur Theorie, sondern eine Erfahrungstatsache, daß mit der Schönheit etwas Überraschendes und

Einzigartiges der Wahrheit und dem Wert eines Objekts hinzugefügt wird" (ebd., S. 185).

Zu 3 und 4) Die in den Punkten 1 und 2 geschilderte „Befreiung" durch die Kunst sowie die dazu notwendige spezifisch kunstbezogene „Empathie" ermöglichen schließlich eine veränderte Einstellung gegenüber der Welt überhaupt. „Der durch die Kunst und die Schönheit erreichte ‚Schein' führt zu einer Erhöhung, von der aus eine neue Aussicht gewonnen wird, die Aussicht einer schönen Welt ...". Aber diese Welt ist nicht nur schön, da sie unsere Erfahrung erhöht, die Schönheit versöhnt auch zuvor Getrenntes oder gar sich vermeintlich Widersprechendes, so dass Baldwin den oben begonnenen Satz fortführen kann „... einer schönen Welt, d. h. einer vollkommenen Welt: Man wird nicht länger hin- und hergerissen zwischen den Konflikten und Antagonismen des unvollkommenen Wissens und zwischen sich widersprechenden Wünschen; eine Welt, die frei ist von den Dualismen von Wahrheit und Wert, Tatsachen und Zielen, von Freiheit und Verhängnis" (ebd., S. 186).

Damit schließt sich der von Baldwin skizzierte Kreis der ästhetischen Erfahrung, für den der Ausdruck Pancalismus steht, und es bleibt lediglich die Aufgabe, auf die unterschiedlichen Stufen der Entwicklung der ästhetischen Erfahrung hinzuweisen. Diese Darstellung kann deshalb rasch erfolgen, da auch die Logik der ästhetischen Entwicklung dem bisher beschriebenen Prinzip folgt und in enger Verbindung zur allgemeinen kognitiven bzw. logischen Entwicklung steht.

Darüber hinaus schlägt sich in diesen Stufenbeschreibungen das bereits eingangs erwähnte Erbe des Deutschen Idealismus ungebrochen nieder, so dass es sinnvoll erscheint, zunächst die formale Bestimmung einer „Logik der ästhetischen Entwicklung" (Entwicklungslogik!), wie sie sich in Schillers Briefen „Über die ästhetische Erziehung des Menschen" findet, wiederzugeben.

> „Es lassen sich (...) drei verschiedene Momente oder Stufen der Entwicklung unterscheiden, die sowohl der einzelne Mensch als die ganze Gattung notwendig und in einer bestimmten Ordnung durchlaufen müssen (...). Durch zufällige Ursachen, die entweder in dem Einfluß der äußern Dinge oder in der freien Willkür des Menschen liegen, können zwar die einzelnen Perioden bald verlängert, bald abgekürzt, aber keine ganz übersprungen, und auch die Ordnung, in welcher sie aufeinander folgen, kann weder durch die Natur, noch durch den Willen umgekehrt werden" (Schiller 1955, S. 581).

Baldwin ordnet den drei Stufen der kognitiven Entwicklung (der prä-logischen, der logischen und der hyper-logischen) drei Stufen der ästhetischen Entwicklung zu, die er als „Spiel-Stufe", als „Stufe der spontanen ästhetischen Erfahrung" und als „Stufe der reflexiven ästhetischen Erfahrung" bezeichnet:

| | Stufen der kognitiven Entwicklung | Stufen der ästhetischen Entwicklung |
|---|---|---|
| 1) | prä-logisch | (Spiel) |
| 2) | logisch/diskursiv | spontane ästhetische Erfahrung |
| 3) | hyper-logisch | reflexive ästhetische Erfahrung |

Es leuchtet ein, dass das Spiel als Ausgangspunkt kreativer Tätigkeit zentrale Bedeutung besitzt. Doch obwohl das Spiel wesentliche Merkmale ästhetischer Erfahrung aufweist und in gewissem Sinn das eigentlich ästhetische Urteilen und Handeln vorwegnimmt, weist Baldwin auch auf einen wichtigen Unterschied zwischen den beiden Erfahrungsweisen hin. „Sowohl im Spiel wie in der Kunst wird der Wissensstoff in ‚scheinhafter' Form aufgebaut, d. h. für Zwecke der Manipulation, die von den harten und starren Bedingungen des Wirklichen getrennt sind. Das Kind kann mit seinem Spielzeugpferd frei und launig umgehen, und der Künstler kann den Gegenstand, den er zur Darstellung auswählt, ‚neu machen' und ‚besser formulieren' – zwar weniger frei, aber dennoch wirklich. Der Unterschied – und es handelt sich um eine sehr große Differenz – liegt darin, daß die Laune des Spielenden dem Selbstausdruck und der Selbstverkörperung des Künstlers Platz macht" (1926, Bd. II, S. 170)[11].

So ist das kindliche Spiel einerseits zu „eng", um als unmittelbarer Vorläufer ästhetischer Erfahrung gelten zu können; es erfüllt die genannten Merkmale ästhetischen Urteilens und Handelns nicht; andererseits, darauf weist Baldwin an anderem Ort hin, ist es zu weit, da die ihm innewohnende Eigenschaft des Scheins bzw. sein „Als-ob-Charakter" nicht nur für die ästhetische Entwicklung, sondern für die soziale Konstitution der Entwicklung generell gilt.

Mit dem Übergang vom Spiel zur spontanen ästhetischen Erfahrung werden die Unterschiede zwischen den beiden noch deutlicher, da jetzt ein Element in der Entwicklungsgeschichte des Kindes aufscheint, das zuvor – im Spiel – noch kaum von Bedeutung war. Damit will Baldwin nicht behaupten, dass das Spiel im Laufe der Entwicklung weniger wichtiger wird – er will nur auf eine (mögliche) Bedeutungsverschiebung hinweisen, die den Charakter des Spiels ändert und es in eine ästhetische Form wandelt oder die neue Formen hervorbringt. Zentral für die spontane ästhetische Erfahrung ist demnach jene Tätigkeit des Kindes, die Baldwin Idealisierung nennt. Idealisierung bezeichnet die Fähigkeit, einem Gegenstand über dessen faktische Erscheinungsweise hinaus Bedeutung zuzuschreiben, d. h. ihn als perfekter anzusehen, indem man von seiner Vorstellungskraft Gebrauch macht. M. Parsons, der sich um eine Auslegung und Weiterführung des Baldwin-

---

11 In einem früheren Aufsatz heißt es: „Ich denke nicht, daß das Spiel ‚eine der Ursprünge der Kunst' darstellt, da die für das Spiel wesentliche Freiheit zeigt, daß die Phantasie (hierbei) auf eine Art und Weise ‚durchgeht', die sich den künstlerischen Anforderungen der Einheit, der Ordnung und des Systems nicht fügt" (1909a, S. 298).

schen Werkes bemüht (vgl. Kapitel 8), beschreibt diese Fähigkeit wie folgt: Idealisierung meint „ein Hinausgehen über das Tatsächliche in Richtung auf etwas, das
als erfüllender erscheint (...); es ist eine Funktion der Freiheit der Vorstellungskraft
(Imagination)" (Parsons 1982, S. 405).

Genau mit dem Einsetzen der Idealisierung, das kann man jetzt sagen, wird aus
dem Spiel die spontane ästhetische Erfahrung. Das zuvor interesselose „Sich-Be-
schäftigen" nimmt strukturierte Formen an, die sich generell als Experimentierfor-
men beschreiben lassen: „Relevanzkriterien werden herangezogen, Tests durchgeführt, Urteile erprobt. Die spontane ästhetische Erfahrung ist ernsthafter, da ein
Gefühl des Passens (fittingness) besteht, und die Freiheit, seinen Launen zu folgen,
verschwindet" (ebd., S. 419).

Diese Beschreibungen machen deutlich, dass das Kind lernen muss, bestimmte
Freiheiten aufzugeben, von denen es auf der Stufe seiner „natürlichen Identität"
noch unvermittelt Gebrauch machte. Experimentieren bedeutet somit zugleich zunehmende Einschränkung der Freiheit und zunehmende Kontrolle der Realität.
Der Realitätsgewinn wird um den Preis der Anpassung errungen.

Allerdings ist die ästhetische Entwicklung nicht auf dieser Stufe ausgeschöpft.
Die reflexive ästhetische Erfahrung, die in dem bereits beschriebenen Pancalismus
gipfelt, bildet die dritte und letzte Stufe der ästhetischen Entwicklung. Auf dieser
Stufe lösen sich die für Stufe zwei charakteristischen Einschränkungen und Zwän-
ge zugunsten einer erneuten Unmittelbarkeit der Erfahrung auf. Während aber auf
der ersten Stufe der ästhetischen Entwicklung eine naive („primitive") Unmittelbarkeit vorherrschte – Baldwin spricht hier von „reiner" Erfahrung –, kommt auf
der Stufe der reflexiven ästhetischen Erfahrung eine höhere Unmittelbarkeit zur
Geltung.

> „Es gibt bedeutende Theoretiker, die die ‚reine Erfahrung' oder die gedan-
> kenfreie Passivität auszeichnen. Sie verehren das Primitive, nicht nur als die
> Quelle des Ganzen, sondern als die Fülle des Ganzen; sie sagen, daß das ent-
> wickelte Wissen die Realität nicht enthüllt, sondern verbirgt – daß Ideale
> nur dazu dienen, Illusionen zu erzeugen. Also zurück zur ‚reinen' Erfahrung.
>
> Aber solche Aussagen führen uns nirgendwo hin. Sie verlangen von uns,
> das Wesen des Geistes in einem Stadium zu finden, das von allem Wesentli-
> chen bereinigt wurde.
>
> Eine andere und fruchtbarere Quelle der Entlastung (...) wird nicht in ei-
> ner niedrigen und primitiven, sondern in einer höheren Unmittelbarkeit ge-
> funden. (Das Bewusstsein) sucht einen synthetischen Zustand der Kontem-
> plation, in dem die zahlreichen gegensätzlichen Motive des Wissens und
> Handelns zur Ruhe kommen und unter einem gemeinsamen Dach verwei-
> len; in dem die Welt der Tatsachen und die Welt der Werte sich als eine

Welt zeigen können, die insgesamt eine vollendete und ideale Welt darstellt" (1926, Bd. II, S. 169 f.)[12].

---

12  Inhaltlich wird die „Verwandtschaft" zwischen „naiver Unmittelbarkeit" und „höherer Unmittelbarkeit", zwischen primitiver Kunst und Kunst der Moderne, sehr schön dokumentiert in den beiden Katalogbänden, die anlässlich der Ausstellung „,Primitivism' in 20th Century Art. Affinity of the Tribal and the Modern" des Museums of Modern Art in New York City (ed. W. Rubin; New York 1984) aufgelegt wurden.

# 3. Der „symbolische Interaktionismus" George Herbert Meads

> „Was seine Erziehung angeht, wird ein Kind nicht durch
> Lernen sozial. Es muß sozial sein, um zu lernen".
>
> George H. Mead

„Als George Herbert Mead im Jahr 1931 im Alter von 68 Jahren starb, hatte er kein einziges Buch veröffentlicht" (Strauss 1964, S. VII); er „starb am 26. April 1931 nach fast vierzigjähriger Lehrtätigkeit an" der Universität von Chicago: „weithin unbekannt, bei einigen Kollegen und Studenten als außerordentlicher Denker geschätzt, tief verbittert über eine hochschulpolitische Kontroverse, die den Charakter der Chicagoer Philosophie ins Katholisch-Restaurative zu wenden drohte" (Joas 1980, S. 33)[13].

Obwohl diese Charakterisierungen es zunächst nicht vermuten lassen, ist es genau dieser George Herbert Mead, dessen Werk, großteils von seinen Schülern publiziert und im deutschen Sprachraum in jüngster Zeit vor allem von Hans Joas bekannt gemacht, zunehmend stärkere Beachtung findet. Habermas gewinnt aus den von Mead vorgegebenen Kategorien Elemente für seine *Theorie kommunikativen Handelns* (1981); Ernst Tugendhat erarbeitet unter Bezug auf Mead Aspekte zum Verständnis von *Selbstbewusstsein und Selbstbestimmung* (1979); die Erziehungswissenschaft schließlich versucht an ihn anzuknüpfen, indem sie ihre Theorie pädagogischen Handelns mit den von Mead herauspräparierten Vorstellungen anzureichern sucht (vgl. z. B. W. Loch (1968 – unter Betonung der anthropologischen Komponente); Micha Brumlik (1973; 1983) und Klaus Mollenhauer (1974[2]). So ist es auch nicht verwunderlich, dass Mead zu den in dieser Arbeit behandelten stufen- und sozialisationstheoretischen Fragen Entscheidendes zu sagen hat. Darauf will ich nach einer kurzen biographischen Skizze eingehen.

---

13  Es mag interessant sein, darauf zu verweisen, dass die Person, deren Berufung auf einen Philosophielehrstuhl damals im Mittelpunkt der Kontroverse stand, nämlich Mortimer Adler, gegenwärtig erneut in den USA eine Debatte ausgelöst hat; und zwar mit der Vorlage einer Erziehungstheorie, dem Paideia-Programm, die die gleiche Erziehung für alle fordert ...

# 3.1 Zur Person

Mead wurde am 27. Februar 1863 in South Hadley, im US-amerikanischen Bundesstaat Massachusetts, geboren. Als er sechs Jahre alt war, siedelten seine Eltern nach Ohio über, wo sein Vater eine Stelle als Professor für Predigtwissenschaft (Homiletik) am Oberlin College antrat. Ebenso wie für Baldwin (aber auch später für Piaget) waren für den jungen Mead das evolutionstheoretische Werk Darwins und die damit einhergehenden Spannungen zu klassisch-religiösen Vorstellungen prägend: Der vermeintlich sichere Glaubenshintergrund erwies sich als porös. Mead beendete sein College-Studium im Jahr 1883, arbeitete kurze Zeit als Lehrer, später als Ingenieur, um dann 1887 erneut ein Studium, diesmal an der Harvard Universität, aufzunehmen. Er belegte dort zunächst Philosophie (vor allem bei Josiah Royce, der auch Freund und kritischer Förderer Baldwins war) und später (physiologische) Psychologie. Diese Entscheidung führte ihn (wie zuvor Baldwin) konsequenterweise zu Wundt nach Leipzig (im Wintersemester 1888/89), aber auch nach Berlin, wo er bei Dilthey, Ebbinghaus, Paulsen und Schmoller bis 1891 studierte.

Auf gesellschaftstheoretischem Gebiet machte er sich während dieser Zeit vor allem mit der europäischen Arbeiterbewegung vertraut. Dieses politische Interesse blieb kennzeichnend über lange Strecken seines Lebenswegs und schlug sich beispielsweise in seinem kommunalpolitischen Engagement, seinem Eintreten für Reformen in der Berufsbildung und des Jugendstrafrechts nieder.

Mead heiratete im Jahr 1891 Helen Castle, die Schwester seines langjährigen Freundes Henry und trat zugleich seine erste Position an einer Universität an. Er musste dazu seine Studien in Berlin aufgeben, ohne einen Abschluss erlangt zu haben. Seine neue Stelle als „Instructor" an der Universität von Michigan in Ann Arbor entsprach jedoch genau seinen Vorstellungen wie auch seiner Ausbildung, so dass der überraschende Weggang aus Berlin verständlich ist. Mead unterrichtete Psychologie und Philosophie einschließlich Evolutionstheorie. Wichtiger noch für seine weitere Entwicklung war allerdings sein Zusammentreffen mit John Dewey, der bereits seit 1884 an dieser Universität lehrte. Aus der Begegnung dieser beiden Wissenschaftler und Philosophen erwuchs eine lebenslange Freundschaft, verbunden mit wechselseitigen Anregungen und wechselseitiger Kritik. Als Dewey 1894 an die ein Jahr zuvor gegründete Universität von Chicago berufen wurde, folgte ihm Mead dorthin und blieb der Universität bis zu seinem Tod, also fast 40 Jahre lang, verbunden. In Chicago, der Stadt, in der um die Jahrhundertwende der „Schmelztiegel Amerika" sich in seiner ganzen Schärfe und Brutalität zeigte, verstärkte Mead, darin unterstützt von seiner Frau, seine politischen Aktivitäten. Vor allem Fragen der Erziehung und Bildungspolitik fanden sein Interesse und veranlassten ihn auch zur Mitarbeit an reformpädagogischen Projekten. Mead starb im Jahr 1931 – weniger als zwei Jahre nach dem Tod seiner Frau, der ihn sehr erschüttert hatte.

Ein Großteil des Meadschen Werkes liegt schon längere Zeit in deutscher Sprache vor; diese Arbeiten wurden durch die von Hans Joas besorgte zweibändige Ausgabe der „Gesammelten Aufsätze" (1980 und 1983) vervollständigt. Dazu kommt die ebenfalls von Joas (1980) vorgelegte Monographie über „Die Entwicklung des Werkes von G. H. Mead", die den Titel „Praktische Intersubjektivität" trägt (für die weitere Diskussion vgl. Joas (Hg.) 1985). Somit ist es möglich, sich einen relativ umfassenden Überblick über die in den Meadschen Arbeiten thematisierten Schwerpunkte zu verschaffen. Meine Darstellung kann sich deshalb darauf beschränken, jenen Teil des Oeuvres aufzugreifen, der im engeren Sinne von sozialisationstheoretischer Bedeutung ist und seine Stufenkonzeption der Entwicklung erfasst. Damit werden zwar nur einige zentrale Vorstellungen Meads erfasst, der von Joas erhobene Vorwurf, der nur partiellen Aufnahme der Meadschen Arbeiten lässt sich aber nach der von ihm selbst bearbeiteten Vorlage der Schriften und der oben genannten Rezeptionslage nicht länger aufrechterhalten. Ich werde die entsprechenden Konzeptionen Meads in drei Abschnitten vorstellen:

1. die Idee des *Symbolischen* Interaktionismus;
2. die sich stufenweise entfaltende Ausbildung der Identität
   sowie das Zusammenspiel und Verhältnis von I und Me und
3. die Thesen zur Ethik.

## 3.2 Die symbolische Interaktion

In diesem Abschnitt soll es darum gehen, den Rahmen für eine Stufentheorie der sozialisatorischen Entwicklung zu bestimmen und zu zeigen, wie erst auf dem Hintergrund einer solchen Annahme eine plausible Erklärung des Sozialisationsprozesses erfolgen kann. Diese Interpretation liefert zugleich wichtige Hinweise für die spätere Aufnahme des Meadschen Werkes in den Arbeiten von Robert Selman und Lawrence Kohlberg.

Zunächst gilt es jedoch, jenes durch die Selbstcharakterisierung Meads als „Sozialbehaviorist" nahegelegte Missverständnis auszuräumen, das suggerieren könnte, seinen Ansatz dem vor allem in der Psychologie lange Zeit tonangebenden behavioristischen Strang eines Watson oder Skinner zuzurechnen. Wenn Mead von Verhalten (behavior) spricht, liegt diesem Begriff eine vom simplen Reiz-Reaktions-Schema vollkommen verschiedene Bedeutung zugrunde, der Handeln, jedoch ohne Ausschluss des subjektiv gemeinten Sinns berücksichtigt. „Die Sozialpsychologie ist in dem Sinne behavioristisch, daß sie mit einer beobachtbaren Aktivität beginnt – dem dynamischen gesellschaftlichen Prozeß und den ihn konstituierenden gesellschaftlichen Handlungen –, die untersucht und wissenschaftlich analysiert wird. Sie ist jedoch nicht in dem Sinne behavioristisch, daß die innere Erfahrung des Individuums – die innere Phase dieses Prozesses oder dieser Aktivität – ignoriert wird. Ganz im Gegenteil, sie befaßt sich vornehmlich mit dem Entstehen dieser Art von Erfahrung innerhalb des Prozesses als Ganzem" (1934, S. 7 f.; dt. 1975², S. 46)[14]. Und etwas später heißt es: Unser Ansatz „ist behavioristisch, sieht jedoch im Gegensatz zum Behaviorismus Watsons auch jene Teile der Handlung, die der Beobachtung von außen nicht zugänglich sind, und betont die Handlung des menschlichen Wesens innerhalb seiner natürlichen gesellschaftlichen Situation" (1934, S. 8; dt. 1975, S. 46).

Das, was Mead zunächst die innere Phase dieses Prozesses oder dieser Aktivität nennt bzw. „die Handlungsteile, die von außen nicht zugänglich sind", lässt sich noch präziser bestimmen. Mead versteht hierunter genau jenen vom klassischen Behaviorismus vernachlässigten Bereich des Bewußtseins oder Geistes, dessen Leugnung den Menschen auf ein Reflexbündel und physiologisches System reduzieren würde. Eine solche Vorgehensweise, formuliert Mead, ist „irreführend und erfolglos, da die Existenz von Geist oder Bewußtsein in dem einen oder anderen Sinn zugegeben werden muß ... es ist nicht möglich, die Existenz von Geist, Bewußtsein oder geistigen Phänomenen zu leugnen, und es ist auch gar nicht wünschenswert" (S. 10; dt. S. 48 f.).

Die angeführten Stellen machen deutlich, dass den Meadschen Vorstellungen gerade kein einfaches Reiz-Reaktions-Modell zugrunde liegt, sondern dass es ihm im Gegenteil darum geht, die Entwicklung und die Form der Instanz, die „zwischen" Reiz und Reaktion liegt bzw. die diese Handlungen steuert und koordiniert, zu untersuchen. Der Ausgangspunkt eines solchen Unterfangens liegt für Mead in der Kommunikation durch Gesten. Die elementare Form des Austausches von Gesten, die noch ohne Sinnstrukturierung abläuft, erläutert Mead am Beispiel zweier miteinander kämpfender Hunde. „Die Handlung jedes der beiden Hunde wird zum Reiz, der die Reaktion des anderen beeinflußt. Es besteht also eine Beziehung zwischen den beiden; und da der andere Hund auf die Handlung reagiert, wird diese wiederum verändert" (1934, S. 42 f.; dt. 1975, S. 81 f.). Die gleiche gestische Form sieht Mead auch beim Boxen und Fechten gegeben. Die Funktion der Geste besteht mithin darin, „Reaktionen der anderen hervorzurufen, die selbst wiederum Reize für eine neuerliche Anpassung werden, bis schließlich die endgültige gesellschaftliche Handlung (social act) zustande kommt" (S. 44; dt. S. 83); im Übrigen zielt Mead mit dieser Beschreibung sowohl auf die „Anfänge gesellschaftlicher Handlungen" (Phylogenese) wie auf die „Anfänge der individuellen Entwicklung" (Ontogenese).

Eine besondere Rolle innerhalb dieser Gestenkommunikation nimmt nun die vokale (sprachliche) Geste ein, da „sie im Individuum, das sie ausführt, die gleiche Haltung sich selbst gegenüber (oder gegenüber ihrer Bedeutung) auslöst wie in den anderen Individuen, die gemeinsam mit ihm an einer gesellschaftlichen Hand-

---

14 Ich übernehme die Zitate der deutschen Übersetzung, habe jedoch gelegentlich kleine Änderungen vorgenommen.

lung teilnehmen, und ihm damit deren Haltung dazu (als eine Komponente seines Verhaltens) bewußt werden läßt und es in die Lage versetzt, sein weiteres Verhalten im Lichte dieser Haltung dem ihrigen anzupassen" (S. 46; dt. S. 85). Die sprachliche Geste ist somit nicht länger Signal, sondern ein, und das ist der von Mead vorwiegend gebrauchte Begriff, *signifikantes* Symbol.

Der Austausch bzw. die Interaktion mittels signifikanter Symbole stellt damit den Ausgangspunkt für das Meadsche Verständnis des menschlichen Geistes dar. „Nur durch Gesten qua signifikanter Symbole wird Geist oder Intelligenz möglich, denn nur durch Gesten, die signifikante Symbole sind, kann Denken stattfinden, das einfach ein nach innen verlegtes oder implizites Gespräch des einzelnen mit sich selbst mit Hilfe solcher Gesten ist" (S. 47; dt. S. 86). Das nach innen genommene Gespräch bezeichnet auch jenes Merkmal, durch das sich die menschliche von der tierischen Intelligenz unterscheidet, nämlich Reflexivität; d. h. „den Rückbezug der Erfahrung des einzelnen auf sich selbst"; durch sie „wird der ganze gesellschaftliche Prozeß in die Erfahrung der betroffenen Individuen hereingebracht" (S. 134; dt. S. 175)[15].

Mead macht auch klar, dass die grundlegende Analyseeinheit, nämlich die gesellschaftliche Handlung (social act), immer nur als Beziehungsgeflecht zwischen mindestens zwei Handelnden verstanden werden kann. Die Hervorhebung des vereinzelten Subjekts, einer Monade, ist von diesem Standpunkt aus unzulässig, weil sie soziale bzw. soziologisch und sozialpsychologisch beschreibbare Gegebenheiten reduziert und damit verfälscht: „Es ist absurd", so Mead, „Geist einfach aus der Sicht des einzelnen menschlichen Organismus zu sehen. Denn obwohl dort sein Sitz ist, handelt es sich um ein wesentlich gesellschaftliches Phänomen ... Wir müssen Geist daher so verstehen, daß er aus dem gesellschaftlichen Prozeß erwächst und sich in ihm entwickelt, innerhalb der empirischen Matrix des gesellschaftlichen Zusammenspiels (social interactions)" (S. 133; dt. S. 174).

Die Darstellung sollte bisher verdeutlicht haben, wo die spezifische Pointe des Meadschen Ansatzes gegenüber den Arbeiten Baldwins liegt: Erst bei Mead wird durch die Betonung der Sprache aus der einfachen eine symbolische Interaktion, womit die erst im Jahr 1937 von Herbert Blumer (1973) für das gesamte Programm eingeführte Bezeichnung „Symbolischer Interaktionismus" gerechtfertigt ist.

---

15  An anderer Stelle formuliert Mead: „Als typisch für den Geist würde ich die reflektive Intelligenz des Menschen ansehen" (S. 118; dt. S. 159).

# 3.3 Die Ausbildung der Ich-Identität (des self)

Neben der bereits erwähnten Funktion der Sprache erachtet Mead das Spielen des Kindes als zentral für die Identitätsentwicklung, wobei er diese Tätigkeit noch in zwei in der Entwicklung aufeinanderfolgende Arten, nämlich das Einzelspiel (play) und den Wettkampf (game), unterteilt. Kleine Kinder praktizieren häufig eine bestimmte Form des Spiels, die die Nachahmung „bedeutsamer anderer" zum Inhalt hat. So fantasiert das Kind sich (oder seine Puppe) in die Rolle[16] der Mutter, des Feuerwehrmannes, der Krankenschwester usw. Was es heißt, eine bestimmte Rolle einzunehmen bzw. welcher Mechanismus hierbei zum Tragen kommt, soll gleich geklärt werden, zunächst gilt es jedoch, darauf hinzuweisen, welche Reaktionen bei dieser Form des Spielens im Kind ablaufen.

Mit der Übernahme einzelner Rollen übernimmt es nämlich zugleich, eine Reaktion auf die Reize, die es in sich trägt, auszulösen. Es spielt seine „eigene" Rolle *und* die Rolle eines anderen. Mead erläutert diese Form der „Verhaltensantizipation" (Joas) wie folgt: Das Kind spielt beispielsweise, „daß es sich etwas anbietet und kauft es; es gibt sich selbst einen Brief und trägt ihn fort; es spricht sich selbst an – als Elternteil, als Lehrer; es verhaftet sich selbst – als Polizist" (S. 150 f.; dt. S. 193). Charakteristisch für diese Form des Spielens ist die Tatsache, dass das Kind nur jeweils eine Rolle übernehmen kann und dass es sich zudem nur um ein begrenztes Rollenrepertoire handelt, nämlich um die Rollen konkreter anderer.

Erst nachdem das Kind die Anforderungen des Individualspiels erfüllen kann, ist es dann auch in der Lage, sinnvoll, d. h. verständig, am Wettkampf (game) teilzunehmen. In diesem geht es nicht länger darum, die Rolle einer konkreten (signifikanten) Bezugsperson zu übernehmen, sondern sich zur gleichen Zeit in die Rollen mehrerer anderer hineinzuversetzen. Die klassischen Beispiele für solche Arten des Wettkampfs liegen in Mannschaftssportarten wie Baseball oder Fußball vor. Mit der Teilhabe an den Wettbewerbsspielen verliert der „signifikante andere" dann in dem Maße an Bedeutung wie dies der „verallgemeinerte andere" gewinnt. Das Kind, das die Rolle aller anderen übernommen hat – die des Tormannes, des Liberos, des Stürmers usw. –, vollzieht zugleich den „Übergang von der spielerischen Übernahme der Rolle anderer (play) zur organisierten Rolle, die für das Identitätsbewußtsein im vollen Wortsinn entscheidend ist" (S. 152; dt. S. 194).

Zusammengefasst bedeutet dies, dass die Ausbildung der Identität durch die Übernahme der Rollen konkreter wie verallgemeinerter anderer erfolgt. Schließlich deutet Mead noch eine „dritte Form" der Rollenübernahme an, nämlich jene,

---

16  Eckensberger/Silbereisen (1980, S. 32) sowie Geulen (1982, S. 11 f.) empfehlen, den Ausdruck Rollenübernahme durch Perspektivenübernahme zu ersetzen, da dieser Begriff den gemeinten Vorgang am besten treffe. Obwohl dieser Vorschlag einleuchtet, halte ich mich der Einfachheit halber hier an die deutsche Übersetzung, die den Begriff der Rolle (role) bzw. die Wendung „die Rolle des anderen einnehmen" (to take the role of the other) gebraucht.

die über die jeweils tatsächlich bestehenden Bezugspersonen und Gruppen hinausgeht und alle potenziell existierenden Subjekte umfasst. Diese „ideale Kommunikation" bzw. der „universelle Diskurs" kann nur durch eine Universalisierung der
Fähigkeit, „sich in andere hineinzuversetzen", d. h. deren Perspektive zu übernehmen, erreicht werden[17].

Die Idee der Rollenübernahme will ich nun anhand eines von Mead ausgewählten Beispiels verdeutlichen. In einer gewissermaßen anthropologischen Betrachtung weist er auf zwei für die menschliche Gattung konstitutive Verhaltensweisen
hin, die aus der elementaren Eltern-Kind-Beziehung resultieren und die zugleich
den Mechanismus der Rollenübernahme beleuchten, nämlich: „Einerseits die sogenannte Nachahmung des Kindes und andererseits die mitfühlende Reaktion der
Eltern" (S. 364; dt. S. 414). In beiden Fällen liegt der Ausgangspunkt für das Verhalten darin, „daß das Individuum sich dazu anregt, ebenso zu reagieren, wie das
andere Individuum auf es reagiert" (ebd.). Das menschliche Kind ist nun im Vergleich zum Tierjungen insofern begünstigt, da es – als „physiologische Frühge-
burt" (vgl. Portmann 1956) – eine lange Phase der Kindheit durchläuft, die es ihm
ermöglicht, zahlreiche Rollen, darunter die Elternrolle, spielerisch einzuüben; d. h.
zunächst probehalber zu übernehmen. Die fehlende Instinktgebundenheit des
Kindes wird mithin durch die Einübung in unterschiedliche Rollen wettgemacht,
so dass eine biologisch nicht mehr gegebene Handlungssicherheit durch einen sozialen „Lernmechanismus" kompensiert wird.

Der Nachahmung des Kindes entspricht die mitfühlende Reaktion der Eltern.
Mitfühlung oder Einfühlung besagt, dass man „sich in die Lage des anderen versetzt", wobei es sich hierbei durchaus nicht immer um ein „freundliches Verhalten" handelt. Vielmehr verlangt jede Form der Kommunikation, auch der offen
feindseligen oder der strategischen, eine Art der Rollenübernahme. Mead betont
jedoch, dass die ursprüngliche Form des role taking der Eltern gegenüber ihren
Kindern durch Mitgefühl gekennzeichnet ist; diese Einstellung kann dann auf weitere Personen übertragen werden: „Es kann ... keinen Zweifel darüber geben, daß
die grundlegende Haltung der Hilfeleistung gegenüber anderen, in welcher Form
auch immer, am deutlichsten gegenüber Kindern zum Ausdruck kommt. Jede Art
von Hilflosigkeit macht uns zu Kindern und löst bei den anderen Mitgliedern unserer Gemeinschaft die elterliche Reaktion aus" (S. 366 f.; dt. S. 417).

Um noch einmal den Punkt zu betonen, auf den es hier ankommt: Die Interaktionen zwischen den Eltern und dem Kind können nur gelingen, weil beide Partei-
en in der Lage sind, jeweils die Rolle (oder besser: die Perspektive) des anderen zu
übernehmen; sich gewissermaßen in ihn hineinzuversetzen und sich „Klarheit"
über eigene wie fremde Erwartungen (und möglicherweise Erwartungserwartun-

---

17  Der universelle Diskurs, der von Mead als anzustrebendes Ziel der menschlichen Entwicklung
    postuliert wird, findet bei Habermas einen „festeren Untergrund". Habermas geht davon aus, dass
    das Potenzial der universellen Verständigung bereits in die Struktur der Sprache eingelassen ist;
    vgl. dazu seine Arbeiten zur Sprachpragmatik (1976); vgl. auch Garz 1989.

gen: Ich erwarte, dass du erwartest, dass ...} zu verschaffen. Gewiss können sich beide Parteien über eigene wie fremde Perspektiven täuschen, geschieht dies allerdings wiederholt, kann eine sinnhafte Interaktion nicht zustande kommen.

Die Beschreibung der Identitätsentwicklung durch die Medien der Sprache, des Spiels wie des Wettkampfs gibt zwar eine Vorstellung über die Abfolge der Entwicklung[18], sie zeigt aber nicht auf, durch welche weiteren Faktoren Mead Identität bestimmt sieht. So unterscheidet er in *diesem* Zusammenhang zwei Bereiche, die „beide Teile der Identität (des Selbst) sind" (S. 174; dt. S. 217) und die sich wechselseitig beeinflussen und einschränken, aber auch ergänzen können. Den einen Bereich des Selbst bezeichnet er als „I" (in der deutschen Übersetzung das „Ich"; ich folge hier dem Originalmanuskript), den anderen als „Me" (in der deutschen Übersetzung das „ICH") und erläutert die Begriffe wie folgt: „Das ,I' ist die Reaktion des Organismus auf die Haltungen anderer; das ,Me' ist die organisierte Gruppe von Haltungen anderer, die man selbst einnimmt. Die Haltungen der anderen bilden das organisierte ,Me', und man reagiert darauf als ein ,I'" (S. 175; dt. S. 218). Ich will die Teilbereiche des Selbst, die philosophisch gesprochen für die Kategorien Freiheit bzw. Determination stehen, anhand einiger von Mead selbst gegebener Hinweise und Beispiele erläutern.

Das „I" steht immer für die spontane und kreative, mithin unberechenbare und nicht voraussagbare Seite des Subjekts. Seine Reaktion ist „mehr oder weniger unbestimmt" (S. 176; dt. S. 219). „Auf das ,I' ist es zurückzuführen, daß wir uns niemals ganz unserer selbst bewußt sind, daß wir uns durch unsere eigenen Reaktionen überraschen" (S. 174; dt. S. 217). „Die Handlung des ,I' ist etwas, dessen Natur wir im vorhinein nicht bestimmen können" (S. 177; dt. S. 220). „Das ,I' liefert das Gefühl der Freiheit, der Initiative" (S. 177; dt. S. 221).

Das „Me" stellt demgegenüber die Seite des Subjekts dar, die von außen geprägt ist und die versucht, den Anforderungen der umfassenden Gesellschaft zu entsprechen. „Das ,Me' tritt auf, um (seine) Pflicht zu erfüllen" (S. 176; dt. S. 219). Es „steht für eine bestimmte Organisation der Gemeinschaft, die in unseren Haltungen präsent ist" (S. 178; dt. S. 221). „Das ,Me' ist ein von Konventionen gelenktes Wesen" (S. 197; dt. S. 241). Schließlich: „Man ist, was man ist, insoweit man Mitglied (einer) Gemeinschaft ist" (S. 200; dt. S. 244).

Den Austausch bzw. das Wechselspiel von Determination („Me") und Freiheit („I") beschreibt Mead anhand eines einfachen Beispiels: Wir beobachten den Sturz einer anderen Person voller Sorge und helfen dieser Person, so gut wir können. Hier zeigt sich die soziale Haltung des „Me". Es war aber auch lustig, den Sturz mitanzusehen, und man muss sich das Lachen unterdrücken. Darin zeigt sich die „naive Haltung des ,I' ..., dem diese Situation Spaß macht" (S. 206 f.; S. dt. 251).

---

18  Joas (1980, S. 117 f.) spricht hier von einer Entwicklungs*logik*. Ich denke – und versuche dies in den nächsten Abschnitten weiter zu zeigen –, dass dieser Begriff nur vorsichtig, d. h. *nach* einer umfassenderen Diskussion verwandt werden sollte.

Ein stark ausgeprägtes „I" gilt ebenso für das Schaffen des Künstlers wie für die Kreationen und Produkte von Erfindern und Wissenschaftlern, sofern sie Neues entstehen lassen (bei T. S. Kuhn werden die daraus resultierenden wissenschaftlichen Umbrüche im Gegensatz zur „normal science" als revolutionär gekennzeichnet). Demgegenüber kann man sagen, dass das „Me" „dem ‚I' die Form gibt. Neue Entwicklungen finden in den Aktionen des ‚I' statt, die Struktur aber, die Form des Selbst, ist konventionell geprägt" (S. 209; dt. S. 253). Und etwas später knüpft Mead ausdrücklich an Freud an, um das „Me" noch genauer zu beschreiben. „Das ‚Me' funktioniert im Sinne eines Zensors. Es bestimmt den Ausdruck, der zulässig ist, bestimmt die Bühne und gibt das Stichwort" (S. 210; dt. S. 254).

Wenn auch die jeweiligen Bereiche in jeweils unterschiedlich starkem Ausmaß bei den Subjekten ausgebildet sind, so kann man dennoch nur bei ihrem gemeinsamen Auftreten von einer gelungenen und im Prinzip stabilen Identität sprechen. Sie ist weder ausschließlich konventionell strukturiert („am Nachbarn ausgerichtet"), noch vollkommen von sozialen Zusammenhängen entkoppelt.

## 3.4 „Fragmente über Ethik"

Im Gegensatz zu Baldwin, der noch versuchte, für die verschiedenen Bereiche der menschlichen Entwicklung Aussagen zu treffen bzw. – stärker noch – Stufentheorien zu entwerfen, konzentrierte sich Mead, wie beschrieben, auf die Ausbildung des Geistes (der Intelligenz) wie der Identität und ging nur sporadisch auf Fragen der ästhetischen wie der religiösen „Sozialisation" ein. Einzig dem (allerdings für seine Konzeption unverzichtbaren) Problem des ethischen Handelns schenkte er verstärkte Aufmerksamkeit, wobei er vordringlich auf „die Sozialität (als) Ursache der Universalität ethischer Urteile" (S. 379; dt. S. 430) hinwies.

Ich will deshalb in diesem Abschnitt auf die ethischen Vorstellungen Meads eingehen, obwohl diese nur in Ansätzen vorliegen. Das erscheint auch deshalb notwendig, da die Meadsche Ethik die Kohlbergschen Arbeiten stark beeinflusst hat. Meads allgemeines Anliegen bestand in diesem Zusammenhang darin, „eine ethische Theorie auf gesellschaftlicher Grundlage (zu) erstellen" (S. 379; dt. S. 429). Und er fügte hinzu, dass auf diese Weise „der Kategorische Imperativ Kants gesellschaftlich (social) ausgedrückt, formuliert oder interpretiert werden (kann), das heißt, sein gesellschaftliches (social) Äquivalent kann entwickelt werden" (ebd.). Die treffendste Charakterisierung der Bedeutung der Meadschen Ethik findet sich m. E. bei Hans Joas, der betont:

> „Sie ist im handlungstheoretischen und sozialpsychologischen Ansatz Meads ebenso begründet wie sie umgekehrt den einzelwissenschaftlichen Teilen von Meads Werk einen Wertrahmen vorgibt" (Joas 1978, S. 28).

In der Ausarbeitung seiner Konzeption setzt Mead sich sowohl mit utilitaristischen Moraltheorien auseinander, die verantwortungsethisch konzipiert sind („das größte Glück für die größte Zahl"), wie mit der gesinnungsethischen Theorie Kants, die seiner Ansicht nach einzig „die gute Absicht" (den autonomen Willen) des Subjekts als Bestimmungsgrund des menschlichen Tuns anerkennt. Mead weist dabei darauf hin, dass die Vorstellung der Universalisierung der ethischen „Maximen", die beide Ansätze teilen, auch für seine Formulierung einer ethischen Theorie eine zentrale Bedeutung aufweist. Während aber die beiden genannten Ansätze nur die Form der Handlung verallgemeinern, sieht Mead dies auch für den Inhalt vor. Das Ziel seiner Ethik liegt mithin nicht in der Befriedigung innerer Zustände der Subjekte (ihrer „Lust"), sondern – ganz im Sinne einer gesellschaftstheoretisch orientierten Ethik – in der Verallgemeinerung des angestrebten Objekts, das wiederum immer gesellschaftlich definiert ist. Mit den Worten Meads: „Nur insoweit man das eigene Motiv und das tatsächlich verfolgte Ziel mit dem Gemeinwohl identifizieren kann, erreicht man ein moralisches Ziel und somit moralisches Glück. Da die menschliche Natur entscheidend gesellschaftlich geprägt ist, müssen moralische Ziele ihrem Wesen nach ebenfalls gesellschaftlich sein" (S. 385; dt. S. 436).

Entscheidend wird nun für die konkrete ethische Handlung die zuvor beschriebene Fähigkeit der Rollenübernahme. In der bewussten Auseinandersetzung mit der Gesellschaft, dem „reflektiven Verhalten", formen wir diese immer auch um, was Mead als „Rekonstruktion der Gesellschaft" bezeichnet. Für diese „Rekonstruktion gibt es eine entscheidende Forderung – daß alle betroffenen Interessen beachtet werden. Man muß im Hinblick auf alle im Spiele befindlichen Interessen handeln: das könnten wir einen ‚Kategorischen Imperativ' nennen" (S. 386; dt. S. 437)[19].

Der Test der richtigen Anwendung dieser Maxime in der gesellschaftlichen Praxis besteht dann „einfach" in der Frage, ob wirklich „alle im Spiel befindlichen Interessen" berücksichtigt sind: Mithin in der Universalisierung des eigenen Standpunkts (moral point of view) und der damit einhergehenden verallgemeinerten Rollenübernahme. Ob dieser Standpunkt wirklich der sozialen Situation gerecht wird und nicht nur eigene Vermutungen wiedergibt, kann einzig als gesellschaftsbezogene Hypothese überprüft werden: „Die beste Hypothese ist jene, die alle betroffenen Interessen berücksichtigt" (vgl. S. 387; dt. S. 438). Neben dieser Regel brauchen wir, so Mead, nur noch zwei Faktoren zu kontrollieren, um zu „richtigen Hypothesen" zu gelangen. Zum einen, dass wir versuchen sollen, die Prüfung dieser Hypothese so rational wie nur möglich zu gestalten; zum anderen, dass man die Prüfung „absolut" unparteiisch durchführen soll (was eigentlich im Postulat der Rationalität schon enthalten ist).

---

19  Vgl. hierzu auch die „Neu"-Formulierung des „Kategorischen Imperativs" bei Baldwin (Kapitel 2.5).

Obwohl diese Anweisungen Meads die Vorstellungen der Universalität und Reziprozität, also der „universellen" Perspektivenübernahme implizieren, ist es häufig nicht eindeutig, ob er in Fällen des moralischen Konflikts dem gesellschaftlichen oder dem subjektiven Interesse den Vorrang einräumt. Erst im letzten und sehr kurzen Abschnitt seiner „Fragmente über Ethik" macht er deutlich, dass eine auf die Gesellschaft bezogene Ethik zwar ihr Recht verlangt, dass dies aber seine Beschränkung in der Dignität des Subjekts finden muss. „Ein Mensch muß sich seinen Selbstrespekt bewahren, und es ist unter Umständen notwendig, daß er sich gegen die ganze Gesellschaft stellt, um diesen Selbstrespekt zu verteidigen. Doch tut er dies im Hinblick auf eine seiner Meinung nach höhere und bessere Gesellschaft als die bereits existierende. Beides ist für moralisches Verhalten entscheidend: daß es eine gesellschaftliche Organisation gibt und daß sich das Individuum zu behaupten weiß" (S. 389; dt. S. 440).

# 4. Jean Piaget: Die Strukturen des Denkens

> „Of course I see possible and latent
> contradictions, but I keep them to myself".
> Jean Piaget

Jean Piaget, das lässt sich ohne Übertreibung sagen, ist einer der Großen in der Wissenschaft des 20. Jahrhunderts. Seine Produktivität und Kreativität heben ihn und sein Werk zu einer Höhe empor, die nur von wenigen erreicht wird; davon geben die zahlreichen Preise, mehr als 35 (!) Ehrendoktorwürden, darunter der besten Universitäten (z. B. Harvard, Sorbonne, Brüssel) sowie die Mitgliedschaft in vielen bedeutenden Organisationen ein für alle sichtbares Zeugnis. Dem wissenschaftlich Interessierten zeigt sich die Ausnahmestellung Piagets im Firmament der Gelehrsamkeit beim Studium seiner Bücher und Aufsätze, deren Zahl etwa bei 50 (für die Bücher) und einigen Hundert (für die Aufsätze) liegen dürfte. Dabei fällt besonders der umfassende Denkstil und die daraus resultierende Arbeitsweise ins Auge.

Piaget fühlt sich nie an disziplinäre Schranken, wie sie häufig in Universitäten konserviert werden, gebunden. Er verknüpft die verschiedenen Sichtweisen, je nach den Anforderungen des untersuchten Problems, was nicht immer einfach ist und selten ohne Konflikt ausgeht: Als Philosoph, der er nicht sein will, bekämpft er die Philosophie, als Psychologe, der er nicht sein will, wird er von den Psychologen bekämpft. Und immer erfolgt die Aufnahme seines Werkes in Schüben, mal findet er das Interesse von Mathematikern und Logikern, aber nicht der Psychologen, mal sind es die Soziologen, aber nicht die Biologen und Linguisten usw. Und dennoch hat sein Werk alle Moden und Trends überdauert und sich einen festen Platz – bezeichnenderweise in *verschiedenen* Disziplinen, deren Einheit er doch beschwor – verschafft.

## 4.1 Zur Biographie[20]

Piaget kam am 9. August 1896 in Neuenburg/Schweiz zur Welt. Schon früh wurde sein Interesse an systematischen Fragestellungen deutlich, die wohl die für Piaget charakteristische Form des „Spiels" darstellten. Er verfasste bereits im Alter

---

20 Ich folge hier im Wesentlichen der „Autobiographie" Piagets (1976) sowie Vidal (1983, 1984); vgl. auch Woodward (1979).

zwischen sieben und zehn Jahren „Abhandlungen" zu Fragen eines Dampfmotors, aber auch über die einheimische Vogelwelt. Piaget schreibt über seine daran anschließende „Karriere": „Im Alter von zehn oder elf Jahren, gleich nachdem ich in das College latin eingetreten war, beschloß ich, ernsthafter zu werden. Als ich in einem öffentlichen Park einen Spatzen bemerkt hatte, der zum Teil ein Albino war, schickte ich einen Artikel von einer Seite Länge an eine Zeitschrift für Naturgeschichte in Neuchatel. Mein Artikel wurde veröffentlicht, und ich war ‚gemacht'!" (Piaget 1976, S. 17).

Durch die Mitarbeit am Museum für Naturgeschichte wurde der junge Piaget nach und nach zum Fachmann für Weichtiere (Mollusken) wie Schnecken und Muscheln. Piaget führt es auf diese Ausbildung zurück, dass er dem für die Krisen der Jugendzeit verantwortlichen „Dämon der Philosophie" nicht (oder doch nur kurze Zeit) verfiel. Sein bereits naturwissenschaftlich geschulter Verstand wehrte sich erfolgreich gegen die Herausforderungen von Religion und Philosophie, und sein Vertrauen in die Naturwissenschaften führte ihn bereits früh zu einer Erkenntnis, die für sein gesamtes Werk wichtig werden sollte. „Anstatt (in der Philosophie: hier bei Bergson; D. G.) die endgültige wissenschaftliche Lösung zu finden …, hatte ich den Eindruck einer genialen, der Grundlage der Erfahrung entbehrenden Konstruktion: zwischen der Biologie und der Analyse der Erkenntnis mußte es für mich noch etwas mehr als die Philosophie geben. Ich glaube, in diesem Augenblick entdeckte ich ein Verlangen, das nur durch die Psychologie befriedigt werden konnte" (ebd., S. 20).

Nach dem Abitur (1915) und einem einjährigen krankheitsbedingten Aufenthalt in den Bergen schrieb sich Piaget an der Universität von Neuenburg ein und wurde mit einer Arbeit über die Weichtiere des Wallis im Jahr 1918 promoviert. Sein Streben, an einer größeren Universität mit experimentalpsychologischem Labor zu arbeiten, führte ihn zunächst nach Zürich (zu Lipps und Bleuler) und anschließend (1919) an die Sorbonne, wo ihm nach kurzer Zeit die Aufgabe übertragen wurde, einen amerikanischen Intelligenztest (über die verbale Urteilskraft) an Kindern aus Paris zu überprüfen und zu standardisieren. Hier zeigte sich wiederum die für Piaget charakteristische Kreativität. Anstatt allein die Fehler des Tests auszuschalten, interessierte er sich für die Art und Weise, *wie* die befragten Kinder zu ihren „Fehlurteilen" gelangten. Damit waren die klinische Methode der Befragung und deren mäeutische Orientierung, d. h. die Kunst des Sondierens durch weitergehende „Warum-Fragen", geboren. Da ich später nicht mehr auf diese methodischen Vorstellungen Piagets eingehe, will ich an dieser Stelle einen kurzen Überblick geben:

### ▶ Die naturalistische Methode

Die naturalistische Methode wendet Piaget vorwiegend zur Untersuchung der Kognition während des Säuglingsalters an. Das Verfahren besteht aus der intensiven Beobachtung von Kindern (häufig seinen eigenen) unter natürlichen Umständen.

Die Vorteile dieser Methode lassen sich wie folgt skizzieren:

1. Durch das intime Verhältnis zu den Probanden ist der Forscher in der Lage, Phänomene zu entdecken, die bei der Anwendung von standardisierten Tests verlorengegangen wären.
2. Durch die Vertrautheit mit den Kindern können auch sonst schwierig einzuordnende Beobachtungen interpretiert werden.
3. Piaget konnte seine Probanden längere Zeit beobachten und dadurch Längsschnittuntersuchungen erstellen.

### ▶ Die klinische Methode

Im Gegensatz zu seinem späteren Werk, in dem Strukturen und Funktionen der Intelligenz im Vordergrund standen, beschäftigte sich Piaget in seinem Frühwerk häufig mit dem manifesten Inhalt des Denkens. Zur Ermittlung dieser Denkinhalte sind für ihn sowohl die naturalistischen Verfahren wegen ihrer Aufwendigkeit als auch die standardisierten Testverfahren aufgrund ihrer Unbeweglichkeit unbrauchbar. Stattdessen schlägt er die klinische Methode vor, die lediglich „einen allgemeinen Rahmen für die Befragung absteckt. Das Hauptziel der Methode besteht darin, dem kindlichen Denken zu folgen, ohne es suggestiv zu verformen oder ihm den Standpunkt des Erwachsenen aufzuzwingen. Der Versuchsleiter muß unbedingt darauf achten, sich nach Möglichkeit der Sprache des Kindes zu bedienen und die Fragen auf einer Ebene stellen, die dem Kind zugänglich ist" (Ginsburg, H./Opper, S. 1975, S. 125).

### ▶ Die revidierte klinische Methode

Etwa ab 1940 erweiterte Piaget seine ganz auf die Sprache bezogene Methode. Anlass zu dieser Änderung war die Erfahrung, dass auch die klinische Methode gelegentlich noch zu ungenau ist. „Das Kind konnte nicht alles verstehen, was man ihm sagte, besonders wenn das Gesagte sich nicht auf konkrete Objekte bezog, und selbst wenn das Kind verstanden hatte, konnte es vielleicht doch nicht den ganzen Umfang seines Wissens verbalisieren" (ebd., S. 152). Das neue Verfahren zog daraus folgende, die rein sprachliche Methode ergänzende Konsequenzen:

1. Die Fragen des Versuchsleiters beziehen sich jetzt auf konkrete Objekte oder Ereignisse, die das Kind vor Augen hat.
2. Die Beantwortung der Fragen durch das Kind muss nicht unbedingt auf der sprachlichen Ebene erfolgen, sondern es kann auch mit der Manipulation von Gegenständen antworten[21].

---

21 Vgl. auch den Abschnitt „Die Testmethode, die reine Beobachtung und die klinische Methode" in Piaget 1926/1981, S. 14 ff.

Im Jahre 1921 wurde Piaget von Edouard Claparede, der durch einige Publikationen auf den jungen Mann aufmerksam wurde, als Chef de travaux (Oberassistent) an das Institut J. J. Rousseau nach Genf geholt. Piaget blieb vier Jahre in Genf und legte dort den Grundstein für die Veröffentlichung seiner „fünf ersten Bücher über die Psychologie des Kindes" (Piaget 1976, S. 29).

1925 konnte Piaget die Nachfolge seines Lehrers Reymond an der Universität von Neuenburg antreten und dort Philosophie, Psychologie und Soziologie unterrichten. Die Geburt seiner Kinder (1925, 1927 und 1931) führten ihn dann noch stärker zu Fragen der Entwicklungspsychologie, ohne dass er seine sonstigen Interessen dadurch gänzlich aufgegeben hätte. Im Gegenteil! Die fortlaufenden Untersuchungen der Weichtiere im Lac de Neuchatel zeigten ihm, wie sich die Tiere an die unterschiedliche Beschaffenheit des Sees, aber auch eines Aquariums, anpassen konnten. Damit war eine andere wichtige Einsicht für das Gesamtwerk gewonnen. In Piagets Worten: „Diese Erfahrung hat mich ... gelehrt, nicht das gesamte geistige Leben allein durch die Reifung erklären zu wollen!" (ebd., S. 35).

1929 erfolgte die Rückkehr an die Universität Genf als Professor für Wissenschaftsgeschichte und Stellvertretender Direktor des Instituts J. J. Rousseau. Die nächsten zehn Jahre wissenschaftlichen Arbeitens wurden von Fragen zur Wissenschaftsgeschichte und Epistemologie (ein Ausdruck, den Piaget von Baldwin übernommen hat), zur Psychologie des Kindes und hier insbesondere zur logischen Entwicklung (Ausbildung von Operationen, d. h. „umkehrbaren Strukturen des Denkens") bestimmt. Zudem übernahm Piaget 1929 („unklugerweise") das Amt des Direktors des „Bureau International de l'Education" und nach 1945 die Präsidentschaft der Schweizer UNESCO-Kommission. Im Jahre 1939 wurde er Professor für Soziologie und 1940 für experimentelle Psychologie, jeweils in Genf.

Piaget hebt als für ihn wichtiges Ereignis der Kriegszeit eine Einladung zu mehreren Vorträgen am College de France in Paris hervor; „bei dieser Gelegenheit konnte ich meinen französischen Kollegen – das geschah während der deutschen Besetzung – ein Zeugnis von der unerschütterlichen Zuneigung ihrer ausländischen Freunde überbringen" (ebd., S. 39 f.).

Im Jahre 1952 wurde Piaget an die Sorbonne als Professor für genetische Psychologie berufen. Diese Position hatte er bis 1963 inne, wobei er zwischen Paris und Genf pendeln musste, da er in Genf 1956 das Internationale Zentrum für Genetische Epistemologie gegründet hatte, das Forscher aus aller Welt zur Untersuchung interdisziplinärer Fragestellungen einlädt. Aus diesem Institut sind bis heute zahlreiche Arbeiten hervorgegangen, sowohl von Piaget – häufig in Zusammenarbeit mit seiner langjährigen Kollegin Bärbel Inhelder, deren eigenständige Leistung aufgrund der Allgegenwart Piagets oft unterschätzt wird (vgl. Gallagher/Reid 1983) – als auch von den beteiligten Gastwissenschaftlern. Piaget starb am 16. 9. 1980 im hohen Alter von 84 Jahren.

Aus den umfangreichen Arbeitsgebieten Piagets gehe ich im Folgenden nur auf jene ein, die von besonderer Bedeutung für meine historisch-inhaltliche Skizze der

Stufentheorien der menschlichen Entwicklung sind. Die Forschungen zu moralischen Fragestellungen – über die ich zunächst berichte – wurden im Wesentlichen im Jahr 1932 (!) abgeschlossen und veröffentlicht („Das moralische Urteil beim Kinde"; dt. 1973/1983), während die stärker die Intelligenz betreffenden Themen erst ab etwa 1947 thematisiert wurden (vgl. Harten 1977). Bevor ich jedoch auf Piagets Arbeiten zur Moral eingehe, will ich zum besseren Verständnis kurz die Arbeit eines bedeutsamen Vorgängers umreißen.

## *Exkurs: Emile Durkheim*

Emile Durkheim (1858–1917), der zu den Gründervätern der Soziologie gehört, versuchte, die junge Disziplin insgesamt als Moralwissenschaft zu etablieren. Ausgangspunkt für diese Entscheidung war seine Analyse der gesellschaftlichen Entwicklung der letzten einhundert Jahre, die ihn zu folgendem Ergebnis führte: „Es gibt in der ganzen Geschichte keine Krise, die so schwer wäre, wie die Krise, in der die europäischen Gesellschaften seit mehr als einem Jahrhundert verwickelt sind. Die Kollektivdisziplin unter ihrer traditionellen Form hat ihre Autorität verloren, wie es die auseinanderstrebenden Tendenzen, die das öffentliche Bewusstsein beunruhigen, und die allgemeine Ängstlichkeit beweisen, die das Resultat ist" (Durkheim (Vorlesungen gehalten 1902/1903); veröffentlicht 1925/1973, S. 148).

Im Angesicht dieser Krise setzte er sich für eine wissenschaftliche Analyse und Erneuerung der Gesellschaft ein. Als Ausgangspunkt konnte er dabei auf die institutionalisierte Moral und Moralerziehung in Frankreich zurückgreifen:

Die bereits in der französischen Verfassung von 1791 geforderte Erziehung, die völlig unabhängig von kirchlichem Einfluss stattzufinden habe, war 1882 Wirklichkeit geworden. Der Staat übernahm das Schulsystem, das in Unterscheidung zur Konfessionsschule als laiisch bezeichnet wurde und die laiische Moralerziehung zur Aufgabe hatte; d. h. „eine Erziehung, der jede Anleihe auf die Prinzipien untersagt ist, auf denen die offenbarten Religionen beruhen, die sich vielmehr einzig auf die Ideen, die Gefühle und die Praktiken stützt, die von der Vernunft allein abhängen. Mit einem Wort, eine rein vernunftgemäße Erziehung" (ebd., S. 55).

Durkheim umgrenzt zunächst den Kreis der möglichen Empfänger einer Moralerziehung in soziologischer Absicht. Weder das Kind in der Vorschule oder der Familie, das noch zu jung ist, ist der Adressat der Bemühungen noch das Kind nach der Schulzeit, bei dem die Basis der Moral nicht mehr aufbaufähig ist. Der Gegenstand einer „richtig" verstandenen Moralerziehung muss vielmehr das Kind sein, das sich in der Primarschule befindet. Auch während dieser Zeit ist die Familie für die Ausbildung der Moralität nicht geeignet, da sie nur für ihre unmittelbaren Bedürfnisse erzieht, während die Bemühungen der Primarschule auf die Bewältigung des allgemeinen öffentlichen Lebens abstellen müssen.

*Die Elemente der Moralität*

Bei der Bestimmung der Elemente der Moral kommt es für Durkheim nicht darauf an, möglichst alle Partikel aufzuführen, sondern diejenigen ausfindig zu machen, die als konstitutiv für den Charakter der Moral zu gelten haben.

Und er will nicht, wie die von ihm so genannten „Moralisten" (z. B. Voltaire oder Rousseau), davon ausgehen, dass es zum „Moralisch-Werden" nur der ungestörten Heranreifung der in jedem von uns bereits angelegten Fähigkeiten und Eigenschaften bedürfe, die zudem noch introspektiv erfahren werden könnten. Im Gegenteil, Durkheim fordert, die Gesamtheit der Dinge, die man als Moral bezeichnet, „wie eine Tatsache zu beobachten" (ebd., S. 77).

## 1. Der Geist der Disziplin

Diese Vorgehensweise führt Durkheim zu der ersten Feststellung, dass der gemeinsame Charakter aller moralischen Handlungen darin liegt, dass sie sich an bereits vorliegenden Regeln ausrichten bzw. ausrichten müssen. Zwar bleibt dem Individuum ein kleiner Spielraum zur Eigeninitiative, aber im Wesentlichen werden die moralischen Handlungen unter Beachtung von gesellschaftlich gesetzten Regeln vollzogen. Die Moral ist somit „ein System von Handlungsregeln ..., die das Verhalten bestimmen. Sie bestimmen, wie man sich in bestimmten Fällen verhalten muß: Gut handeln heißt, gut gehorchen" (ebd., S. 78).

Weshalb aber können Regeln menschliches Handeln bestimmen? Um diese Frage zu beantworten, ist es notwendig, so Durkheim, den synthetischen Charakter von Regeln zu erkennen. Regeln beinhalten nämlich mindestens zweierlei. Sie setzen zum einen beim Individuum voraus, sowohl Gewohnheiten zu erkennen als auch nach ihnen zu handeln; also den Begriff der Regelmäßigkeit. Zum anderen, und das ist das gesellschaftsbezogene Element der Regel, schränkt sie den Bereich der Beliebigkeit von Handlungen stark ein. Die Regel wirkt, von außen kommend, auf uns ein, und „sie beherrscht uns" (ebd., S. 83), wie Durkheim sagt. So zeigt sich, dass das zweite Element der Regel die Autorität ist.

Regelmäßigkeit und Autorität zusammengenommen entsprechen wiederum einem komplexeren Begriff: Dem der Disziplin. Diese, das betont Durkheim nachdrücklich, darf nicht als eine Einschränkung der Freiheitsspielräume der Individuen verstanden werden. Vielmehr ist Regelmäßigkeit und Disziplinierung aufgrund der menschlichen Natur notwendig. „Die Natur des Menschen (kann) nicht sie selbst sein ..., außer sie ist diszipliniert" (ebd., S. 103). Die Disziplin bzw. der Geist der Disziplin stellen somit das erste Element einer jeden Moral dar. Durkheims nächster Schritt besteht sodann aus der Bestimmung der materialen Moralelemente.

## 2. Der Anschluss an die sozialen Gruppen

Menschliche Handlungen können unter anderem in Bezug auf ihre Zielgerichtetheit untersucht werden. Durkheim unterscheidet zwischen Handlungen, die auf das Individuum bezogen sind (persönliche Ziele) und Handlungen, die sich auf etwas außerhalb des Individuums Liegendes (unpersönliche Ziele) beziehen und gelangt zu der folgenden Handlungstaxonomie:

| Handeln, ausgerichtet auf: | | | |
|---|---|---|---|
| **I. persönliche Ziele** | | **II. unpersönliche Ziele** | |
| 1. Wir wollen uns am Leben erhalten  = moralisch neutral | 2. Wir wollen unser Leben „vergrößern" und entwickeln z. B. durch Kunst und Wissenschaft  = kein wirklich moralisches Gefühl | 1. Wir wollen das Leben *einer* Person erhalten und entwickeln  2. Wir wollen das Leben mehrerer *Individuen* erhalten und entwickeln | 3. Wir wollen die Gesellschaft erhalten und entwickeln, und zwar a) die Familie b) das Vaterland c) die Menschheit |
| Handlungen ohne moralischen Wert | | | |

Handlungen, die allein auf persönliche Ziele ausgerichtet sind, repräsentieren für Durkheim keine moralischen, also gesellschaftsbezogenen Werte. Aber auch die unpersönlichen Ziele sind nicht von vornherein moralisch gehaltvoll oder – stärker noch – ihnen kommt ebenfalls kein moralischer Wert zu. Wie lässt sich das verstehen? Ich gebe dazu einige Erläuterungen im Anschluss an Durkheim wieder:

Zu II. 1: Wenn das Handeln, das persönliche Ziele verfolgt, keinen besonderen moralischen Wert besitzt, kann auch das auf *einen* anderen gerichtete Handeln nicht moralisch wertvoll sein.

Zu II. 2: Auch bei Handlungen, die auf mehrere *Individuen* zielen, ändert sich an diesem Sachverhalt nichts. „Auch eine ganze Anzahl von Nullen bleibt immer nur Null. Wenn ein Einzelinteresse, z. B. meines, oder das eines anderen, amoralisch ist, so sind mehrere Einzelinteressen ebenfalls amoralisch" (ebd., S. 111).

Zu II. 3: So bleibt als Ziel für Handlungen, die als moralisch gelten sollen, nurmehr die Gesellschaft; sie ist als empirischer Tatbestand, anders als die transzendentalen Gebilde der Philosophie und die transzendenten Phänomene der Religion, unmittelbar gegeben. Das heißt, „wirklich moralische Ziele sind nur kollektive Ziele" (ebd., S. 130). Wie kann aber ein Gebilde, das aus Individuen zusammengesetzt ist, sich von diesen unterscheiden? Die Beantwortung dieser Frage stellt für Durkheim kein Problem dar. Er vertritt die These, dass das Ganze etwas anderes ist als die Summe seiner Teile. „Die Erfahrung lehrt auf tausenderlei Weise, daß eine Verbindung von Elementen neue Eigenschaften hat, die keines der einzelnen Elemente vorher hatte. Die Verbindung ist also etwas Neues in Bezug auf die Teile, aus denen sie zusammengesetzt ist" (ebd., S. 113). Dabei bleibt zu beachten, dass die Individuen und die Gesellschaft zwar von unterschiedlicher Natur sind, dass sie aber in keinem antagonistischen Verhältnis zueinander stehen.

Der Begriff der Gesellschaft bedarf noch einer Ausdifferenzierung, um das empirisch Gegebene exakt zu beschreiben. Das Individuum selbst erfährt Gesellschaft nämlich als jeweils konkrete Gruppe; als Familie, als Vaterland oder – und dann verallgemeinert – auch als Menschheit. Das Handeln, das auf diese „Systeme" ausgerichtet ist, unterliegt einer Hierarchie der Werte. Es ist offensichtlich, so Durkheim, dass die Ziele der Familie denen des Vaterlandes untergeordnet werden müssen. Und die auf die Menschheit ausgerichteten Ziele haben augenscheinlich einen Vorrang vor den nationalen Zielen. Allerdings ist die Menschheit als Kollektivsubjekt nur eine Fiktion, und es lässt sich schwerlich begründen, wieso der Staat bzw. das Vaterland als real existierende Gruppen ersterer untergeordnet werden sollen. Aber, so Durkheim, um diesen vermeintlichen Widerspruch aufzulösen, „genügt es, daß der Staat sich zur Hauptaufgabe stellt, sich nicht zum Schaden seiner Nachbarn auszudehnen, nicht stärker oder reicher als sie zu sein, sondern in seinem Schoß die allgemeinen Interessen der Menschheit zu verwirklichen, d. h. gerechter, moralischer zu sein ..., und daß die Leiden der Individuen gemildert oder verhütet werden" (ebd., S. 126).

In einer ersten Zusammenfassung seiner Analyse versucht Durkheim sodann, die Einheit der beiden bisher aufgewiesenen Elemente – die Disziplin und den Anschluss an eine soziale Gruppe – aufzuzeigen. So stellt sich durch die Disziplin die Gesellschaft als etwas zu Respektierendes, das uns einschränkt, dar; das ist der Bereich der Pflicht. Während sich im Anschluss an die sozialen Gruppen die Gesellschaft „als gute und wünschenswerte Sache, als ein Ziel, das uns anzieht, als ein Ideal, das erfüllt werden muß" (ebd., S. 140), gibt. Das ist der Bereich des Guten. Sowohl das Individuum als auch die Gesellschaft neigen zu bestimmten Zeiten mehr zu dem einen oder anderen Zustand.

### 3. Die Autonomie des Willens

Obwohl Durkheim die moralische Ausrichtung an gesellschaftlich institutionalisierten Regeln fordert, gesteht er den Individuen die Autonomie des Willens zu; wenn auch, wie wir sehen werden, auf eine ganz besondere, eingeschränkte Art und Weise.

Aus dem Argument, dass wir die Pläne und Gesetze der Natur erkennen können und uns ihnen um den Preis des Scheiterns unterwerfen müssen, also einem Vergleich mit den Naturwissenschaften, folgert Durkheim zunächst, dass einer auf wissenschaftlichen Prinzipien beruhenden Moral ebenfalls dieser imperative Charakter zukommt. Aber wir unterwerfen uns der Moral, nicht weil wir gezwungen sind, „sondern weil wir überzeugt sind, daß er (der Befehl der Gesellschaft; D. G.)

gut ist und daß wir es nicht besser machen können" (ebd., S. 161). Das bedeutet, dass die Annahme der gesellschaftlich geforderten Moralregeln aus „Einsicht" in ihre Notwendigkeit erfolgt. Die Unterwerfung des Individuums ist somit kein Akt, der im Vertrauen auf oberste Werte oder nicht hintergehbare Prinzipien getätigt wird, sondern er befindet sich in Übereinstimmung mit den wissenschaftlich-rationalen Grundlagen. Und diese Rationalität, d. h. das moralisch bewusste Handeln, ist es, die zur Autonomie des Individuums führt – einer Autonomie also, die ihre Schranken an „der ärgerlichen Tatsache der Gesellschaft" findet, so dass Adorno resümieren kann: „Die Beziehung zu Kant bleibt bloße Ähnlichkeit im Deskriptiven. Der zentrale Begriff von dessen Moral, Autonomie, entfällt" (Adorno 1976, S. 37)[22].

Mit Nachdruck hervorzuheben bleibt, dass die aufgeführten Dimensionen – Geist der Disziplin, Anschluss an die Gruppe und Autonomie – auch von Piaget und Kohlberg beibehalten werden. Hatte Durkheim die drei Elemente noch als „gleichberechtigte Partner" im Zusammenspiel der Moral, also auf einer horizontalen Ebene, identifiziert, werden sie von Piaget und Kohlberg jedoch dynamisiert, also auf einer vertikalen Schiene weiterentwickelt: Der „Logik des Begriffs" folgte die „Logik der Entwicklung". Dass dabei die Zweiteilung Piagets nochmals zu einem Modell mehrerer Stufen ausgeweitet wurde, soll das 5. Kapitel zeigen.

## 4.2 Das moralische Urteil beim Kinde[23]

Piaget und seine Mitarbeiter/innen beginnen ihre Untersuchung mit einer Definition der Moral, deren Ursprung sie bei Kant wie bei Durkheim sehen: „Jede Moral

---

22 Diese Interpretation einer „limitierten" Autonomie wird auch von Piaget und Kohlberg vertreten. Andere Autoren verweisen demgegenüber darauf, dass Durkheim die „moralische Rebellion" beispielsweise von Sokrates oder Christus als richtig ansieht und damit keiner strikten Vergesellschaftung und Entindividuierung das Wort redet (vgl. Bertram 1979, S. 536; sowie H.-P. Müller 1986, S. 98). Ich denke, dass der Unterschied zwischen Durkheim und seinen Nachfolgern Piaget und Kohlberg vor allem darin liegt, dass Letztere die Durchsetzung der individuellen Autonomie als die Regel ansehen wollen, während sie in Durkheims System nicht vorgesehen ist und Ausnahme bleibt.

23 Obwohl Piaget seine Veröffentlichung „Das moralische Urteil beim Kinde" nennt, beruhen seine Untersuchungen fast ausschließlich auf der Befragung und Beobachtung von Knaben. Den Spielen der Mädchen wird nur ein kleiner Abschnitt gewidmet, in dem Piaget mitteilt, dass er bei den Mädchen „kein Gesellschaftsspiel mit sovielen Regeln und vor allem mit einem so schönen Zusammenhang in der Organisation und Kodifizierung dieser Regeln entdecken (konnte) wie beim soeben studierten Murmelspiel" (S. 97). Sein Fazit lautet: „Schon allein die oberflächlichste Beobachtung zeigte, daß der juristische Geist im großen und ganzen bei den kleinen Mädchen viel weniger entwickelt ist als bei den Knaben" (S. 96). Die Analyse von einfacher strukturierten Mädchenspielen (z. B. Himmel und Hölle) ergab einen ähnlichen Prozess der moralischen Entwicklung anhand von Regelspielen wie bei Jungen. Zur möglichen Benachteiligung von Frauen und Mädchen in der entwicklungspsychologischen Forschung vgl. Kapitel 6 „Die andere Stimme der Moral".

ist ein System von Regeln, und der Kern jeder Sittlichkeit besteht in der Achtung, welche das Individuum für diese Regeln empfindet" (Piaget 1983, S. 23). Die Identifizierung dieser Regeln und die Aufdeckung der respekterheischenden Elemente bestimmen ihre weitere Arbeit und leiten das empirische Vorgehen an. Besonderen Wert legt die Gruppe der Forscher/innen dabei auf jene Regeln und Regelvorstellungen, die von den Kindern selbst geschaffen werden. Zu finden sind diese Regeln bei den einfachen Gemeinschafts- bzw. Gesellschaftsspielen, also jenen Spielen, die ein Mindestmaß an role-taking und Kooperation voraussetzen – im Meadschen Sinne also bei den games –, die aber zugleich, anders als beim Fußball, der auch von den Erwachsenen ausgeübt und vor allem normiert (geregelt) wird, in der späten Kindheit enden. – Ich verzichte im Folgenden auf die Wiedergabe aller Abschnitte des Buches und beschränke mich auf die Darstellung der Spielregeln, die exemplarisch für den von Piaget aufgewiesenen Trend stehen können.

Bei der Analyse der relativ einfachen Regelspiele kommt es Piaget besonders darauf an, zwei Faktoren getrennt untersuchen zu können, nämlich: „1. Das *Praktizieren* der Regeln, d. h. die Art, wie die Kinder verschiedenen Alters die Regeln tatsächlich anwenden. 2. Das *Bewußtsein* der Regel, d. h. die Art, wie die Kinder verschiedenen Alters sich den verpflichtenden (heiligen oder der eigenen Entscheidung unterworfenen) Charakter, die Heteronomie oder die Autonomie, der Spielregeln vorstellen" (S. 24 f.)[24]. Als Gegenstand der Untersuchung dient Piaget das Murmelspiel, dessen Regeln von den Kindern selbst geschaffen und von Generation zu Generation weitergegeben werden. Bereits der erste Augenschein lehrt, wie ausgefeilt und kompliziert das vermeintlich so „primitive" Murmelspiel in Wirklichkeit ist – Piaget geht allerdings von den Beobachtungen einer Schweizer Variante des Spiels aus, die in der Tat gegenüber der deutschen Version (den deutschen Versionen) raffinierter erscheint.

Die Ergebnisse, die durch naturalistische Beobachtungen und klinische Befragungen gewonnen wurden, sind recht deutlich und lassen sich darstellen, ohne auf die Einzelheiten der Spielregeln eingehen zu müssen. Sowohl bei der Praxis als auch beim Bewusstsein der Regeln kann Piaget zeigen, dass sich eine Entwicklung im jeweiligen Verständnis feststellen lässt, wobei sich ein Trend von einem motorischen, über ein auf einseitige Achtung gegründetes zu einem auf gegenseitige Achtung gegründeten moralischen Regelverständnis ergibt.

---

24  Interessanterweise beginnt Piaget sein Vorwort (das in die deutsche Übersetzung erst 1983 aufgenommen wurde) mit der folgenden Aussage. „Dieses Buch untersucht die Moral des Kindes nicht direkt, so wie sie in der Schule, in der Familie oder bei Kindern unter sich lebendig ist. Wir haben uns vielmehr vorgenommen, das moralische Urteil und nicht das Verhalten oder die moralischen Gefühle zu untersuchen" (S. 9). Es zeigt sich also, dass schon der frühe Piaget die Vorstellung der getrennten Untersuchung von Urteil und Handeln, die später bei Kohlberg so wichtig wird, mit sich trug. Andererseits betont Piaget, „tatsächlich ist das Denken gegenüber dem Handeln immer verspätet, und die Zusammenarbeit muß schon lange in der Praxis existieren, bevor das Denken ihre Folgen ins volle Licht rücken kann" (S. 82).

## 4.2.1 Die Regelpraxis

In diesem Teil der Untersuchung geht es darum, herauszufinden, „wie man Murmeln spielt". Einerseits wurden die Kinder befragt, andererseits spielten die Forscher mit ihnen, um das konkrete regelgeleitete Handeln zu ermitteln. Piaget fasst das Ergebnis dieser Untersuchung wie folgt zusammen:

1) „Ein erstes rein *motorisches* und *individuelles* Stadium, in dessen Verlauf das Kind mit den Murmeln nach seinen eigenen Wünschen und motorischen Gewohnheiten umgeht. Es entstehen bei dieser Gelegenheit mehr oder weniger ritualisierte Schemata, da jedoch das Spiel individuell bleibt, kann man nur von motorischen Regeln und nicht von eigentlichen Kollektivregeln sprechen".

2) „Ein zweites Stadium ließe sich das *egozentrische* nennen. Dieses Stadium beginnt mit dem Augenblick, wo das Kind von außen das Beispiel festgelegter Regeln erhält, d. h. je nachdem zwischen 2 und 5 Jahren. Jedoch spielt das Kind, auch wenn es Beispiele nachahmt, entweder ganz allein, ohne sich Mitspieler zu suchen, oder mit anderen, ohne zu versuchen, sie zu besiegen, d. h. ohne die verschiedenen Spielarten zu vereinheitlichen. Mit anderen Worten, in diesem Stadium spielen die Kinder auch im Zusammenspiel noch einzeln für sich (jedes kann gleichzeitig Gewinner sein) und kümmern sich nicht um die Festlegung der Regeln. Diesen Doppelcharakter: Nachahmung und individuelle Anwendung der erhaltenen Beispiele bezeichnen wir als Egozentrismus".

3) „Ein drittes Stadium, welches wir das der *beginnenden Zusammenarbeit* nennen werden, tritt zwischen 7 und 8 Jahren auf. Jeder Spieler sucht seinen Nachbarn zu besiegen, daher tritt die Besorgnis um eine gegenseitige Kontrolle und die Vereinheitlichung der Regeln in Erscheinung. Nur herrscht, wenn sich auch die Partner im großen und ganzen während ein und derselben Partie einig werden, hinsichtlich der allgemeinen Spielregeln ein beträchtliches Schwanken. Mit anderen Worten, die Kinder der gleichen Schulklasse von 8 bis 9 Jahren, die doch ständig miteinander spielen, geben, wenn man sie einzeln fragt, sehr verschiedene und oft gänzlich widerspruchsvolle Auskünfte über die Regeln des Murmelspiels".

4) „Ungefähr zwischen 11 und 12 Jahren schließlich setzt das vierte Stadium, das der *Kodifizierung der Regeln*, ein. Von nun an sind nicht nur die Partien selbst in ihrem Verlauf mit peinlicher Genauigkeit geregelt, sondern die Gesamtheit der zu befolgenden Regeln ist jetzt der ganzen Gesellschaft bekannt. Die 11- bis 12jährigen Kinder derselben Schulklasse geben in der Tat bemerkenswert übereinstimmende Antworten, wenn man sie über die Spielregeln und ihre möglichen Abweichungen befragt" (Piaget 1983, S. 38 f.).

▶ **Das erste Stadium: Einfache individuelle Regelmäßigkeiten**

Das erste Stadium ist für die Feststellung der *moralischen* Regelpraxis nur von geringem Interesse, da das Kind im strengen Sinn noch überhaupt kein regelgeleitetes Spiel spielt. Es beschäftigt sich zwar, es spielt, aber es lassen sich keine Regeln, die das Kind möglicherweise beachtet oder die es leiten könnten, feststellen. Allerdings betont Piaget, dass sich bereits im Laufe dieses ersten Stadiums der Regelpraxis bestimmte Regelmäßigkeiten zeigen, die das Kind gewissermaßen rituell befolgt und einhält. Von einer moralischen Regel unterscheidet sich diese Regelmäßigkeit jedoch dadurch, dass der Regelmäßigkeit keinerlei verpflichtender Charakter zukommt. Dennoch versieht das Kind sein Spielzeug schon mit zusätzlicher Bedeutung. Den Murmeln zum Beispiel wird neben ihrer „eigentlichen" Funktion weiterer Sinn zugesprochen; das Kind hebt sie aus ihrer primären Bedeutung heraus und erfindet bzw. fantasiert zusätzliche Verwendungsmöglichkeiten. Im Hinblick auf eine mögliche gemeinsame Spielpraxis lautet Piagets Fazit jedoch, dass „jeder seinen Lieblingsvorstellungen (folgt), ohne sich um die der anderen zu kümmern" (S. 48).

▶ **Das zweite Stadium: Nachahmung der Großen und Egozentrismus**

Als zentrales Charakteristikum für dieses zweite Stadium wählt Piaget den Begriff des Egozentrismus als „Zwischenstufe zwischen dem vergesellschafteten (danach; D. G.) und dem rein individuellen Verhalten" (zuvor; D. G.) (S. 48). Der Begriff selbst beinhaltet zwei entgegengesetzte Verhaltensweisen. Zum einen orientiert sich das Kind beim Spiel und Spielverständnis an den älteren Kindern („die ehrenwerte Brüderschaft der korrekten Murmelspieler"), andererseits bleibt es ganz auf sich selbst – auf die eigenen Vorstellungen und Bedürfnisse – fixiert. *„Desarz (6 Jahre)*: ,*Spielst Du oft?*' – ,Ja.' – ,*Mit wem?*' – ,Ganz allein.' – ,*Spielst Du lieber allein?*' – ,Man braucht keine zwei. Man kann allein spielen.'" (S. 51).

Selbst bei Freunden, die regelmäßig miteinander spielen, zeigt sich, dass jeder sein eigenes Spiel betreibt und von einem wechselseitigen Verstehen kaum die Rede sein kann. „Nicht nur, daß sie uns ganz verschiedene Regeln angeben (...), sondern sie überwachen sich auch nicht gegenseitig, wenn sie zusammen spielen, und vereinheitlichen ihre jeweiligen Regeln nicht einmal während der Dauer des Spiels. Dies kommt daher, daß in Wirklichkeit keiner gegen den anderen gewinnen will. Jeder sucht einfach sich selbst zu amüsieren (...), d. h. nach seinem eigenen Standpunkt zu ,gewinnen'" (S. 54).

Damit ist aber auch deutlich, dass das Interesse des Spiels durch die Ausbildung der motorischen Fähigkeiten und nicht durch die Auseinandersetzung mit einem Partner gewährleistet wird. Piaget bedient sich hier der Baldwinschen Terminologie, wenn er betont, dass „das Ego (sich) nicht vom Socius zu trennen vermag" (S. 55); und das Vorbild des egozentrischen Stadiums ist natürlich die von Baldwin beschriebene adualistische Stufe der Entwicklung.

### ▶ Das dritte Stadium: Zusammenarbeit

Zentrales Merkmal dieses Stadiums ist das soziale Interesse des Kindes. Nicht mehr die (motorische) Geschicklichkeit allein bestimmt das Spiel, sondern die gemeinsame Festlegung und Durchführung der Regeln tritt hinzu, so dass das Spiel erst in einem gegenseitigen Aufeinanderbezogensein seinen Sinn findet. Indem das Kind gewinnen will, nimmt es den anderen als Kooperationspartner allererst ernst. Paradox formuliert: Es kämpft gegen den anderen, *„indem es die gemeinsamen Regeln beachtet"* (S. 56)[25]. Einschränkend bemerkt Piaget jedoch, dass das Regelverständnis noch sehr allgemein ist und Einzelheiten unterschiedlich ausgelegt werden. Im Spiel selbst folgen die Kinder dem Bestinformierten oder einigen sich auf die einfachste Spielvariante.

„Sie spielen so eine Art vereinfachtes Spiel" (ebd.). Obwohl also das Interesse am sozialen Austausch vorherrscht und zur Fixierung fester Regeln führt, unterscheidet sich die Regelpraxis der Kinder noch verhältnismäßig stark voneinander. Der Versuch der gemeinsamen Regelfestlegung scheitert in diesem Stadium daran, dass das Kind nicht in der Lage ist, „formal zu denken, d. h. mit den Regeln der Vernunft derart vertraut zu werden, daß es sie auf jeden beliebigen Fall, einschließlich der rein hypothetischen Fälle, anwenden kann" (S. 61).

### ▶ Das vierte Stadium: Interesse für die Regel als solche

Obwohl Piaget den Übergang vom dritten zum vierten Stadium nur als graduell bezeichnet, eröffnen sich den Kindern jetzt durch den Erwerb der Fähigkeit zum formalen (hypothetischen) Denken neue Wege der moralischen Regelpraxis. Piaget hebt diesen Aspekt besonders hervor und betont ausdrücklich das neu einsetzende Interesse des Kindes „an prinzipiellen Erörterungen, die es allein dazu führen, das Spiel in seinem ganzen Umfang zu beherrschen" (S. 61). Dieses Regelinteresse, das sich in der zitierten Untersuchung bei fast allen Kindern ab dem 12. Lebensjahr feststellen lässt, führt mithin dazu, dass die Murmelspieler sich als Regelpartner, Regelschöpfer und Einhalter der Regel verstehen. Die Regeln leiten den sozialen Umgang, und die Kinder „finden sogar Gefallen an juristischen Auseinandersetzungen grundsätzlicher oder lediglich methodischer Art, die sich anläßlich von Streitigkeiten ergeben können" (S. 56).

Wie sich diese Regelverliebtheit auswirken kann, beschreibt Piaget am Beispiel des „seltsame(n) Verhalten(s) von acht Knaben von 10 bis 11 Jahren (...), die, um sich mit Schneebällen zu bewerfen, zuerst eine gute Viertelstunde damit verlieren, einen Präsidenten zu wählen und die Regeln für die Wahl festzulegen, sich dann in zwei Lager zu teilen, den Wurfabstand zu bestimmen und schließlich Sanktionen für den Fall von Gesetzesübertretungen vorzusehen" (S. 65). Die Moralität

---

25  Diese Situation lässt sich für fast jedes Spiel, jeden Wettkampf und sogar für den Leistungssport gleich beschreiben. Immer haben wir es mit einer widersprüchlichen Einheit der Form zu tun, die zugleich strategisches wie moralisches Handeln einschließt (vgl. Garz 1988).

zeigt sich im vierten Stadium also nicht nur daran, dass ein wirkliches Miteinan-
derspielen vorherrschend wird, sondern stärker noch daran, dass die Kinder aus
Interesse an der Regelfindung, -festlegung und Regelverteidigung selbst handeln[26].

## 4.2.2 Das Bewusstsein der Regeln

Das Regelbewusstsein der Kinder lässt sich aufgrund der Untersuchungen Piagets
in drei Stadien einteilen, die altersmäßig nur teilweise mit den Stadien der Regelpraxis übereinstimmen. Im ersten Stadium erweist sich die Regel für das Kind als
nicht zwingend, während das zweite Stadium dadurch gekennzeichnet ist, dass die
Regel als heilig und unantastbar gilt. Im dritten Stadium wird die Regel schließlich als ein auf gegenseitigem Übereinkommen beruhendes Gesetz verstanden.

▶ **Das erste Stadium: Das Kind spielt, wie es ihm gefällt**

In diesem Stadium fällt es schwer, überhaupt vom Bewusstsein einer Regel zu
sprechen. Das Kind übernimmt die Regeln üblicherweise unbewusst, so wie sie
von außen vorgegeben (z. B. der Tag-Nacht-Rhythmus) oder in der sozialen Interaktion vermittelt werden (z. B. durch die elterlichen Vorgaben hinsichtlich der
Mahlzeiten, der Sauberkeit usw.). „Das Kind ist demnach von den ersten Monaten
an in eine Atmosphäre von Regeln getaucht" (S. 67), ohne dass dies ihm auch nur
bewusst ist oder sein könnte. Vielmehr tritt der eigene Anteil, die rein individuell
geprägte Regel, in den Hintergrund, so dass eine Analyse der Regelauffassung
kaum möglich ist. Eine eigene begrenzte Regelbildung erfolgt, soweit man überhaupt davon sprechen kann, in Form der „allgemeine(n) Ritualisierung der Verhaltensweisen, noch vor aller Sprache und vor allem ausgesprochen moralischen
Druck des Erwachsenen" (S. 66). Diese Regeln dienen aber nur dem eigenen Vergnügen, dem Gefallen an der Wiederholung, und besitzen keinen verpflichtenden,
d. h. moralischen Charakter.

▶ **Das zweite Stadium: Die Regeln sind heilig und unantastbar**

Das zweite Stadium bezeichnet Piaget als das für seine Untersuchungen interessan-
teste. Zur Aufdeckung des Regelbewusstseins wurde den Kindern, die jetzt sinnvoll mit der Sprache umgehen sowie ihre Umwelt nachahmen können, vor allem

---

26  Dass dies im Übrigen keine geringe Leistung darstellt, unterstreicht Piaget mit einem interessanten Vergleich. „Diese Regeln mit ihren Nebenerscheinungen und Ausnahmen sind mindestens
ebenso kompliziert wie die der Rechtschreibung. Und man kann nur mit einiger Beschämung
feststellen, wie schwerfällig die klassische Pädagogik sich anstellt, um die Rechtschreibung in Ge-
hirne dringen zu lassen, die mit solcher Leichtigkeit den gedächtnismäßigen Inhalt des Murmelspiels aufnehmen: das Gedächtnis hängt eben von der Tätigkeit ab, und eine wirkliche Tätigkeit
setzt Interesse voraus" (S. 64).

die folgende Frage gestellt, die sich als Schlüsselfrage erwies: Kann man die Regeln auch ändern?

Als wichtigstes Ergebnis der Untersuchungen hält Piaget fest: „Vom zweiten Stadium an, d. h. sobald das Kind die Regeln der anderen nachzuahmen anfängt, betrachtet es – so egozentrisch sein Spiel in Wirklichkeit auch sein mag – die Regeln dieses Spiels als heilig und unantastbar: es weigert sich, die Spielregeln zu ändern und behauptet, jede Abweichung, selbst wenn sie allgemein anerkannt wurde, wäre ein Fehler" (S. 70)[27]. So antwortet Pha (5 ein Halb Jahre) auf die Frage: „*Spielt man immer so?*' – ‚Ja, immer so.' – ‚*Warum?*' – ‚Weil man nicht anders spielen könnte.' – ‚*Könnte man nicht so spielen?*' (Wir verteilen die Murmeln im Kreis, dann im Dreieck) – ‚Ja, aber die Kinder würden es nicht wollen.' – ‚*Warum nicht?*' – ‚Weil das besser ist, die Vierecke'" (S. 75).

Insgesamt stellt sich dieses Stadium zunächst dar als „widersprüchliche Einheit" zweier „Regelverständnisse". Einerseits spielen die Kinder „ungefähr so, wie es ihnen einfällt" (S. 77), andererseits zeigen „die gleichen Kinder (...) jedoch eine mystische Achtung vor den Regeln" (S. 78). Aber Willkür und unbedingter Gehorsam lassen sich, so Piaget, dennoch als Einheit verstehen und bilden die „Moral des egozentrischen Stadiums" (ebd.). Und eine nähere Betrachtung zeigt sogar, dass das jeweilige Regelbewusstsein sich auf einer unterschiedlichen Ebene befindet. Das vermeintliche Paradox löst sich ganz unspektakulär auf. „Das Kind unterwirft sich der Absicht nach mehr oder weniger völlig den vorgeschriebenen Regeln, da diese jedoch dem Bewußtsein des Kindes gewissermaßen äußerlich bleiben, verändern sie sein Verhalten in Wirklichkeit nicht. Daher hält das Kind die Regel für heilig, ohne sie jedoch in Wirklichkeit anzuwenden" (S. 79).

Und Piaget meint, dass gerade der Glaube an die Heiligkeit der Regeln direkt von den Eltern sowie von den Älteren überhaupt übernommen wird, aber nur soweit, dass es zu einem Lippenbekenntnis reicht. Ein Nachlassen und allmähliches Verschwinden dieser heteronomen Moral ergibt sich dann, sobald das Kind in einen vertieften Umgang mit den Gleichaltrigen (den peers) eintritt. Jetzt wandelt sich das Regelbewusstsein noch einmal auf eine sehr fundamentale Art und Weise.

▶ **Das dritte Stadium: Die Regeln stellen ein auf gegenseitigem Übereinkommen beruhendes Gesetz dar**

Im Alter von 10 Jahren, so zeigen es die empirischen Untersuchungen Piagets, findet eine völlige Umkehrung der bisher geäußerten Meinungen in Bezug auf das Regelbewusstsein statt. Die zuvor kundgetane Einstellung der Unterordnung unter von außen kommende Anweisungen wird jetzt zugunsten einer Auffassung der Selbstgestaltung und -durchsetzung der Spielregeln aufgegeben. Oder, wie Piaget

---

27 Eine Ausnahme bilden hier manche Kinder im Alter von 4 bis 5 Jahren, die die Regeln gewissermaßen auf die leichte Schulter nehmen.

sagt: „Auf die Heteronomie folgt die Autonomie" (S. 82). Feststellen lässt sich dieser radikale Übergang an den folgenden Verhaltensweisen:

1.  Das Kind akzeptiert Regeländerungen, sobald alle die Möglichkeit haben oder hatten, ihnen zuzustimmen.
2.  In Verbindung damit erlischt die Vorstellung überzeitlicher Regeln, was
3.  zur Folge hat, dass sich das Regelbewusstsein nicht mehr von dem der Erwachsenen unterscheidet.

Zur Verdeutlichung soll ein Ausschnitt aus einem von Piaget durchgeführten Interview dienen:

*Malb (12 Jahre): „„Spielen alle so, wie Du es mir gezeigt hast?'* – ‚Ja.' *– ‚Und hat man früher so gespielt?'* – ‚Nein.' – *‚Warum nicht?'* – ‚Man hat andere Worte gebraucht.' *– ‚Und die Regeln?'* – ‚Auch nicht, weil mein Vater mir gesagt hat, dass er nicht so spielte.' – *‚Aber spielte man früher mit den gleichen Regeln?'* – ‚Nicht ganz mit den gleichen.' – *‚Die Regel, daß man nicht für einen anderen anstoßen darf?'* – ‚Ich glaube, das ist später gekommen.' – *‚Als Dein Großpapa klein war, hat man da Murmeln gespielt?'* – ‚Ja.' – *‚Ebenso wie heute?'* – ‚Oh nein, andere Arten des Spiels'" (S. 84).

Und etwas später heißt es:

*„„Könnte man die Regeln ändern?'* – ‚Oh ja.' – *‚Und Du?'* – ‚Ja, ich könnte ein anderes Spiel machen. Bei uns haben wir einmal abends gespielt, und dann haben wir ein anderes gefunden.' (Er zeigt es uns.) – *Sind diese neuen Regeln genau so richtig wie die alten?'* – ‚Ja.' – *‚Welches von beiden ist richtiger, das Spiel, das Du mir zuerst gezeigt hast, oder das, das Du erfunden hast?'* – ‚Beide gleich.' – *‚Wenn Du dieses neue Spiel den Kleinen zeigtest, was werden sie tun?'* – ‚Vielleicht werden sie es spielen.' – *‚Und wenn sie das Viereckspiel vergessen und nur noch dieses spielen, welches wird dann das richtigere sein, das neue Spiel, das bekannter ist, oder das alte?'* – ‚Das bekanntere wird das richtigere sein'" (S. 85).

„Von nun an", heißt es bei Piaget lapidar, „wird die Regel als freier Beschluß der Individuen selbst betrachtet" (S. 88). Fügt man die aus analytischen Gründen vorgenommene Aufteilung in ein Regelbewusstsein und eine Regelpraxis wieder zusammen, lässt sich dieses Ergebnis, vor allem die zunächst überraschende Umkehrung von einer heteronomen zu einer autonomen Moral, besser verstehen. Es zeigt sich nämlich, dass das dem Bereich der Regelanwendung vorlaufende Stadium der (beginnenden) Zusammenarbeit in Verbindung steht mit der Vorstellung der Eigenmächtigkeit des Regelbewusstseins. Damit einher geht die Einsicht in die Regelgeleitetheit menschlichen Handelns und menschlicher Verständigung überhaupt, was wiederum als entscheidendes Ausgangsmerkmal einer demokratischen „Verfassung" gelten kann[28].

---

[28] Für eine Diskussion der Regelproblematik vgl. Müller 1978; Oevermann 1986, S. 22 ff.

Wenn Piaget schreibt, „bis jetzt war auf allen Gebieten die Sitte über das Recht vorherrschend" (S. 91), so nimmt er den später von Kohlberg ausführlich dokumentierten Übergang von der konventionellen zur postkonventionellen Ebene des moralischen Urteils gleichsam vorweg. Auch einen aus der heutigen Sicht möglichen Vorwurf antizipiert Piaget, nämlich den Einwand, wieso schon Kinder in diesem Alter über ein ausgereiftes System moralischen Bewusstseins verfügen.

„Es bleibt eine wesentliche Frage zu erörtern. Wie ist es möglich, daß die Demokratie im Murmelspiel 11- bis 13jähriger Knaben so fortgeschritten ist, während sie den Erwachsenen auf vielen Gebieten noch so wenig vertraut ist? Offenbar kann man sich auf gewissen Gebieten leichter als auf anderen verständigen und die Regeln des ‚Vierecks' können die Leidenschaften nicht in gleichem Maße entflammen, wie eine Diskussion über das Eigentumsrecht oder die Berechtigung des Krieges" (S. 95). Inwieweit Piaget hierbei die Demokratievorstellungen Jugendlicher allzusehr harmonisiert, wäre allerdings einer weiteren Prüfung wert.

## 4.3 Der „späte" Piaget – Die Entwicklung kognitiver Strukturen

Die Aufmerksamkeitsrichtung Piagets hat sich, vergleicht man die frühen mit den späten Arbeiten, beträchtlich verlagert. Konnte man beim frühen Piaget noch von einer gesellschaftsbezogenen Wissenschaft sprechen, die von der Methode wie der Darstellung der Ergebnisse her stark am Alltagsverständnis orientiert war, so änderten sich diese Auffassungen etwa ab Anfang/Mitte der 40er Jahre. Einerseits ging der Gesellschaftsbezug großteils verloren, zum anderen nahm die Methode sowie die Darstellung der Ergebnisse immer stärker formale Bezüge an. Piaget hatte für sich sowohl die Mathematik, die Kybernetik als auch die Logik „entdeckt", und es kam ihm jetzt darauf an, zu einer möglichst exakten Wiedergabe des jeweiligen Gegenstandsbereichs zu gelangen (vgl. Flavell 1963, S. 7 ff.; S. 269 f.; Harten 1977, S. 7 ff.).

Das Wissenschaftsprogramm, das diese Erklärungen ausarbeitet und beschreibt, stellt der Strukturalismus dar, in dessen Mittelpunkt die „Strukturidee" (Piaget) steht. Dabei wird unter „Struktur ein System von Transformationen (verstanden), das als System (im Gegensatz zu den Eigenschaften der Elemente) eigene Gesetze hat und das eben durch seine Transformationen erhalten bleibt oder reicher wird, ohne daß diese über seine Grenzen hinaus wirksam werden oder äußere Elemente hinzuziehen" (Piaget 1973, S. 8). Auch hier sind weitere Hinweise notwendig, um das Piagetsche Werk besser verstehen zu können:

1. Im Gegensatz zu vielen anderen Formen des Strukturalismus, die allein Beschreibungen auf einer horizontalen Ebene vornehmen, also agenetisch oder

ahistorisch sind, entfaltet Piaget den Gedanken der Entwicklung und das heißt
der Strukturgenese bzw. des „Genetischen Strukturalismus".
2. Weiterhin geht Piaget von der Unterscheidung von globalem und methodi-
schem Strukturalismus aus. Während der globale Strukturalismus sich allein an
die Systeme der beobachtbaren Beziehungen oder Interaktionen hält, orientiert
sich die von Piaget favorisierte methodisch-strukturalistische Variante an der
Erklärung von **zugrunde liegenden** Strukturen (vgl. ebd., S. 94 f.).

## 4.3.1 Die vier Stufen der Entwicklung

Am deutlichsten kommt dies in den Untersuchungen zur Entwicklung der „Intelligenz" zum Ausdruck. Bekanntlich haben Piagets Forschungen zur Unterscheidung der folgenden vier Stufen der kognitiven Entwicklung geführt:

1. Die senso-motorische Stufe
2. Die prä-operatorische Stufe
3. Die konkret-operatorische Stufe und
4. Die formal-operatorische Stufe (vgl. z. B. Piaget 1973, S. 62 ff.).

### Zu 1) Die senso-motorische Stufe

Die ersten beiden Lebensjahre des Kindes, die für den oberflächlichen Betrachter
relativ unauffällig verlaufen, sind in Wirklichkeit von dramatischen Veränderungen geprägt, die Piaget bewegen, „von einer kopernikanischen Revolution im kleinen" zu sprechen: „Während am Beginn dieser Entwicklung das Kind alles auf
sich, oder genauer gesagt, auf seinen Körper zurückführt, gliedert es sich am Ende,
das heißt, wenn Sprache und Denken einsetzen, bereits praktisch als Element oder
Körper unter die anderen ein, in einer Welt, die es sich nach und nach aufbaut
und die es von da an als außerhalb von sich selbst existierend empfindet" (Piaget
1974a, S. 158). In diesem Prozess der Abkehr des Kindes von der Egozentrik und
der Hinwendung zur Sozialität, der schon im Baldwinschen Modell der Entwicklung vom Adualismus zum Dualismus angelegt ist, sieht Piaget das Charakteristikum der frühkindlichen Entwicklung. Wie lässt sich diese Behauptung belegen?
Piaget kann aufgrund seiner im natürlichen Kontext vorgenommenen Beobachtungen sechs Teil-Stadien in den ersten beiden Lebensjahren des Kindes unterscheiden. Diese Teil-Stadien, die unterschiedliche Formen der Entwicklung und
Koordination von Wahrnehmung und Motorik beinhalten, bilden die senso-motorische Stufe.
Innerhalb dieser Periode erwacht bzw. entfaltet sich die Intelligenz, die „in ihrem Wesen auf das Praktische ausgerichtet (ist), das heißt sie erstrebt Erfolge und
will nicht Wahrheiten aussprechen, aber es gelingt ihr doch schon, eine Gesamt-

heit von Aktionsproblemen (entfernte, verborgene usw. Gegenstände erreichen) zu lösen" (Piaget/Inhelder 1977, S. 11).

### ➤ Stadium I: Betätigung und Einübung der Reflexe (0 – ca. 1 Monat)

Die Entwicklung nimmt ihren Ausgangspunkt von den Reflexen des Kindes und zugleich von den spontanen Betätigungen des Organismus, d. h. von jenen Tätigkeiten, die das Kind selbst aktiv ausübt. Dieser Aussage liegt die Betrachtung zugrunde, „daß der Organismus nie passiv (...), sondern spontan und global in rhythmischer Weise tätig ist" (ebd., S. 13). Die volle Bedeutung dieser Aussage wird offenbar, sobald Piaget die Verbindung von Reflexen (z. B. der Saug- und der Greifreflexe) und der Reaktionsweisen des Kindes in den ersten Wochen nach der Geburt untersucht. Es zeigt sich, dass die Reflexe sich infolge der Übung nach und nach immer stärker verfeinern, so dass z. B. das Kind im Alter von wenigen Wochen „besser" trinkt als unmittelbar nach der Geburt; d. h. dass sich beispielsweise die Fähigkeit, die Brust zu suchen und die Brustwarze im Mund zu halten, vervollkommnet. Darüber hinaus wendet das Kind das Saugen nun auch auf andere Dinge an – so auf den eigenen Daumen. Diese Tätigkeit, so hebt Piaget hervor, geht nun schon über das Reflexhafte hinaus und stellt eine **Erwerbung** des Kindes dar; ein Verhalten, das nicht in der Ausstattung des Kindes angelegt war, ist jetzt vorhanden.

### ➤ Stadium II: Erste Erwerbungen und die primäre Zirkulärreaktion (ca. 1 – 4 Monate)

Die neue Erwerbung, die zunächst zufällig erfolgte, kann schon im zweiten Monat das Ergebnis einer koordinierten Hand- und Mundbewegung werden, so dass zwar einerseits der angeborene Mechanismus des Saugens nicht verändert wird, dass aber andererseits schon mehr als ein reiner „Automatismus" des Agierens vorliegt.

Eine Gewohnheit hat sich nun herausgebildet. Dies trifft auch für weitere Tätigkeiten des Kindes zu. So koordiniert es sein Seh- mit dem Greifverhalten, was zur praktischen Folge hat, dass es alles „ergreift und bewegt (...), was es in seinem engsten Lebensraum sieht" (Piaget/Inhelder 1977, S. 15). Verhaltensweisen dieser Art bezeichnet Piaget – unter ausdrücklichem Verweis auf die Erstverwendung bei Baldwin – als Zirkulärreaktion[29]: Das Kind wiederholt Bewegungen, die zu einem „interessanten" Ergebnis führen und die zunächst nur zufällig ausgeübt wurden (vgl. Piaget 1975, S. 59 ff.).

---

29  Baldwin versteht unter „Zirkulärreaktion" jene Verhaltensweise, „die ihre eigene Stimulation wiederholt oder beibehält" (1894/1895, S. 178 f.). Er verallgemeinert diese Reaktion zum „law of excess" bzw. zum „Prinzip der over-production": „Die Akkommodation eines Organismus an eine neue Stimulation wird über glückliche Zufälle hinaus durch die sich fortsetzende oder wiederholende Ausführung dieser Stimulation gesichert" (ebd., S. 179).

▶ **Stadium III: Die „sekundären Zirkulärreaktionen" und die „Vorgehensweisen, die dazu dienen, interessante Erscheinungen andauern zu lassen" (ca. 4 – 8 Monate)**

In diesem Stadium kann man, so Piaget, zum ersten Mal, wenn auch nur ansatzweise, von einem intelligenten Verhalten des Kindes sprechen. Sieht man als ein Hauptmerkmal der Intelligenz deren Intentionalität an, d. h. „das Bewußtsein eines Verlangens oder des Zielcharakters einer Handlung" (Piaget 1975, S. 154), so wird deutlich, dass diese Fähigkeit dem Kind in den ersten beiden Teil-Stadien noch nicht zur Verfügung steht.

Das ändert sich erst mit dem Auftreten jener Verhaltensweisen, die Piaget als „sekundäre Zirkulärreaktionen" bezeichnet. Bei ihnen „liegen das Ziel und das Ergebnis des Handelns in der Außenwelt" (ebd., S. 163); dem Kind geht es jetzt nicht länger darum, Bewegungen weiterhin auszuführen, sondern um die je erneute Erreichung des zuvor erzielten Ergebnisses. Piaget schildert dazu folgendes Beispiel:

> Im Alter von 4 Monaten und 28 Tagen „versucht Lucienne, die Spielklapper (...) zu ergreifen, die am Wiegendach befestigt ist und über ihrem Gesicht hängt. Im Verlauf eines mißglückten Versuchs stößt sie heftig daran. Zuerst Schreckenszeichen, dann ein Lächeln. Mit einer ohne Zweifel beabsichtigten Heftigkeit vollführt sie denselben Handstreich und streift das Spielzeug von neuem. Daraufhin systematisiert sich dieses Verhalten. Lucienne schlägt regelmäßig auf die Spielklapper ein, und zwar sehr oft hintereinander" (ebd., S. 173).

▶ **Stadium IV: Die Koordination von Zielen und Mitteln (ca. 8 – 12 Monate)**

Wenn das kleine Kind ein bestimmtes Ziel verfolgt, ist es nun in der Lage, einfache Mittel zur Erreichung des Gewünschten einzusetzen, vor allem kann es Hindernisse, die sich ihm in den Weg stellen, umgehen bzw. beseitigen[30]:

> „Mit 0;9 (17) hebt Laurent (...) ein Kissen auf, um darunter eine Zigarrenschachtel zu suchen. Wenn der Gegenstand vollständig verborgen ist, hebt das Kind das Hindernis nur zögernd. Wenn aber noch ein Ende der Schachtel herausschaut, schiebt Laurent mit einer Hand das Kissen beiseite und versucht, mit der anderen den Gegenstand freizukriegen. Die Handlung ‚Das Kissen heben' ist also vollständig verschieden von derjenigen ‚Den gewünschten Gegenstand ergreifen' und stellt ein selbständiges ‚Mittel' dar, das sich ohne Zweifel aus früheren Handlungen ähnlicher Art (das Hinder-

---

30  Die Altersangaben sind wie folgt zu lesen: Jahr(e); Monat(e); Tag(e), also im nächsten Beispiel „0 Jahre; 9 Monate; 17 Tage".

nis beiseite schieben; Gegenstände, die den Weg versperren, verschieben oder wegstoßen usw.) herleitet" (ebd., S. 228).

Das bedeutet aber auch, dass das Kind jetzt die Vorstellung der „Permanenz des Objekts" erworben hat. Hatte es früher noch, sobald ein Gegenstand verschwunden war, das Interesse an ihm verloren nach dem Motto „Aus den Augen – aus dem Sinn", so verfolgt es jetzt das einmal eingeschlagene Ziel weiter. Da das Kind hier zum ersten Mal eine bewusste Planrealisierung durchhält und sich an die neuen Gegebenheiten anpasst, lässt sich nun vom Einsetzen eines intentionalen und damit bewussten Handelns sprechen.

▶ **Stadium V: Die Entdeckung neuer Mittel durch Ausprobieren und die „tertiäre Zirkulärreaktion" (ca. 12 – 18 Monate)**

Piaget charakterisiert dieses Teil-Stadium durch die „Erarbeitung des Gegenstandes", d. h. durch den Einsatz oder – stärker noch – durch die Entdeckung neuer Mittel zur Zielerreichung. Beispielhaft zeigen sich diese Handlungsweisen, wenn das Kind einen entfernt liegenden Gegenstand erreichen will: Nachdem es auf direktem Weg gescheitert ist, da ein Gegenstand zu weit entfernt ist, versucht es z. B. jetzt, die unterliegende Decke heranzuziehen und damit das sich darauf befindliche Objekt in den Besitz zu bekommen. Das Kind hat hier bereits eine komplexe Intelligenzleistung vollbracht – es hat „eine Beziehung zwischen der Bewegung der Decke und der des Gegenstandes beobachtet" (Piaget/Inhelder 1977, S. 16). Ähnlich planvoll und damit intelligent geht es vor, wenn sich der intendierten Zielerreichung Hindernisse in den Weg stellen:

> „Mit 1;0 (16) sitzt Lucienne vor einem großen karierten Kissen C, das auf der Erde liegt. Jenseits des Kissens C befindet sich ein zweites Kissen D von genau gleichem Aussehen, so daß Lucienne vor sich zwei hintereinanderliegende Kissen sieht. Ich lege meine Uhr auf D, und zwar so weit wie möglich vom Kind entfernt. Lucienne schaut die Uhr an, versucht aber nicht, die Hand direkt danach auszustrecken. Sie packt zuerst das Kissen C, schiebt es beiseite, dann zieht sie das Kissen D zu sich heran. Jetzt kann sie die Uhr ergreifen.
>
> Mit 1;1 (4) sitzt Lucienne im Bett eines Erwachsenen. Vor ihr liegt ein Frottiertuch, das selber wieder auf dem Laken liegt. Sobald ich meine Brille auf das Frottiertuch lege, zieht Lucienne dieses an sich. Wenn ich die Brille hinter dem Frottiertuch ablege, nimmt sie es sofort weg und zieht am Laken" (Piaget 1975, S. 289).

Diese Handlungen werden von Piaget auch als „tertiäre Zirkulärreaktionen" beschrieben. Ihre „neue Leistung (...) besteht einfach darin, daß bei ihnen der zufällig erzielte, neue Effekt nicht nur reproduziert, sondern mit der Absicht modifiziert wird, sein Wesen zu erforschen" (ebd., S. 268).

▶ **Stadium VI: Das Erfinden neuer Mittel durch geistige Kombination**
   **(ca. 18 – 24 Monate)**

Dieses Teil-Stadium leitet eine „neue Periode" in der Entwicklung des Kindes ein; nämlich „den einsichtigen Erfindungsakt aufgrund von Deduktion oder geistiger Kombination" (ebd., S. 333). Mit ihr ist der Übergang von der Entdeckung zur Erfindung und damit das Auftreten der „systematischen Intelligenz" verbunden, so „daß die gegenwärtigen Verhaltensweisen nicht mehr aufgrund eines Ausprobierens oder eines Lernvorgangs entstehen, sondern durch einen plötzlichen Einsichts- oder Erfindungsakt zustande kommen" (ebd., S. 342). Das bedeutet mithin, dass das Kind nicht länger der tatsächlichen Erprobung einer Handlungsweise bedarf, sondern dass es sie gewissermaßen probehalber im Innern ablaufen lassen kann. Das Kind hat dann – in Piagets Worten – die Handlungen nach Innen genommen, also interiorisiert.

> „Mit einer Pflanze in der Hand kommt Jacqueline mit 1;8 (9) vor eine geschlossen Tür. Sie streckt die rechte Hand gegen die Türfalle, sieht aber, daß es ihr nicht möglich ist, daran zu ziehen, ohne die Pflanze loszulassen. Sie legt sie also auf den Boden, öffnet die Tür, ergreift die Pflanze wieder und tritt ein. Als sie aber das Zimmer verlassen will, werden die Dinge komplizierter. Sie legt die Pflanze auf den Boden und greift nach der Türklinke, bemerkt aber, daß sie die Pflanze beim Schließen der Tür wegschieben und zerdrücken wird, denn sie hat sie zwischen Tür und Schwelle gelegt. Sie hebt sie daher wieder auf und bringt sie außerhalb der Reichweite des Türflügels.
>
> Diese Handlungen stellen sicher keine bedeutende Erfindung dar, sind aber dennoch charakteristisch für Intelligenzhandlungen, die auf Vorstellung und Bewußtsein von Beziehungen gründen" (ebd., S. 340).

*Zu 2) Die prä-operatorische Stufe*

Mit Erreichen und dem Abschluss des sechsten Stadiums ist die senso-motorische Entwicklung beendet. Das Subjekt verfügt jetzt über eine Reihe von Handlungsmöglichkeiten, um mit der Welt interagieren zu können; allerdings bleibt es immer darauf angewiesen, seine Handlungsvorstellungen direkt – handelnd – umzusetzen. Diese „Gefangenheit" in einer nur über die Manipulation von Objekten zugänglichen und beeinflussbaren Welt findet nun sein Ende und neue Entwicklungen werden möglich. Von jetzt an und bis zum Alter von etwa 7 oder 8 Jahren entsteht eine Reihe von Merkmalen, die den Prozess der Dezentrierung weiter vorantreibt. Hierzu zählen einerseits das Auftreten der Sprache und die damit verbundenen Möglichkeiten, losgelöst vom konkreten Kontext Stellung gegenüber Dingen und Ereignissen zu beziehen. Andererseits widmet sich das Kind nun dem Symbolspiel; dass heißt, Spielen bedeutet nicht länger die Einübung von Fertigkeiten – wie zuvor –, sondern Spielen impliziert nun das Umgehen mit Fiktionen, dem So-Tun, als ob etwas Realität sei, was in Wirklichkeit so nicht besteht.

Die Entwicklung der Kognition im engeren Sinn, auf die ich mich hier beschränken muss, lässt sich durch ein Set von für diese Zeitspanne charakteristischen Denkfiguren verdeutlichen[31]. In diesen Figuren zeigt sich auch sehr schön die Ambivalenz, die das Denken während dieser Stufe der Entwicklung auszeichnet. Zum einen präsentiert sich das Kind als „Philosoph", als ein Individuum, das eigenständig Gedanken und Vorstellungen über die Welt entwirft. Andererseits stimmen diese Weltbilder jedoch nicht mit den „objektiven" Tatsachen, so wie wir – die Erwachsenen – sie kennen, überein. Das heißt also, dass das Kind beim Versuch zu verstehen, sich in der Komplexität der Fakten verstrickt. Die selbständige Aktivität des Denkens muss noch den Preis systematischer Irrtümer entrichten (vgl. Piaget 1926/1981; 1931; Garz 1988a). Durch das Herstellen eines eigenen Deutungsmusters gelingt es dem Kind allerdings, sich in einer Welt, die vielschichtig und überwältigend ist, sicher zu fühlen und sicherer zu werden: Es verhilft zu einer Sicherheit des Handelns, die die Voraussetzung für die weitere Entwicklung bildet.

Folgende, für die prä-operatorische Stufe des Denkens besonders charakteristische Denkformen lassen sich unterscheiden: (a) der (moralische) Realismus, (b) der Animismus und (c) der Artifizialismus. Zusammengenommen sind diese drei Denkformen für den Egozentrismus des Kindes – also für „eine Einschränkung in der Funktion des Denkens" (Aebli 1981, S. 8) – verantwortlich.

**Zu (a):** Unter Realismus versteht Piaget „eine Art Konfusion zwischen dem Innen und dem Außen" (Piaget 1931, S. 377) bzw., wie schon Baldwin, zwischen dem „Denken und den Dingen"; so z. B. die Verwechselung von physischen und psychischen Ereignissen. Piaget hat dieses Phänomen exemplarisch anhand dreier kindlicher Denkfelder untersucht und in seiner Veröffentlichung „Das Weltbild des Kindes" (1926/1981) ausführlich dokumentiert. Er stellt dabei vor allem auf die Art und Weise des kindlichen Denkens, auf die Namensgebung sowie auf die Vorstellungen zum Traum ab und kommt für das Alter bis zu etwa sieben Jahren zu äußerst aufschlussreichen Ergebnissen.

– „Womit denkt man und kann man das Denken sehen und berühren"? (Piaget 1931, S. 377), lautete die Ausgangsfragestellung Piagets im Hinblick auf diese Teiluntersuchung, die ausdrücklich zum Ziel hatte, das Verhältnis von „Denken und Dingen" aufzuzeigen. Die erhobenen Antworten der Kinder zwischen 6 und 8 Jahren weisen alle eine erstaunliche Gleichförmigkeit auf: So „glauben die Kinder, man denke ‚mit dem Mund'. Das Denken ist identisch mit der Stimme. Im Kopf oder Körper geschieht gar nichts" (Piaget 1926/1981, S. 44).

---

31  An dieser Stelle ist es besonders wichtig, noch einmal darauf hinzuweisen, dass gerade bei der Darstellung der Arbeiten Piagets aufgrund des schon erwähnten Umfangs des Werkes Auslassungen unvermeidlich sind.

**Beispiel:**

„MONT (7; 0): ‚Weißt du, was das ist: denken? – Ja. – Denke an dein Haus, machst du mit? – Ja. – Womit denkst du? – Mit dem Mund. – Kannst du auch denken, wenn der Mund geschlossen ist? – Nein. – Wenn die Augen geschlossen sind? – Ja. – Wenn die Ohren verschlossen sind? – Ja. – Schließe deinen Mund und denke an dein Haus. Denkst du? – Ja. – Womit hast du gedacht? – Mit dem Mund'" (ebd.).

– In einer weiteren Untersuchung studierte Piaget das kindliche Verständnis über die Verwendung von und den Umgang mit Namen: „Das Problem der Namen ist der Kern des Problems des Denkens, denn für das Kind ist das Denken gleichbedeutend mit dem Sprechen" (ebd., S. 61). So behaupten Kinder im Alter von etwa 5 bis 6 Jahren, dass die Namen eine Eigenschaft der Dinge sind; d. h. sie gehen davon aus, dass der Name schon im Ding bzw. in der Sache enthalten ist.

**Beispiel:**

„LAV (6; 6) sagt, die Namen seien dazu da, um zu rufen. – Wie haben die Namen begonnen? Der Name der Sonne, woher kommt der? – Weiß nicht. – Woher kommt dein Name, ‚Jules'? Wer hat dir deinen Namen gegeben? – Ich weiß nicht. – War es dein Papa? – Ja. – Und der Name der Sonne, woher kommt der? – Vom Himmel. – Kommt die Sonne oder der Name der Sonne vom Himmel? – Die Sonne. – Und der Name der Sonne, woher kommt der? – Vom Himmel. – Hat jemand der Sonne ihren Namen gegeben, oder war dieser Name einfach da? – Jemand. – Wer? – Der Himmel. – Und die Arve (ein Fluss; D. G.), woher kommt ihr Name? – Vom Berg. – Sind es vielleicht Männer gewesen, die ihr diesen Namen gegeben haben? – Nein. Und so fort" (ebd., S. 63).

– Schließlich befragte Piaget die Kinder zu einem Konzept, das an diese nicht von außen herangetragen wird, sondern aus ihrem Inneren entspringt: die Vorstellung über Träume, über ihre Herkunft und ihren Ort. Auch hier verfügen die Kinder über ein eigenes Weltbild und sehen bis zum Alter von etwa sieben Jahren Träume als von außen kommend an: „Während der Nacht bewegen sie sich um das Bett herum" (Piaget 1931, S. 378), behaupten die Kinder.

**Beispiel:**

„‚Sie sind kleine Bilder', ‚kleine Lampen', ‚sie sind Lichter', sagen die Kinder; ‚der Mond sendet sie' oder ‚die Straßenlampen', ‚die Wolken, die Sonne, der Wind' usw." (ebd.). Und an anderer Stelle zitiert Piaget den kleinen SCI (6 Jahre):
„Woher kommen die Träume? – Von der Nacht. – Was ist das? – Das ist der Abend. – Woraus besteht die Nacht? – Sie ist schwarz. – Wie kommt es zu den Träumen? – Es kommt dazu, wenn man die Augen geschlossen hat. – Wie genau? – Ich weiß nicht. – Wo entstehen die Träume? – Dort draußen (er zeigt auf das

Fenster). – Woraus bestehen die Träume? – Aus schwarz. – Ja, aber woraus? – Aus Licht. – Woher kommt dieses Licht? – Licht von außen. – Woher? – Dort ist welches (er zeigt auf die Straßenlaternen)" (Piaget 1926/1981, S. 86)[32].

Eine weitere Form des Realismus kann am Beispiel der Moral aufgezeigt werden. Dieser moralische Realismus besagt, dass „die Verpflichtungen und die Werte durch das Gesetz oder die Weisung an sich, unabhängig vom Kontext der Absichten und der Umstände, bestimmt sind" (Piaget/Inhelder 1977, S. 93). Dem moralischen Realismus entspricht das Konzept der objektiven Verantwortung: „Der Akt wird bewertet aufgrund seiner materiellen Übereinstimmung mit dem Gesetz und nicht aufgrund der bösen Absicht, das Gesetz zu verletzen, oder der guten Absicht, die plötzlich ungewollt mit dem Gesetz in Konflikt kommt" (ebd.). So beurteilen die Kleinen den Vorgang, dass ein Kind unabsichtlich („als es seiner Mutter helfen wollte") mehrere Tassen zerbricht, gravierender als z. B. das Zerschlagen einer Tasse beim (verbotenen) Naschen.

**Beispiel:**

„GEO (6 Jahre): ,Hast du die Geschichte gut verstanden? – Ja.' (Das Kind wiederholt die Geschichte). – ,Ist einer schlimmer als der andere? – Der erste, weil er zwölf Tassen fallen gelassen hat. – Wenn du der Papa wärst, wen würdest du mehr bestrafen? – Den, der zwölf Tassen zerbrochen hat. – Warum hat er sie zerbrochen? – Die Tür ist zu stark zugeschlagen, sie hat daran gestoßen. Er hat es nicht absichtlich gemacht. – Und der zweite, warum hat er eine Tasse zerbrochen? – Er wollte Marmelade nehmen. Er hat eine zu heftige Bewegung gemacht. Die Tasse ist zerbrochen. – Warum wollte er Marmelade nehmen? – Weil er ganz allein war, er hat ausgenutzt, daß seine Mama nicht da war. – Hast du einen Bruder? – Nein, eine kleine Schwester. – Na, wenn du die zwölf Tassen zerbrochen hättest, als du in das Zimmer kamst und deine kleine Schwester eine Tasse, als sie Marmelade suchte, wer würde mehr bestraft werden? – Ich, weil ich mehr als eine Tasse zerbrochen habe'" (Piaget 1973/1983, S. 137).

**Zu (b):** Der Animismus, d. h. die Vorstellung, dass alle Dinge belebt (wörtlich: beseelt) sind und über ein Bewusstsein verfügen, äußert sich beim kleinen Kind in der Idee, dass „jedes Objekt, das eine Aktivität ausübt, wobei diese im Wesentlichen nach ihrer Nützlichkeit für den Menschen beurteilt wird, (lebendig ist); die brennende Lampe, der wärmende Ofen, der scheinende Mond usw." (Piaget 1974a, S. 172). Damit ist zugleich impliziert, dass das jeweilige Objekt die Aktivität absichtsvoll – intentional – ausführt. Gefragt wurde, ob Gegenstände – Tische, Hunde, die Sonne, Steine, der Wind, Wolken usf. – leben oder nicht. Spontan

---

32  Vergleiche für eine Fortführung und Ausdifferenzierung der Traumuntersuchungen die ausführliche Studie Kohlbergs 1969/1974, S. 24 ff.

scheinen diese Vorstellungen in den Warum-Fragen der Kinder auf: „Warum macht der Ofen das?"; „Weshalb zeigt der Mond uns den Weg?" usw.

**Beispiel:**

„JUILL (7; 6): Ein Stein spürt weder die Wärme noch die Kälte. Wenn er zu Boden fällt, spürt er das? – Ja. – Warum? – Weil er zerbrochen ist. – Kann ein Tisch etwas spüren? – Nein. – Spürt er es, wenn man ihn zertrümmert? – Oh ja! – Spürt der Wind etwas, wenn er gegen ein Haus bläst? – Ja. – Spürt er es oder spürt er es nicht? – Er spürt es. – Warum? – Weil es ihn behindert. Er kommt nicht hindurch. Er kann nicht weiter gehen. – Nenne mir Dinge, die nichts spüren können. – Können die Mauern etwas spüren? – Nein. – Warum nicht? – Weil sie nicht gehen können. – (...) Spüren sie es, wenn man sie umstürzt? – Ja. – Weiß die Mauer, daß sie in einem Haus ist? – Nein. – Weiß sie, daß sie hoch ist? – Ja. – Warum? – Weil sie ganz oben ist, sie weiß, daß sie oben ist!" (Piaget 1926/1981, S. 149).

**Zu (c):** Der Artifizialismus (von lat. artifex = Schöpfer), also der „Glaube, daß alle Dinge durch den Menschen oder durch eine göttliche Aktivität nach Art der menschlichen Herstellungsprinzipien gemacht sind" (Piaget 1974a, S. 174), bildet eine weitere kindliche Denkform, die das prä-operatorische Denken charakterisiert. Dabei ist es für die kindliche Logik kein Problem, zugleich animistische Vorstellungen zu vertreten: etwas kann sowohl gemacht als auch belebt sein. Piaget hat diese Ideen insbesondere für den „Ursprung der Gestirne", „der Gewässer" sowie der „Bäume, Berge und der Erde" untersucht. Seine entsprechenden Fragen lauteten: „Woher kommen die Wolken, der Regen?"; „Wie haben die Berge, die Sonne etc. begonnen?".

**Beispiel:**

„HUB (6; 6): ‚War die Sonne immer da? – Nein, sie hat angefangen. – Wie? – Durch Feuer ... – Wie hat dieses begonnen? – Mit einem Zündholz. – Wie? – Es hat sich entzündet. – Wie denn? – Indem ein Zündholz angezündet wurde. – Wer hat es angezündet? – Ein Mann. – Wie heißt dieser Mann? – Ich weiß nicht'. Was den Mond betrifft, so ist er ‚aus Himmel' gemacht, das heißt ‚aus Wolken'. – ‚Wie haben die Wolken den Mond machen können? – Weil es hell geworden ist (= angezündet wurde). – Wer? – Die Wolke. – Wie? – Mit Feuer. – Woher kommt dieses Feuer? – Vom Zündholz. – Wer hat ihn angezündet? – Ein Stück Holz, dann ein rotes Ding am Ende'. HUB denkt hier somit an Raketen, die man für ein Feuerwerk kaufen kann: Der Mond ist eine Wolke, die durch vom Menschen abgeschossene Raketen Feuer gefangen hat. Der Ursprung der Wolken ist ebenfalls artifiziell: ‚Woher kommen die Wolken? – Vom Himmel. – Wie haben sie angefangen? – Im Rauch. – Woher ist dieser Rauch gekommen? – Aus den Öfen. – Kann der Rauch Monde haben? – Ja'" (Piaget 1926/1981, S. 215).

Die Fähigkeiten, aber auch die Probleme, die mit der prä-operatorischen Stufe einhergehen, lassen sich m. E. sehr schön an einem Übergangsphänomen – einer Transformation des Denkens im Übergang zur konkret-operatorischen Stufe – aufzeigen; nämlich an der Vorstellung des Kindes über die Erhaltung von Gegenständen.

*Zu 3) Die konkret-operatorische Stufe*

Piaget hat diese Erscheinung innerhalb seiner Untersuchungen immer wieder nachweisen können, so dass sie zu den best dokumentierten Resultaten seines Werkes gezählt werden kann. Ich möchte zur Erläuterung dieses Konzepts ein längeres Zitat aus den Veröffentlichungen Piagets wiedergeben, das in komprimierter Form die Thematik erfasst und erhellt.

Als eindeutigen Hinweis auf die Existenz einer prä-operatorischen Stufe sehen Piaget und Inhelder „das Fehlen der Erhaltungsbegriffe bis zum 7. oder 8. Lebensjahr. Betrachten wir daraufhin das Experiment über die Erhaltung der Flüssigkeiten (ein Glas A wird in ein dünneres Glas B oder ein breiteres Glas C umgegossen). Bei den gewöhnlichen Reaktionen der Vier- bis Sechsjährigen, laut denen die Flüssigkeitsmenge zu- oder abnimmt, sind zwei Tatsachen besonders bemerkenswert. Erstens, dass die Kinder nur über Zustände oder Anordnungen nachzudenken scheinen und dabei die Formveränderungen vernachlässigen: das Wasser steht in *B höher als in A*, folglich hat seine Menge zugenommen, ganz unabhängig vom Umstand, dass man die gegebene Wassermenge nur umgegossen hat usw. Zweitens, dass die Transformation, die doch nicht übersehen wird, nicht als solche, das heißt als ein reversibler Übergang von einem Zustand in einen anderen, der zwar die Form verändert, aber die Menge unverändert belässt, aufgefasst wird. (...) Auf der Stufe der konkreten Operationen hingegen, also mit 7 oder 8 Jahren, wird das Kind sagen: ‚Es ist dasselbe Wasser' oder ‚Man hat nur umgegossen', ‚Man hat weder etwas weggenommen noch etwas hinzugefügt' (einfache oder additive Identitäten), ‚Man kann zurückgießen' (B in A), so wie es vorher war (Reversibilität durch Inversion) oder auch ‚Das Glas ist höher, aber dünner, also kommt es auf dasselbe heraus' (Kompensierung oder Reversibilität durch Reziprozität der Beziehungen)" (Piaget/Inhelder 1977, S. 74 f.).

Sobald das Kind über die Fähigkeit verfügt, diese Erhaltungsaufgaben zu lösen, ist die Stufe des konkret-operatorischen Denkens erreicht. Das Kind kann sich von der unmittelbaren Anschauung lösen, was wiederum einer Dezentrierung entspricht; das Denken wird konkret, d. h. es bezieht sich jetzt direkt auf die Gegenstände, kann allerdings – im Unterschied zur nächsten formal-operatorischen Stufe – noch nicht auf Hypothesen und Aussagen, also rein sprachliche Gebilde, angewandt werden. Dennoch ist ein wichtiger Entwicklungsschritt gemeistert worden: Das für diese Stufe charakteristische Merkmal der Reversibilität *bestimmt* nun das Denken. Alle diesbezüglichen Problemstellungen können nach diesem Muster behandelt werden, „wobei die Reversibilität eine Inversion (A − A = 0) oder eine Reziprozität (A entspricht B und umgekehrt) sein kann" (ebd., S. 74).

Eine Reihe weiterer Ergebnisse belegt diese These. So Untersuchungen zur Aneinanderreihung, zur Klassifizierung, zum Aufbau von Zahlen sowie zum Raum- und Zeiterwerb. Zwar zeigen sich Unterschiede im Hinblick auf den Zeitpunkt des Erwerbs der Erhaltungsvorstellung der Menge, des Gewichts und des Volumens, die in dieser Reihenfolge gemeistert werden, aber diese Reihung drückt nur den ansteigenden, dem jeweiligen Gegenstand innewohnenden Schwierigkeitsgrad aus, der mit der Aneignung der Mengen-, Gewichts- und Objekterhaltung verbunden ist.

Ich möchte die Form und die Entwicklung des Erhaltungskonzepts noch an zwei weiteren Beispielen verdeutlichen, die den Arbeiten Piagets entstammen, jedoch von Gallagher und Reid adaptiert und in dieser Form präsentiert wurden (vgl. Gallagher/Reid 1983, S. 88 und 90).

---

Der Erwachsene zeigt CRI zwei identische Tonkugeln und stellt sicher, dass auch das Kind zustimmt, dass die Kugeln identisch sind: Nun, schau einmal. Ich werde aus diesen Kugeln zwei Würste formen. (Er rollt einen der Bälle mehrmals, so dass er länger und dünner als der andere ist). So, haben wir jetzt gleichviel zu essen?

CRI (5 Jahre alt): Nein.

Der Erwachsene: Was kannst du tun, damit wir wieder die gleiche Menge zum Essen haben?

CRI (nimmt fast die Hälfte der längeren Wurst weg): Jetzt haben wir die gleiche Menge zum Essen. (Er konzentriert sich auf die unveränderte Wurst).

Der Erwachsene: Bist du sicher?

CRI (vergleicht sehr sorgfältig): Nein, sie haben mehr, weil sie dicker ist (bezieht sich auf die unveränderte Wurst).

Der Erwachsene: Was können wir tun, damit wir die gleiche Menge essen können?

CRI: Ich weiß es nicht.

---

Wie stark die Veränderung ist, die mit der Transformation des prä-operatorischen in das konkret-operatorische Denken einhergeht, dokumentiert ein weiteres Interview:

---

Der Erwachsene zeigt GAN eine Tonkugel und bittet sie, vorauszusagen, ob die Menge gleich bleibt, wenn die Kugel verformt wird:

Einmal angenommen, ich mache aus dem Ball eine Wurst?

GAN (8 Jahre alt): Es ändert sich nichts, es ist der gleiche Ton. Er wird länger werden, aber nicht dick.

Der Erwachsene: Unterstellt, ich mache aus dem Ball einen Pfannkuchen?

GAN: Flacher und breiter.

Der Erwachsene: Wird genausoviel Ton verbraucht?

GAN: Ja, weil vorher waren sie (der Ball und Pfannkuchen) gleich.

Der Erwachsene gibt GAN eine Wurst und drei Kugeln unterschiedlicher Größe zur Auswahl. Das Kind soll voraussagen, welche der drei Kugeln man erhalten würde, wenn die Wurst in einen Ball verwandelt würde: Welche würdest du auswählen?

GAN: Die Wurst ist länger und dicker, und jene (zeigt auf eine der drei Kugeln) ist kürzer aber dicker, und die andere (zeigt auf eine andere Kugel) ist ebenfalls länger, aber dünner. Die hier ergibt den gleichen Ball, hier ist gleich viel Ton.

---

Was nun die Art und Weise der Darstellung dieser Fähigkeiten angeht, so zeigt sich, dass Piaget die Sprache der Logik und Mathematik für den angemessenen Weg der Beschreibung (Formalisierung) hält[33]. Eine solche Beschreibung kann natürlich erst dann mit Erfolg versucht werden, wenn die Konzepte der Kinder entsprechend strukturiert sind. Dies ist mit der Stufe der konkreten Operationen erreicht, so dass Piaget die Denkformen im Sinne einer einfachen Logik – einer „Halblogik" – darstellt; die formalisierende Beschreibung dieser Stufe erfolgt mithilfe eines mathematischen Teilmodells der „Gruppierung". „Wir nennen jene

---

33 Man darf hier allerdings die Ebene der Forschung und die der untersuchten Subjekte nicht verwechseln. „Es ist wahr, daß wir immer versucht haben (...), die Strukturen, die aus einer genetischen Perspektive beobachtet wurden, unter Bezug auf Modelle, die aus der elementaren symbolischen Logik ausgeliehen wurden, zu beschreiben. Aber es ist wichtig, klarzustellen (und dies vehement zu betonen), daß dies für uns keine Frage der Reduktion von natürlichem Denken auf formale Modelle war, sondern genau das Gegenteil: Die präziseste Sprache zu benutzen, die möglich ist, um natürliche Strukturen zu beschreiben" (Piaget 1966, S. 168 f.).

Gruppierungen ‚elementare Gruppierungen‘, die noch keinen kombinatorischen Charakter aufweisen (und folglich nicht alle möglichen Operationen der Boolschen Algebra beinhalten" (Piaget 1966, S. 174). Im Gegensatz zu den 16 Kombinationsmöglichkeiten des formal-operatorischen Denkens (vgl. unten), kann das Kind der konkret-operatorischen Stufe nur vier Kombinationen realisieren, was am Beispiel einer Klassifikationsausfgabe verdeutlicht werden kann: Kombiniert man z. B. Tiere in Wirbellose und Wirbeltiere sowie in Land- und Wassertiere, ergeben sich für das kindliche Denken folgende Möglichkeiten:

> „1. (WT) terrestische Wirbeltiere
> 2. (WA) aquatische Wirbeltiere
> 3. (LT) terrestische Wirbellose
> 4. (LA) aquatische Wirbellose"
> (Muuss 1977, S. 104)

### Zu 4) Die formal-operatorische Stufe

Das Verständnis der kognitiven Stufen als Strukturen geht nun für Piaget, stärker noch als beim konkret-operatorischen Denken, mit dem Versuch der logischen und mathematischen Fixierung dieser Strukturen einher[34]. Die Strukturen, als „ein System von Transformationen", müssen sich nämlich auch „zu einer Formalisierung eignen ...; diese Formalisierung (kann sich) unmittelbar in logisch-mathematischen Gleichungen äußern oder durch ein kybernetisches Modell vermittelt werden" (Piaget 1973, S. 8 f.). Was bedeuten diese Festlegungen für die weitere Darstellung?

Betrachtet man die Stufe der formalen Operationen, so zeigt sich, dass Piaget zu deren Erläuterung auf Modelle der Logik zurückgreift; einer Logik, die jetzt aufgrund der tätigen Auseinandersetzung des Jugendlichen mit der Umwelt verinnerlicht (interiorisiert) ist, so dass der Begriff „formal" dann darauf hinweist, dass es sich um Operationen handelt, die allein gedanklich – ohne konkrete Handhabungen – vollzogen werden können, was die Unterscheidung von realem versus hypothetischem bzw. kontrafaktischem Denken einschließt und damit die Loslösung vom „konkreten Hier und Jetzt"[35].

Zum einen greift Piaget auf die binäre Aussagenlogik (Junktorenlogik) zurück, also auf das Modell der 16 möglichen Kombinationen von vier zweigliedrigen Ele-

---

34  Dass die Formalisierungen Piagets nicht immer die Verständlichkeit erhöhen, musste Reinhard Fatke bei der Herausgabe einer deutschen Piaget-Übersetzung (Piaget 1981) feststellen; so wurde bei der Konsultation eines Mathematikers sowie eines Physikers deutlich, „daß die Piagetschen Notationen nicht immer den internationalen Gepflogenheiten entsprechen, sondern manchmal eher seltene Varianten davon sind, und daß einiges sogar ‚wolkig‘ bleibe, wie der Mathematiker meinte" (Fatke 1981, S. 26).

35  „Eine Operation läßt sich psychologisch als Akt definieren, der interiorisiert werden kann und reversibel ist – in beiden Richtungen stattfinden kann" (Inhelder 1976, S. 50).

menten. Das Muster dieser zweiwertigen Logik ergibt sich, wenn man die vier logischen Basisoperationen

$$(p \cdot q \,/\, p \cdot \neg q \,/ \neg p \cdot q \,/ \neg p \cdot \neg q)$$

miteinander kombiniert. Die flexible Beherrschung dieser Kombinationsmöglichkeiten erlaubt formal operatorisch urteilenden Personen, systematische Lösungsvorschläge für kognitive Probleme zu generieren. Beispielsweise werden in Piagets Pendelversuchen den Teilnehmern vier mögliche Ursachen benannt, die die Schwingungsfrequenz des Pendels verursachen könnten: Die Länge der Schnur; das Pendelgewicht; die Höhe, aus welcher das Pendel fallengelassen wird sowie die Kraft, mit der das Pendel bewegt wird. Die Aufgabe für die Beteiligten besteht darin, herauszufinden, welcher Faktor oder welche Faktorenbündel für die Schwingungsfrequenz tatsächlich verantwortlich sind. Nur jene Teilnehmer, die sich auf der formal-operatorischen Stufe des kognitiven Urteils befanden, konnten bei den durchgeführten Versuchen durch **planvolles** Herangehen an die Aufgabe die Lösung – nur die Länge der Schnur hat Auswirkungen auf die Schwingungsfrequenz – rasch und einwandfrei finden.

Das für die formal-operatorische Stufe charakteristische Denken lässt sich an einem weiteren Beispiel, das ich (wie auf der konkret-operatorischen Stufe) von Muuss übernehme, gut verdeutlichen. Folgende Konstellation sei mit einer Aufgabe vorgegeben: Es sollen Tiere aufgrund verschiedener Merkmale klassifiziert werden. Die Aufgabe unterscheidet zwischen Wirbeltieren (W) und Wirbellosen (L) einerseits, und andererseits zwischen Tieren, die auf dem Land leben (terrestisch = T) und solchen, die im Wasser leben (aquatisch = A). Anhand dieser Angaben können Subjekte, die formal-operatorisch denken können, alle 16 möglichen Kombinationen der Tierklassen ermitteln:

„1. Überhaupt keine Tiere
 2. nur (WT)
 3. nur (WA)
 4. nur (LT)
 5. nur (LA)
 6. (WT) und (WA), aber nicht (LT) und (LA)
 7. (WT) und (LT), aber nicht (WA) und (LA)
 8. (WT) und (LA), aber nicht (WA) oder (LT)
 9. (WA) und (LT), aber nicht (WT) oder (LA)
 10. (WA) und (LA), aber nicht (WT) oder (LT)
 11. (LT) und (LA), aber nicht (WA) oder (WT)
 12. (WT), (WA) und (LT), aber nicht (LA)
 13. (WT), (WA) und (LA), aber nicht (LT)
 14. (WT), (LT) und (LA), aber nicht (WA)

15. (WA), (LT) und (LA), aber nicht (WT)
16. alle vier Klassen"
(Muuss 1977, S. 104 f.).

Die Darstellung der Struktur erfolgt zum anderen mithilfe des kombinatorischen
Modells der INRC-Gruppe, also einer anspruchsvollen mathematischen Methode,
die „aus der Konstruktion einer Tabelle aller möglichen Kombinationen und aus
der Feststellung der Wirksamkeit oder Unwirksamkeit jedes einzelnen Faktors"
besteht (Inhelder 1976, S. 59). Die INRC-Gruppe (auch Kleinsche-Vierergruppe
genannt) stellt einen Spezialfall innerhalb der allgemeinen mathematischen Grup-
pentheorie dar. Sie steht für die auf der formal-operatorischen Stufe einsetzbaren
Regeln der Identität (I), der Negation/Inversion (N), der Reziprozität (R) und der
Korrelativität (C). Mithilfe dieser Regeln lässt sich z. B. der jeweilige Modus der
Verfügung über aussagenlogisch beschreibbare Operationen kennzeichnen. So bedeutet die Anwendung der Identitätsregel, dass die zugrunde liegende Operation
unverändert bleibt, während die Negationsregel die Operation in ihr Gegenteil
verkehrt; bei der Anwendung der Reziprozitätsregel werden die Glieder der Operation vertauscht, aber der Operator bleibt unverändert und die Korrelativitätsregel
lässt die Glieder gleichbleiben und verändert lediglich den Operator. Symbolisch
kann die Wirkweise dieses Regelsystems am Beispiel der Aussagenoperation „entweder ist p richtig oder q oder beide" ($p \vee q$) verdeutlicht werden:

$I = p \vee q$ (Die Anwendung der Regel ändert die Operation nicht)
$N = \neg p \cdot \neg q$ (Weder p noch q)
$R = \neg p \vee \neg q$ (Entweder nicht p oder nicht q)
$C = p \cdot q$ (Sowohl p als auch q).

Um es schließlich noch einmal hervorzuheben, diese beiden Methoden dienen nur
dazu, so auch Ginsburg und Opper, „die Struktur (des) Denkens abzubilden" (vgl.
Ginsburg/Opper 1975, S. 250); zugleich betonen die Autoren in diesem Zusammenhang die für das gesamte Wissenschaftsprogramm zentrale Unterscheidung
von Kompetenz und Performanz:

> „Die formalen Operationen (...) (beschreiben) die *Kompetenz* des Jugendli-
> chen. Sowohl die 16 binären Operationen wie die INRC-Gruppe beschrei-
> ben die Möglichkeiten des Jugendlichen und nicht unbedingt, was er bei ei-
> ner bestimmten Gelegenheit zu einem bestimmten Zeitpunkt tut. Es ist z. B.
> möglich, daß Faktoren wie Ermüdung und Unlust den Jugendlichen daran
> hindern, seine Möglichkeiten ganz zu entfalten. Die Modelle beschreiben
> nicht die aktuelle Performanz, die unzulänglich sein mag, sondern definieren
> das höchste Leistungsniveau des Jugendlichen" (ebd., S. 251)[36] (für eine
> Diskussion der Kompetenz-Performanz-Problematik vgl. Garz 1984, 1989).

---

36  Furth berichtet von einer „wichtigen Umkehr zu den ersten psychologischen Untersuchungen bei

## 4.3.2 Die Mechanismen der Entwicklung

Neben diesen strukturellen Stufenmerkmalen existiert eine zweite Reihe grundlegender Konzepte in den Arbeiten des späten Piaget, die sich als funktionale Invarianten, als „stage-independent properties" (Flavell) beschreiben lassen, die allererst dafür „sorgen", dass Entwicklung stattfinden kann. Dazu zählen vor allem
Konzepte wie Organisation und Adaptation, wobei die Adaptation von Piaget
noch einmal in Assimilation und Akkommodation unterteilt wird.

In Anlehnung an biologische Vorstellungen versteht Piaget unter Organisation
bzw. lebendiger Organisation die Tendenz aller Organismen, ihr Leben systematisch zu ordnen und zu gestalten, mithin zu koordinieren, und sich damit als
grenzerhaltende, selbstorganisierende Systeme zu präsentieren. Das gilt sowohl für
biologische wie für psychologische Aspekte, also auch für Prozesse des Denkens.
Unterscheiden sich diese auch von Stufe zu Stufe, so bleibt doch die Tatsache bestehen, dass eine Organisation je erneut stattfindet. Beschreiben lässt sich dieses
System mithilfe der Kybernetik, die, „als die Wissenschaft von den Organisations-
gesetzen innerhalb eines Gesamtsystems" (Furth 1976, S. 285 f.), am ehesten
„Rückkopplungskreise, inhaltsfreie Operationen und selbstorganisierende Systeme" (ebd., S. 286) erfassen und begrifflich darstellen kann.

Das zweite alle Stufen überformende invariante Prinzip ist das der Adaptation
mit ihren Teilprozessen der Assimilation und der Akkommodation. Damit wird
zunächst nur auf die bekannte Tatsache verwiesen, dass alle noch so verschiedenen
Organismen sich an die jeweilige Umwelt anpassen; d. h. *fortwährend* anpassen
und einmal auch angepasst haben. Erst die Prozessbeschreibung dieser Auseinandersetzung ergibt die für Piaget charakteristische Auffassung eines invarianten Entwicklungsmechanismus[37].

Unter Assimilation versteht Piaget die Aufnahme äußerer Daten in eine bereits
im Subjekt befindliche Struktur, z. B. die konkret-operatorische, während unter
Akkommodation der komplementäre Prozess zu verstehen ist, im Verlaufe dessen
sich die Struktur des Subjekts aufgrund der Auseinandersetzung mit neuen, fremd-
artigen Umweltfaktoren ändert. In den Worten Piagets: „Assimilation (ist) die Integration externer Elemente in die sich entwickelnden oder abgeschlossenen Strukturen eines Organismus" (Piaget 1981, S. 41), was sowohl für das organische Leben wie das Handeln zutrifft. Als Akkommodation bezeichnet Piaget demgegen-

---

Piaget". Es dürfte deutlich werden, dass Piagets Ansatz damit wieder näher an die Arbeiten Baldwins zur „Genetischen Logik des Wirklichen" heranrückt. „Shortly before his death, Piaget – always, as he used to say, the most severe critic of ‚Piaget's theory' – referred to the logic of operations as having been ‚too closely linked to the traditional model of extensional logic and truth
tables'. ‚A better way', he believed, ‚of capturing the natural growth of logical thinking is to pur-
sue a kind of logic of meanings ... a meaning is never isolated but always inserted into a system of
meanings, with reciprocal implications' (Cahiers de la foundation archives Jean Piaget, No. 1,
April 1980, p. 3)" (Furth 1981, S. XV).

37 Vgl. auch die Beschreibung zu Baldwin in Kap. 2.2.

über „jede Modifikation eines Assimilationsplans (oder einer Assimilationsstruktur), die durch die von ihr assimilierten Elemente hervorgerufen wird" (ebd., S. 44), so dass er feststellen kann, dass die „kognitive *Adaptation* (...) aus einem Gleichgewicht zwischen Assimilation und Akkommodation" besteht (ebd., S. 44 f.).

Dieser Gleichgewichts- oder Äquilibriumszustand bzw. – über die Stufen hinweg verstanden – dieses Fließgleichgewicht tendiert immer von einem geringen zu einem höheren Grad der Ausgeglichenheit im Wechselspiel von stufenbewahrenden (Assimilation) und stufenverändernden Transformationen (Akkommodation), d. h. im Regelkreis von negativem und positivem Feedback. Und es ist dieses Wechselspiel, das Piaget veranlasst, seine Theorie als interaktionistisch zu bezeichnen. Ein Interaktionismus allerdings, der nicht davon ausgeht, dass sich die Auseinandersetzung des Individuums mit der Umwelt reibungslos – als „mechanical clicking-in-process" (Flavell) – vollzieht; im Gegenteil, ein bestimmtes Ausmaß an kognitivem Konflikt scheint unverzichtbar: „An active engagement with data, involving a certain intracognitive Sturm und Drang, is what leads to stable and quasi-permanent structural change" (Flavell 1963, S. 418).

Während Piaget – wie gezeigt – in vielen Punkten ausdrücklich auf den Ideen Baldwins aufbaut, unterscheidet er sich im Hinblick auf die Erklärung der Mechanismen der Entwicklung deutlich. Er benennt vier Faktoren, die einen Einfluss auf die Stufenentwicklung ausüben können (z. B. 1966, S. 195 ff. u. 297 ff.; 1973, S. 59 ff.; 1974, S. 251 ff.):

1. Die Entwicklung der kognitiven Strukturen kann offensichtlich durch Faktoren der Reifung beeinflusst werden. Allerdings liegt deren Bedeutung für den Bereich der Kognition fast ausschließlich in den ersten Lebensmonaten des Kindes. Die Stufenentwicklung selbst kann keineswegs auf die Wirkung von Reifungsfaktoren zurückgeführt werden, bestenfalls stecken diese Faktoren einen Spielraum möglicher Entwicklung ab (vgl. Piaget 1974, S. 244 ff.).

2. Als zweiten Faktor führt Piaget die soziale Erfahrung an (bzw. ein „environmental pressure"). Hierunter fallen vor allem jene geplanten Einflüsse, die von der Erziehung auf das Kind ausgehen sowie der Erwerb der Sprache. Aber auch diese soziale Erfahrung in Form der Auseinandersetzung des Kindes mit der es umgebenden Gesellschaft stellt für Piaget kein hinreichendes Erklärungsmuster für die kognitive Stufenentwicklung dar.

3. Ein dritter und als wichtiger erachteter Wirkfaktor liegt in den Erfahrungen des Kindes durch seine Auseinandersetzung mit der „äußeren Natur" und der darauf einsetzenden mentalen Leistung der Abstraktion. Piaget unterteilt noch einmal zwei Arten dieses Erfahrungserwerbs: (a) die empirische und (b) die reflektierende Abstraktion:

„(a) Die empirische Abstraktion kann als eine Funktion der vom Kind gemachten physischen Erfahrung (Beobachtung) verstanden werden; beispielsweise indem das Kind von der Anschauung von Objekten abstrahiert; so im
Fall des Kindes, das eine Vorstellung vom Gewichtskonzept erwirbt".

„(b) Die reflektierende Abstraktion kann als eine Funktion der vom Kind
gemachten logisch-mathematischen Erfahrung verstanden werden; beispielsweise indem das Kind von den selbst vorgenommenen Handlungen abstrahiert; so bei der Entdeckung, daß die Summe unabhängig von der Reihenfolge ist (Kommutativität)" (vgl. Piaget 1966, S. 196).

4. Als ausschlaggebend für die Entwicklung sieht Piaget jedoch einen anderen Faktor an: Die Äquilibration, die auf der Basis der von Anfang an bestehenden Interaktion zwischen Person und Umwelt beruht. Er unterstellt dabei für den menschlichen Organismus ein „Streben" (Furth 1983, S. 126) bzw. ein „Bedürfnis" (Aebli
1981, S. 27) nach Konsistenz, d. h. nach Kompensation und Konstruktion. Diese
angesteuerte Konsistenz wird realiter durch neue Erfahrungen und durch das aktive Tun des Subjekts selbst immer wieder ins Ungleichgewicht gebracht, so dass ein
unaufhörlicher Prozess der Adjustierung, Erschütterung und Verwerfung sowie der
Readjustierung sich vollzieht. Der späte Piaget unterschiedet in diesem Zusammenhang zwischen drei Formen der Äquilibration:

## 1. Die Äquilibration zwischen Assimilation und Akkommodation

Piaget hebt an dieser Stelle die schon von Baldwin gebrauchten Begriffe hervor
und verwendet diese auch entsprechend. Assimilation als „Einbezug eines äußeren
Elements (...) in ein (...) Schema des Subjekts" (Piaget 1976, S. 13) und Akkommodation als „die Notwendigkeit, ... die Besonderheiten der zu assimilierenden
Elemente zu berücksichtigen" (ebd., S. 14), bilden die autoregulativen Mechanismen, die sich jeweils zu einem Äquilibrium zusammenfügen.

## 2. Die Äquilibration der Subsysteme

Auch die verschiedenen Untersysteme (Pläne) des Subjekts, d. h. die verschiedenen Wissensbereiche, können – z. B. aufgrund einer unterschiedlichen Entwick-
lungsgeschwindigkeit – zueinander in ein Ungleichgewicht geraten und eines
übergreifenden Ausgleichs bedürfen. Beispielsweise können sich auf der senso-mo-
torischen Stufe Sehen und Greifen oder auf der Stufe konkreter Operationen die
logisch-mathematischen und die räumlichen Operationen widersprechen, so etwa
die Gesamt*länge* von aneinandergelegten Scheiben und deren Dichte. Bei einer
ausgleichenden „Lösung" spricht Piaget von einer Äquilibration auf der horizontalen Ebene.

## 3. Die Äquilibration zwischen dem Teil und dem Ganzen

Diese Form der Äquilibration wird von Piaget als fundamental angesehen. Sie besteht aus der Gleichgewichtsbildung zwischen den verschiedenen Teilbereichen bzw. Subsystemen des Subjekts einerseits und der Gesamtheit des subjektiven Wissenssystems andererseits. Indem die Teilsysteme in das größere System integriert werden, werden zugleich neue Probleme erzeugt, die wiederum zu neuen Handlungen oder Operationen führen, welche auf den vorangegangenen Handlungen aufbauen (vgl. Piaget 1983a, S. 218 f.). Durch diese Integration der Untersysteme in ein Hauptsystem entsteht eine Änderung in der vertikalen Richtung, d. h. eine Stufenentwicklung im Subjekt. Piaget spricht in diesem Fall von einer majorierenden, d. h. fortschreitenden Äquilibration.

Nun vermittelt diese Beschreibung der verschiedenen Formen der Äquilibration zwar eine Vorstellung davon, wie Kompensation und Konstruktion zusammenarbeiten und – im Idealfall – Konsistenz bewirken, sie kann jedoch noch nicht die Reaktionsweisen der Subjekte im Angesicht von Widersprüchen verdeutlichen. In diesen Fällen lautet die Frage: Wie agiert und reagiert das Kind oder der Jugendliche in und auf Situationen, in denen die vorhandenen Assimilationsschemata nicht länger adäquat sind, d. h. unter Umständen, die sich mit den derzeitigen kognitiven Kapazitäten nicht bewältigen lassen? Piaget unterscheidet noch einmal drei Interaktionsformen, nämlich Alpha-, Beta- und Gamma-Verhaltensweisen, die dem Subjekt prinzipiell zur Verfügung stehen können, wenn es mit Widersprüchen konfrontiert wird.

### ▶ Die Alpha-Phase

Wird ein Kind, beispielsweise im Fall der Invarianzuntersuchungen, in denen es um das kognitive Konzept der Erhaltung geht, mit der Tatsache konfrontiert, dass die gleiche Wassermenge in einem dünnen und hohen Behälter optisch als „mehr" erscheint als in einem weiten und flachen Behälter, so wird es bis zu einem bestimmten Alter (etwa bis zu 6 Jahren) seine Wahrnehmung auf eine einzige Dimension beschränken, also beim Umschütten des Wassers je nach der Größe des Behälters mehr oder weniger Wasser vermuten, ohne dass es ein Problem hierin sieht. Folglich ändert sich das Assimilationsschema des Kindes nicht. Aebli stellt dazu lapidar fest: Die „Beurteilung (mag) zwar falsch sein, sie ist jedoch widerspruchsfrei" (Aebli 1981, S. 27).

### ▶ Die Beta-Phase

Wenn das Kind den Widerspruch nicht ignoriert, sondern versucht, das Problem an sein Assimilationsschema anzupassen, entsteht der folgende Konflikt: Das Kind „sieht", dass das gleiche Wasser einmal „mehr" und einmal „weniger" ist, kann jedoch das Problem nicht oder noch nicht lösen – die gleiche „Menge ist P und nicht –P" (Aebli) . Auf diese Art und Weise kann sich ein Konflikt in das Assimilationsschema einnisten und – zumindest langfristig – zu dessen Veränderung führen.

### ▶ Die Gamma-Phase

In diesem Fall kann das Kind oder der Jugendliche mit dem vermeintlichen Widerspruch *gedanklich* umgehen, ihn antizipieren und sich mit den daraus resultierenden Problemen oder Fragestellungen auseinandersetzen. Damit verlieren diese ihren Charakter als störende Elemente oder als kontradiktorisch. Im Gegenteil, das Kind bzw. der Jugendliche kann sich nun nicht mehr nur konkret, sondern hypothetisch-kontrafaktisch mit den Aufgaben und deren Lösungen beschäftigen.

In der Gamma-Phase wird auch erneut der zweite zentrale Entwicklungsmechanismus deutlich, den Piaget als reflektierende Abstraktion bezeichnet. Im Gegensatz zur empirischen Abstraktion, bei der aufgrund von Beobachtungen Verallgemeinerungen vorgenommen werden – z. B. das Kind, das am Strand spielt, folgert nach einer Weile: Alle Steine hier sind rund und glatt – geht die reflektierende Abstraktion über das Beobachtete hinaus und basiert auf der *internen* Fähigkeit des Subjekts zur Strukturierung des Vorgefundenen – wiederum am Beispiel: Das Kind, das am Strand spielt, schließt nach einer Weile: Gleich in welcher Reihenfolge ich die Steine zähle, es sind immer sechs. Indem nun das Kind bzw. der Jugendliche auf etwas Neues projiziert und dabei seine eigene Struktur reorganisiert, vollzieht sich Entwicklung. Das Subjekt verändert sich allein aufgrund seiner *intra*mentalen Leistungen; äußere Faktoren sind bloße Randerscheinungen.

# 5. Lawrence Kohlbergs Moraltheorie: Stufen der Gerechtigkeitsentwicklung

„Why doesn't Lawrence Kohlberg do his homework?"
R. S. Peters

Wie bereits beschrieben, war es Lawrence Kohlberg, der die verschiedenen, bis dahin getrennt verlaufenden Stränge der entwicklungsbezogenen Arbeiten nicht nur in der Theorie, sondern auch in der empirischen Forschung verknüpfte. Die Schwierigkeiten, die mit einem solchen Vorhaben verbunden waren, dürfen keinesfalls unterschätzt werden. Der Siegeszug der verhaltenstheoretisch (behavioristisch) orientierten Psychologie, der Ende des 19. Jahrhunderts seinen Ausgang nahm, hatte in den 50er Jahren dieses Jahrhunderts einen Höhepunkt erreicht, so dass Kohlberg sich einer doppelten Ablehnung ausgesetzt sah: Nicht nur seine Neubelebung der Verbindung von Philosophie und Sozialwissenschaften war in hohem Maße untypisch und wurde deshalb angegriffen, sondern auch die Wahl seines Forschungsgegenstandes, also die Untersuchung der moralischen Entwicklung. Die hierdurch geschaffene „Außenseiterrolle" Kohlbergs (zumindest im US-amerikanischen Forschungsbetrieb) wurde durch die Wahl seiner „Basistheorien", d. h. durch die Bezugnahme auf die seinerzeit eher randständigen Ansätze des Interaktionismus, vor allem aber des aus Europa „importierten" Strukturalismus, nicht gerade vereinfacht, und es gehörte schon eine Portion Innovationsfreudigkeit, gepaart mit Beharrlichkeit, dazu, diesem Programm treuzubleiben. Das folgende Zitat Kohlbergs mag diese Beschreibung verdeutlichen:

> „Als ich mit der Arbeit begann, über die ich hier berichte (etwa im Jahr 1955; D. G.), war Piagets Strukturalismus in der amerikanischen Psychologie ‚out,‘. Als die ersten in diesem Band veröffentlichten Artikel erschienen (etwa im Jahr 1970; D. G.), war der Strukturalismus ‚in‘; jetzt ist er wiederum ‚out‘. Forschungsprogramme folgen jedoch nicht den Launen der amerikanischen Psychologie – oder zumindest sollten sie dies nicht tun ..." (Kohlberg 1984, S. IX).

Ich will in diesem Kapitel nach einem Überblick auf die Biographie Kohlbergs sowie einem Exkurs zur Entwicklung der Fähigkeit zur Rollenübernahme nach Selman die folgenden Aspekte des Kohlbergschen Ansatzes darstellen:

1. Die Stufen der moralischen Entwicklung sowie
2. einige Erläuterungen zum methodischen Vorgehen der Kohlberg-Gruppe.

Der erste Abschnitt beinhaltet eine mit Beispielen angereicherte Beschreibung der Entwicklung moralischer Urteile; der Methodenabschnitt präsentiert das Verfahren in seiner gegenwärtigen Form.

## 5.1 Biographisches und Theoriegeschichte[38]

Lawrence Kohlberg wurde am 25. Oktober 1927 in Yonkers, einem Vorort der Stadt New York, geboren. Er verbrachte dort seine Kindheit und wuchs in einer assimilierten jüdischen Gemeinde auf, die seine liberalen Ansichten prägte. Seine Schulzeit, die er in einem Internat in Andover, Massachusetts, absolvierte, erinnert er wie folgt: „Die gesamte Zeit, die ich dort verbrachte, war ‚Probezeit' (Zeit der Bewährung). Ich denke, daß ich versuchte, mit dem schulischen Verhalten des berühmtesten Abgängers der Institution, Humphrey Bogart, zu wetteifern – er wurde ‚rausgeschmissen'" (Kohlberg 1979, S. 211).

Das Ende seiner High-School-Zeit fiel mit dem Ende des Zweiten Weltkrieges zusammen. Kohlberg schloss sich zunächst der Handelsmarine an und schmuggelte dann als Reaktion auf den Holocaust und in bewusster Hinwendung zum Judentum unter Anleitung der Haganah jüdische Flüchtlinge nach Palästina. Bei einem dieser Einsätze wurde Kohlberg von britischen Einheiten festgesetzt und auf Zypern interniert.

Die fast zwei Jahre während Gefangenschaft brachte eine Phase verstärkter Reflexion mit sich (vgl. dazu Kohlberg 1948: Beds for Bananas). Dem „moralischen Aktivisten" Kohlberg wurde klar, dass sein Handeln sich aus einer Mischung von jugendlichem Idealismus und Egoismus speiste, dass sein Handeln sich nach der Maxime richtete, dass Ziele die Mittel rechtfertigen und dass auch das Handeln der Haganah von einer gewissen Immoralität geprägt war. Am Ende dieser Überlegungen stand der Entschluss, erneut zur „Schule" zu gehen, um sich Fragen der Moral und Politik widmen zu können. Interessanterweise favorisierte Kohlberg ursprünglich das Studium an einer Law School (Jura), da Gerechtigkeit dort im Mittelpunkt der Aufmerksamkeit zu stehen hat. Das Studium der Philosophie kam für den jungen Kohlberg nicht in Frage, „da er auf diesem Gebiet keinen eigenständigen Beitrag von sich erwartete; zudem schätzte er sich als ‚aktiveren Typ' ein". Dass er sich schließlich dafür entschied, Psychologie zu studieren, führt Kohlberg auf die Erfahrung institutioneller Ungerechtigkeit zurück, die er während seiner Zeit als Praktikant in psychiatrischen Kliniken erwarb.

---

38 Einige Abschnitte des folgenden Kapitels habe ich meiner Veröffentlichung „Strukturgenese und Moral" (Opladen 1984) entnommen. Die biographischen Angaben entstammen, soweit nicht anders angegeben, zwei Gesprächen, die ich im Dezember 1984 und im Februar 1985 mit Lawrence Kohlberg führte.

Kohlberg nahm sein Studium an der Universität von Chicago im Jahre 1947 auf und lenkte in den nächsten Jahren die Aufmerksamkeit seiner Lehrer durch zwei bemerkenswerte Leistungen auf sich. „Er schloss das vierjährige Studienprogramm zum B. A. (erster Abschluss an der philosophischen Fakultät einer amerikanischen Universität) 1949 ab – nach zweijährigem Studium. Das sich daran anschließende Promotionsstudium beendete er im Dezember 1958 – nach neunjährigem Studium. Darauf angesprochen erwiderte Kohlberg, daß damit lediglich bewiesen sei, daß man menschliches Verhalten nicht immer genau voraussagen könne" (vgl. Sprinthall, N. A./Collins, W. A. 1984, S. 184). Während seiner Studienzeit hatte Kohlberg die Möglichkeit, bei (und mit) einigen der renommiertesten amerikanischen Wissenschaftlern und Philosophen seiner Zeit zu studieren und zu forschen. Zu erwähnen sind hier vor allem Jack Gewirtz, Bruno Bettelheim, Carl Rogers, Charles Morris, Bernice Neugarten, Bob Havighurst sowie vor allem Anselm Strauss, dessen Rolle und Leistung Kohlberg rückblickend wie folgt beschreibt: „Der Soziologe Anselm Strauss war möglicherweise der erste amerikanische Wissenschaftler, der versuchte, die strukturalistische Theorie Piagets mit dem Symbolischen Interaktionismus George Herbert Meads zu vereinigen – *ein Thema, das auch diesen Band durchzieht*" (Kohlberg 1984, S. VII; Hervorhebung von mir; D. G.).

Die übrigen Stationen der Karriere Kohlbergs sind rasch benannt: Nach einem Aufenthalt als „Russell Sage Resident" am Childrens's Hospital in Boston lehrte er von 1959 bis 1961 als Assistenzprofessor für Psychologie an der Yale University; 1961 und 1962 war er Mitglied („Fellow") am Institut for Advanced Study in the Behavioral Sciences in Palo Alto; von 1962 bis 1965 Assistenzprofessor und von 1965 bis 1968 Associate Professor an der University of Chicago; seit 1968 arbeitete Kohlberg als Professor für Erziehungswissenschaft und Sozialpsychologie an der Harvard University in Cambridge, Massachusetts; er leitete dort (an der Graduate School of Education) bis Januar 1987 das von ihm im Jahr 1974 gegründete Center for Moral Education und Development. Lawrence Kohlberg hat sich am 17. Januar 1987, im Angesicht einer unheilbaren Krankheit, die sich seit Jahren verschlimmerte, das Leben genommen.

Ich werde nun kurz auf die verschiedenen Schwerpunkte in der Entwicklung der Kohlbergschen Theorie hinweisen, um für die folgenden Ausführungen einen vorläufigen Rahmen zu schaffen: Stilisierend lassen sich drei Hauptabschnitte in der Genese seines Werkes unterteilen. Obwohl sich diese Abschnitte sowohl darin unterscheiden, dass sie jeweils andere Schwerpunkte thematisieren als auch mannigfaltige Veränderungen einzelner Aspekte repräsentieren, kann dabei im Gegensatz zu den Arbeiten Jean Piagets nicht von sich widerstreitenden Theoriekonzeptionen gesprochen werden.

1. Der erste Abschnitt in der Entwicklung der Theorie beginnt mit der Fertigstellung von Kohlbergs Dissertation „The Development of Modes of Moral Thinking

and Choice in the Years 10 to 16" (1958) und endet etwa im Jahr 1970. In diese Phase fallen vor allem der Aufbau und die erste empirische Absicherung der Theorie der Stufenentwicklung des moralischen Urteils.

Ursprünglich plante Kohlberg lediglich, die großartige Studie von Piaget über „Das moralische Urteil beim Kinde" auf die Adoleszenz auszuweiten. Die Ergebnisse seiner Dissertation überzeugten ihn jedoch, dass die von Piaget vorgenommene Einteilung der moralischen Entwicklung in eine vormoralische, eine heteronome und eine autonome Stufe bei weitem nicht zur vollständigen Erfassung des moralischen Urteils ausreichte. Angeleitet durch die Ergebnisse der Interpretationen der von ihm erhobenen Interviews und theoretisch durch die Arbeiten von Dewey, G. H. Mead und McDougall, vor allem aber von J. M. Baldwin belehrt, postulierte Kohlberg eine vierte, fünfte und sechste Stufe der Entwicklung des moralischen Urteils. Gestützt auf diese Grundlagen unternahm er gegen Ende der 60er Jahre erste Versuche zur Umsetzung seiner „theoretisch-empirischen" Thesen in das erziehungswissenschaftliche Feld.

Bestimmend für das Vorgehen war die von Moshe Blatt entwickelte Vorstellung der Stimulierung moralischer Urteile im Unterricht durch die Darbietung solcher Dilemmata, die miteinander konkurrierende Werte zum Gegenstand haben (vgl. Garz 1980; Aufenanger/Garz/Zutavern 1981). Etwa zur gleichen Zeit erkannten Kohlberg und seine Mitarbeiter, insbesondere Blatt, Rest und Turiel, die gemeinsam in Chicago bzw. an der Harvard University arbeiteten, dass bestimmte Brüche innerhalb der Theorie der Entwicklung des kognitiv-moralischen Urteils deren Fortbestand gefährdeten. Vor allem das Auffinden vermeintlicher Regressionen in der seit 12 Jahren durchgeführten Längsschnittuntersuchung – von Stufe 4 zu Stufe 2 der moralischen Entwicklung – schien das Postulat der Invarianz des Stufendurchlaufs zu widerlegen. Eine genauere Re-Analyse führte später jedoch zu einer Bestätigung des Invarianz-Postulats und zum Aufdecken von Fehlern in der Stufendefinition und der Messmethode. Diese Entdeckung leitete zum zweiten Abschnitt der Kohlbergschen Forschungen über.

2. „Wir folgerten, daß die erste Phase die weiten Umrisse der kulturell universellen qualitativen Muster der Entwicklung moralischen Urteilens beschrieben hatte sowie die Fruchtbarkeit der theoretischen kognitiv-entwicklungsmäßigen Annahmen für die Forschung demonstrierte. Wir dachten, daß die zweite Phase methodologisch zu sein hätte: Die Konstruktion eines validen und reliablen Tests oder der Einschätzung der Entwicklung moralischen Urteilens" (Kohlberg 1979b, S. X).

Da ich auf die Methodologie des Kohlbergschen Einschätzungs- und Auswertungsverfahrens noch eingehe, will ich nur auf die Entstehung der Methode hinweisen. Es lassen sich drei Auswertungssysteme Kohlbergs unterscheiden, die seit Beginn der empirischen Untersuchungen im Jahre 1956 Verwendung fanden. Nach der Beschreibung von Anne Colby, einer Mitarbeiterin am Center for Moral Education, hatten die wiederholten Änderungen, die ja durchaus Schwierigkeiten für die Vergleichbarkeit der Auswertung mit sich brachten und noch heute bringen, vorrangig zum Ziel, zu „reineren" Stufenbeschreibungen zu gelangen (purification). „Wir können diese Geschichte als eine fortschreitende Differenzierung des Inhalts von der Struktur sehen. Jede große Änderung in der Auswertung hat eine bedeutende Neudefinition der Inhalts-Struktur-Unterscheidung eingeschlossen, und jede Differenzierung hat zu einer Neudefinition der Analyseeinheit geführt (oder wurde von ihr begleitet)" (Colby 1978, S. 91).

➤ **Das Aspekt-Scoring-(Auswertungs)system**
**(Global Story Rating/Sentence Scoring) von 1958**

Das erste Auswertungsverfahren diente dazu, aufgrund von zahlreichen Aspekten (z. B. Rechte, Pflichten, Motive), nach denen hin alle Antworten auf moralische Dilemmata zu klassifizieren waren, eine idealtypisch formulierte Stufenabfolge der moralischen Entwicklung zu bestätigen. Die jeweilige Auswertungseinheit war entweder ein Satz (sentence scoring) oder die gesamte Antwort (story rating). Die Nachteile dieses inhaltsanalytischen Verfahrens bestanden darin, dass keine klare Trennung zwischen Struktur und Inhalt der Äußerung zu erkennen war und so vermeintliche Regressionen auf bereits überwunden geglaubten Stufen ermittelt wurden (sog. College-Regressionen). Die Diffusion von Inhalt und Struktur gab Anlass zur Entwicklung eines verbesserten Auswertungsverfahrens.

➤ **Strukturelle Themenauswertung (Structural Issue Scoring) 1972**

Dieses Verfahren bezog sich nicht länger auf Inhalte, sondern berücksichtigte die breitere sozio-moralische Perspektive der Subjekte und somit strukturelle Einheiten des Interviews. Obwohl damit im Gegensatz zum inhaltsanalytischen Aspekt-Auswertungs-System den Kriterien der Invarianz und Konsistenz besser entsprochen werden konnte, hatte auch dieses Verfahren noch gewichtige Nachteile. Zum einen war die jeweilig auszuwertende Intervieweinheit relativ groß und die damit verbundenen Auswertungskriterien dementsprechend allgemein und abstrakt. Zum anderen konnte man nicht sicher sein, dass die gefundene invariante Sequenz wirklich die moralischen Urteile betraf und nicht nur die zugrunde gelegte sozio-moralische Perspektive. Diese Probleme führten zur Entwicklung eines ausdifferenzierteren Verfahrens, das Wertobjekte (Issues) zwar weiterhin in den Vordergrund der Analyse rückte, das aber die Interviews nach zusätzlichen Kriterien aufgliederte.

➤ **Die Auswertung aufgrund ausgewählter moralischer Wertobjekte**
**(Themen/Issues; Standard Form Scoring) von 1978 ff.**

Kohlberg führte die Begriffe Issue, Wertobjekt und Institution als austauschbar ein. Am häufigsten findet sich der Ausdruck Issue. „Issues sind Institutionen. Institutionen sind Komplexe von Regeln und Rollen, die Rechte und Verpflichtun-

gen definieren und sich auf übergreifende Ziele oder Werte konzentrieren"
(Colby, Kohlberg u. a. 1979, Part I, S. 53). Kohlberg und Mitarbeiter/innen be-
nennen mehrere Issues (Themen), die sie in jeder untersuchten Kultur gefunden
haben und die für alle Individuen dieser Kulturen einen Wert repräsentieren. Das
Auswertungshandbuch (Manual) A enthält drei Dilemmageschichten mit sechs
Issues:

Geschichte III:    Soll Heinz das Medikament stehlen?
Themen:            Leben versus Recht.

Geschichte III':   Soll ein Beobachter den Diebstahl melden?
Themen:            Strafe versus Moralität und Gewissen.

Geschichte I:      Ein Vater bricht ein seinem Sohn gegebenes Versprechen.
Themen:            Vertrag versus Autorität und persönliche Beziehung (affiliation).

Die Auswertung kann nach je unterschiedlichem Anwendungsinteresse auf zwei
Weisen erfolgen. Als ergiebigste Methode steht das unmittelbare Werterkennungs-
Verfahren (Intuitive Issue Scoring) zur Verfügung, das in erster Linie für for-
schungstechnische Zwecke eingesetzt wird und einen ausgebildeten und erfahrenen Interviewer und Auswerter verlangt. Eine zweite Möglichkeit der Datenerhebung und Interpretation ist durch das standardisierte Issue-Auswertungsverfahren
(Standardized Issue Scoring) gegeben, das nach einiger Übung auch überwiegend
praktisch Interessierte (z. B. Lehrer und Sozialarbeiter) durchführen können.

3. Mit dem 1978 erstmals vorgelegten Auswertungshandbuch (Colby, Kohlberg
u. a. 1978/79 ff; veröffentlicht 1987), das eine Reformulierung der Stufendefini-
tionen und ein vollständig überarbeitetes Einschätzungsverfahren beinhaltet, wurde die zweite Forschungsphase zunächst abgeschlossen. Eine wichtige Entwicklung, die in die folgende dritte Phase fiel, war die Weiterführung des „Blattschen
Programms" der pädagogischen Stimulation der moralischen Entwicklung zu einem Ansatz der „Gerechten Gemeinschaft" (just community), der unterstellt, dass
eine moralische Stimulation im Unterricht allein nicht ausreicht, sondern dass das
gesamte schulische Umfeld von einer moralischen Atmosphäre geprägt sein muss
(vgl. Garz 1989). Der Anstoß zu dieser Modifikation entsprang aus Ergebnissen
von Feldforschungen, die in Israel durchgeführt wurden. Dabei zeigte sich, dass
Kinder und Jugendliche, die im Kibbuz aufwuchsen, im Vergleich zu Stadtkin-
dern eine schnellere moralische Entwicklung durchliefen. „Das vollständige ‚Ein-
tauchen' in den Kibbuz bis zur Adoleszenz ist ein viel mächtigeres Umfeld als
Blatts begrenztes Diskussionsverfahren", folgerte Kohlberg (1971b, S. 369), und
sah durch dieses Resultat das künftige Ziel als vorgegeben an:

> „Unsere eigenen Pläne für ein Programm der Moralerziehung, das umfassen-
> der ist als eine einfache Diskussion, schließen ein, unseren eigenen ‚Kibbuz'
> in den Vereinigten Staaten zum Zweck der moralischen Erziehung zu leiten

– einen Kibbuz, der die (...) Prinzipien zur moralischen Diskussion mit einigen psychologischen Prinzipien der Kollektiverziehung verbinden wird" (ebd.).

Weitere Ergänzungen wurden in den theoretischen Arbeiten Durkheims über die „notwendigen Elemente der Moralität" gefunden (vgl. Kap. 4; Exkurs). Hatte Kohlberg in früheren Arbeiten noch eine direkte Linie von Durkheims Postulaten zu Auffassungen der Erziehung in totalitär regierten Staaten gezogen, so übernimmt er jetzt dessen Einschätzung, dass das Befolgen der Gruppenregeln (bzw. der Gruppenautorität) und der Anschluss an die soziale Gruppe wesentlich notwendig für jede Schulklasse sind, soll eine „moralische Atmosphäre" sich entwickeln können. Allerdings weist Kohlberg auch darauf hin, dass er dem Durkheimschen Ansatz nicht vollständig folgen kann. Für Durkheim erschöpft sich Autonomie darin, „über das soziologische Wissen über die Gründe zu verfügen, weshalb die Autorität der Gruppe und der Anschluß an sie notwendig sind" (Kohlberg). Demgegenüber betont Kohlberg, dass der Ansatz der gerechten Gemeinschaft nur in einer demokratisch strukturierten Umgebung zum Tragen kommen kann.

Die Arbeiten des dritten Abschnitts führen zudem wieder zu den zahlreichen in der ersten Forschungsphase nicht beantworteten Fragen zurück. In diese Zeit fällt zugleich die verstärkte Auseinandersetzung mit Kritiken, die sich sowohl auf die besondere Kohlbergsche Interpretation der beteiligten Disziplinen beziehen, so auf philosophische, soziologische, psychologische und erziehungswissenschaftliche Aspekte, als auch Probleme aus den zuvor genannten historischen Abschnitten thematisieren. Die Verschränkung dieser verschiedenen Facetten in der Kritik und den Erwiderungen lässt das Verständnis des gesamten Komplexes moralischer Entwicklung und Sozialisation nicht eben einfacher werden und (ver-)führt zur Formulierung von „Pro-und-contra-Kohlberg-bandwagons", wie die Unterstützung bzw. Bekämpfung einer vermutlich erfolgversprechenden Angelegenheit in der amerikanischen Literatur zu Kohlberg genannt wird.

Bevor ich in diesem Kapitel die beiden Aspekte des „althergebrachten" Kohlberg-Ansatzes sowie die Ausweitung der Theorie vorstelle und diskutiere, möchte ich in einem Exkurs eine Skizze über die Entwicklung der Fähigkeit zur Rollenübernahme sensu Selman einfügen, da es sich hierbei um eine für das Verständnis der Stufentheorie des moralischen Urteilens notwendige Voraussetzung handelt: Die Entwicklung der Fähigkeit zur Rollenübernahme ist *notwendig*, jedoch *nicht hinreichend* für die Fähigkeit zum moralischen Urteilen auf der jeweiligen Stufe; zudem stellen die Arbeiten Selmans eine wichtige Theorieerweiterung dar, auf die ich jedoch nicht gesondert eingehe.

# Exkurs: Robert L. Selman

> „Mit einer entwicklungspsychologischen
> Betrachtungsweise versucht man, Ordnung
> zu schaffen, indem man vom Boden abhebt".
>
> Robert L. Selman

Die Arbeiten von Selman (geb. 1942) lassen sich zwei Schwerpunkten zuordnen. Einerseits beschäftigt er sich mit der entwicklungspsychologischen Grundlagenforschung, hier besonders mit Fragen der sozialen Kognition (des sozialen Denkens), zum anderen gilt sein Interesse der klinischen Psychologie, wobei er sich seine entwicklungsbezogenen Forschungsergebnisse zunutze macht und psychische Störungen als „Störungen in der Entwicklung" begreift. Ich werde im Folgenden die klinischen Studien vernachlässigen und auch die Untersuchungen zur sozialen Kognition nur unter jenem Aspekt betrachten, der für meine Darstellung zentral ist. Das heißt also, dass ich auch auf die an sich interessanten Entwicklungskonzepte Selmans wie das der „Freundschaftsbeziehungen", des „Autoritätsverhältnisses" und der interpersonalen Verhandlungen (Brion-Meisels/Selman 1986) nicht eingehe, sondern mich auf das Gebiet der „reinen" Perspektivenübernahme (pure role taking) beschränke. Diese Arbeiten sind in enger Zusammenarbeit mit Lawrence Kohlberg entstanden und gehen deshalb auch zum Teil vom gleichen Datenmaterial (Kohlbergs Längsschnittstudie/dem Heinz-Dilemma) aus.

Auch Selman betont, wie sehr er durch die klassischen Studien von Mead und Piaget geprägt wurde. Von Mead hat er sich vor allem die Stufenkonzeption der Rollenübernahme angeeignet und die Einteilung des signifikanten, verallgemeinerten und universellen anderen „übernommen". Bei Piaget greift er, neben generellen Fragen der Theoriebildung, auf dessen Forschungen zur Perspektivenübernahme zurück.

Piaget hatte hier, ausgehend von seiner Beobachtung des egozentrischen Kleinkindes, untersucht, wie sich die räumlich-visuelle Perspektivenübernahme bei Kindern entwickelt. Die Schwierigkeiten, die bei dieser Aufgabe zu meistern sind, lassen sich folgendermaßen erläutern. „Die Perspektive setzt die Herstellung einer Beziehung zwischen dem Gegenstand und dem Blickwinkel der Person, die sich dieses Blickwinkels bewußt geworden ist, voraus, und hier wie anderswo besteht das Erkennen des eigenen Blickwinkels im Differenzieren desselben von den übrigen und folglich in seiner Koordinierung mit ihnen" (Piaget/Inhelder 1982, S. 76).

Die Entwicklung der Fähigkeit zur räumlichen Perspektivenübernahme wurde in einem interessanten Experiment getestet. Piaget und Inhelder entwarfen ein Modell aus Pappmaché, das drei Berge mit unterschiedlicher Form und unterschiedlicher Höhe nachbildete. Zudem waren die Berge durch eine unterschiedliche Farbgebung und sonstige kleine Eigenheiten gekennzeichnet. Die Aufgabe der befragten Kinder bestand nun darin, zu beschreiben, was ein Beobachter (in diesem Fall durch eine Puppe dargestellt), der sich an verschiedenen Standorten befindet, jeweils sieht.

Die Analyse der so ermittelten Ergebnisse zeigt einen deutlichen Trend in der Entwicklung der Fähigkeit zum räumlichen role taking. Während Kinder im Kleinkindalter die Fragestellung nicht verstehen und deshalb auch keine auswertbaren Antworten „produzieren", kann auf einer nächsten Stufe beobachtet werden, dass die Kinder die Aufgabe zwar „verstehen", ihren Blickwinkel allerdings „überhaupt nicht oder nur mangelhaft von dem der übrigen Beobachter (die von den Puppen an ihren verschiedenen Standorten dargestellt werden)" differenzieren (ebd., S. 80). Erst auf einem dritten Stadium (zwischen 7 und 12 Jahren) differenzieren und koordinieren sich die Perspektiven stärker. Die Gesamtkoordination aller Perspektiven erfolgt aber nicht vor dem zehnten Lebensjahr: Von jetzt ab kann man von einem „visuellen Realismus" des Kindes in Bezug auf die räumliche Perspektivenübernahme sprechen.

Für eine Theorie, die sich die Aufklärung über die *soziale* Konstitution und Beschaffenheit der Wirklichkeit zur Aufgabe gemacht hat, reicht es allerdings nicht aus, die räumliche Perspektivenübernahme im Sinne Piagets zu ergründen. Sie muss vielmehr klären, in welcher Form sich die Fähigkeit zur *sozialen* Perspektivenübernahme herausbildet – womit wir wieder bei der Arbeit Selmans angelangt sind. Er beschreibt in Übereinstimmung mit Kohlberg das Verhältnis von Kognition, (sozialer) Perspektivenübernahme und Moral wie folgt:

> „Die kognitiven Stufen erscheinen als notwendige, aber nicht hinreichende Bedingung für die parallelen moralischen Stufen. Die gleiche Beziehung – notwendige, aber nicht hinreichende Bedingung – scheint zwischen den Stufen der Perspektivenübernahme und moralischen Entwicklungsstufen zu bestehen ... Begrifflich kann Perspektivenübernahme beschrieben werden als eine Form sozialer Kognition, die zwischen logischem und moralischem Denken steht" (Selman 1982a, S. 239).

Selman bedient sich bei der Ermittlung der Fähigkeit zur sozialen Perspektivenübernahme des klinischen Interviews in Verbindung mit der Vorlage von Dilemmata, die z. T. speziell für seine Fragestellung entworfen wurden. So wird den Kindern (im Alter von 4 bis 10 Jahren) beispielsweise folgende Geschichte erzählt:

> „Holly, ein achtjähriges Mädchen, klettert gerne auf Bäume. Sie ist der beste Kletterer in der ganzen Nachbarschaft. Eines Tages fällt sie beim Herabsteigen von dem niedrigsten Ast eines hohen Baumes herunter, tut sich aber nicht weh dabei. Ihr Vater sieht, wie sie herunterfällt. Er ist bestürzt und verlangt von ihr das Versprechen, nicht mehr auf Bäume zu klettern. Holly verspricht es ihm.
> Später am gleichen Tag treffen Holly und ihre Freundinnen Sean. Ihr Kätzchen ist auf einen Baum geklettert und kann nicht mehr herunterkom-

men. Irgend etwas muß sofort unternommen werden, damit das Kätzchen nicht herunterfällt. Holly ist die einzige, die gut genug klettern kann, um an das Kätzchen heranzukommen und es herunterzuholen: sie erinnert sich jedoch an das Versprechen, das sie ihrem Vater gegeben hat" (Selman 1984, S. 49).

Den älteren Befragten wurden Dilemmata aus den Kohlbergschen Arbeiten vorgelegt; beispielsweise das Heinz-Dilemma. Die Auswertung beschränkte sich allerdings auf die Fähigkeit zur Perspektivenübernahme. Im Mittelpunkt standen dabei drei Aspekte, nämlich

„(1) Der eigene Standpunkt des Befragten,
(2) die verschiedenen Standpunkte der einzelnen Personen in dem Dilemma und
(3) die Beziehungen zwischen diesen verschiedenen Perspektiven" (Selman 1982a, S. 230).

Auf der Grundlage dieser Erhebungen konnte Selman die folgenden Stufen der Perspektivenübernahme identifizieren. Ich zitiere[39]:

## „Niveaus der sozialen Perspektivenübernahme
### (Beziehung zwischen den Perspektiven von Selbst und anderen)

### Niveau 0 – Egozentrische oder undifferenzierte Perspektiven (egocentric role taking) (ungefähr 4–6 Jahre)

Obwohl das Kind die Realität subjektiver Perspektiven (z. B. Gedanken und Gefühle) innerhalb des Selbst und des anderen erkennen kann, erkennt es nicht, daß ein anderer ähnlich wahrgenommene soziale Erfahrungen oder Handlungsverläufe anders interpretiert als es selbst; und zwar deshalb, weil das Kind seine eigene Perspektive nicht deutlich genug von der des anderen unterscheidet. Ebenso vermischt das Kind immer noch die subjektiven (oder psychologischen) und die objektiven (oder physikalischen) Aspekte der sozialen Welt; so zum Beispiel Gefühle und beobachtbare Akte oder intentionale und nicht-intentionale Akte.

### Beispiel:

*Frage: Würdest du auf den Baum klettern, um das Kätzchen herunterzuholen?*
Antwort: Ja, es könnte verletzt werden.
*F: Wie wird Holly sich wohl fühlen, wenn ihr Vater sie dafür bestraft, daß sie auf den Baum geklettert ist?*
A: Traurig.

---

39 Selman betont, dass „seine" Stufen den strukturalistischen Kriterien der (a) qualitativen Unterscheidung, (b) Invarianz der Abfolge, (c) strukturierten Ganzheit und (d) hierarchischen Integration entsprechen (vgl. 1984, S. 71 ff.).

*F: Warum?*
A: Weil ihr Vater sie geschlagen hat.
*F: Woher weißt du, wie sie sich fühlen wird?*
A: Sie wird schreien.
*F: Warum hat ihr Vater sie geschlagen?*
A: Weil sie auf den Baum geklettert ist.
*F: Hatte Holly einen wichtigen Grund, um auf den Baum zu klettern?*
A: Ich weiß nicht.
*F: Würdest du auf den Baum klettern?*
A: Nein, denn ich möchte nicht geschlagen werden.

## Niveau 1 – Subjektive oder differenzierte Perspektiven (social-informational role taking) (ungefähr 6–8 Jahre)

Das Kind versteht, daß selbst bei gleichartig wahrgenommenen sozialen Umständen die Perspektiven des Selbst und des anderen entweder gleich oder voneinander verschieden sein können. Ebenso begreift das Kind, daß das Selbst und der andere gleich wahrgenommene Handlungen als Reflexionen disparater oder verschiedener Einzelgründe oder -motive betrachten können. Von besonderer Bedeutung ist die Tatsache, daß das Kind auf Niveau I sich zum ersten Mal mit der Einzigartigkeit des verdeckten, psychischen Lebens einer jeden Person befaßt.

**Beispiel:**

*F: Glaubst du, daß Hollys Vater ärgerlich werden würde, wenn er herausbekäme, daß sie auf den Baum geklettert ist?*
A: Er würde wohl ärgerlich werden, wenn er nicht wüßte, warum sie auf den Baum geklettert ist. Wenn Holly es ihm aber erklären würde, würde er wohl einsehen, daß sie einen wichtigen Grund hatte.

## Niveau 2 – Selbstreflexive oder reziproke Perspektiven (self-reflective role taking) (ungefähr 8–10 Jahre)

Das Kind ist in der Lage, auf seine Gefühle und Gedanken aus der Perspektive einer anderen Person zu reflektieren, was bedeutet, sich selbst an die Stelle eines anderen zu versetzen und das Selbst dem anderen gegenüber als Subjekt zu begreifen. Dieses neu entstandene Bewußtsein von der Beziehung zwischen den Perspektiven des Selbst und des anderen ermöglicht es dem Kind, seine eigene Auffassung und Beurteilung der Gedanken und Gefühle der anderen Person zu betrachten. In anderen Worten, die Fähigkeit, die Perspektive der zweiten Person übernehmen zu können, führt zu dem Bewußtsein einer neuen Form von Reziprozität von Gedanken und Gefühlen (ich weiß, daß er mich mag; er weiß, daß ich ihn mag) und nicht mehr nur einer Reziprozität von Handlungen (er arbeitet für mich – ich arbeite für ihn).

**Beispiel:**

F: *Glaubst du, daß Holly auf den Baum klettern würde?*
A: Ja, denn sie weiß, daß ihr Vater versteht, warum.
F: *Was meinst du, was möchte der Vater, das Holly tun soll? Möchte er in dieser Situation, daß sie hochklettert und das Kätzchen holt oder nicht?*
A: Nein.
F: *Warum nicht?*
A: Weil er dann ja sein Verbot zurücknehmen müßte und er ein schlechter Vater wäre, wenn er seine Meinung ändert. Der Vater mag ruhig denken, daß es schlecht ist, ein Versprechen zu brechen, aber er würde auch verstehen, daß es für Holly wichtiger ist, das Kätzchen zu retten.
F: *Würden alle Väter so denken?*
A: Nein, es hängt alles davon ab, was sie für wichtiger halten.

**Niveau 3 – Wechselseitige Perspektiven oder Perspektiven der dritten Person (mutual role taking) (ungefähr 10–12 Jahre)**

Mit dem Bewußtsein einer unendlichen Reihe von denkbaren Verkettungen reziproker Perspektiven erreicht das Subjekt der Stufe 3 ein qualitativ neues Bewußtseinsniveau: das Bewußtsein von der Fähigkeit einer Person, in Gedanken aus einer interpersonalen Interaktion herauszutreten und die Perspektiven beider Parteien dieser Interaktion simultan zu koordinieren. Diese Fähigkeit, die Perspektive einer dritten Person einzunehmen, führt zu dem Bewußtsein von der Wechselseitigkeit menschlicher Perspektiven und folglich zum Bewußtsein einer Beziehung zwischen dem Selbst und dem anderen.

**Beispiel:**

F: *Angenommen, der Sterbende war nicht Heinz' Frau, sondern sein bester Freund; er hatte nicht genug Geld, und aus seiner Familie war niemand bereit, das Medikament zu stehlen. Meinst du, daß Heinz in diesem Fall das Medikament für seinen Freund stehlen sollte?*
A: Um das zu tun, müßte er schon der allerbeste Freund sein. Ich stelle mir vor, man versetzt sich in die Lage des Freundes und fragt sich: ,Würde er das für mich tun?' Ich meine, das hängt davon ab, welcher Art ihre Freundschaft ist. Wenn sie sich beide ihre Freundschaft schon gegenseitig bewiesen haben, dann könnte er es vielleicht tun. Es hängt alles davon ab, wie stark eine Beziehung ist, wie lange sie schon Freunde sind.

**Niveau 4 – Gesellschaftliche oder Tiefenperspektiven**
**(social and conventional role taking/12–15 Jahre und höher)**

Das Subjekt konzeptualisiert nun, daß die subjektiven Perspektiven (Wechselseitigkeit) einander nicht nur auf der Ebene gemeinsamer Erwartungen oder geteilter Selbstverständnisse, sondern multidimensional oder auch auf tieferreichenden Niveaus der Kommunikation gegenüberstehen. Zum Beispiel ist es möglich, daß zwei Personen Perspektiven auf dem Niveau oberflächlicher gemeinsamer Interessen oder auch tiefer und nicht verbalisierter Gefühle teilen. Zudem sieht das Subjekt die zwischenmenschlichen Perspektiven nun als Netzwerk oder System. Diese Perspektiven werden generalisiert, z. B. zum Konzept der gesellschaftlichen, rechtlichen oder moralischen Perspektive.

**Beispiel:**

*F:   Was würde deiner Meinung nach der Richter in dem Fall (von) Heinz tun?*
A:   Ich fürchte, er würde ihn schuldig sprechen. Als Heinz das Medikament stahl, wußte er ja, daß es vom Standpunkt der Gesellschaft aus falsch war. Er wußte auch, daß er verurteilt werden würde, wenn er geschnappt wird, weil der Richter ja das Gesetz anwenden muß.
*F:   Warum?*
A:   Der Richter muß die Sache so sehen, wie jeder sie sehen würde. Wenn Heinz nicht bestraft würde, würden alle denken, daß sie mit Stehlen durchkommen. Heinz muß das sehen und irgendeine Bestrafung in Kauf nehmen.
*F:   Was würde der Richter denken: War es richtig oder falsch, was Heinz getan hat?*
A:   Man erwartet von einem Richter nicht, daß er ein Philosoph ist. Selbst wenn er denkt, daß Heinz moralisch richtig gehandelt hat, muß er vom Rechtsstandpunkt aus das für alle verbindliche Gesetz anwenden"[40].

Mit dieser empirisch ermittelten Beschreibung liegt zugleich eine Bestätigung wie eine Weiterentwicklung des von George H. Mead vorgelegten Modells der Rollenübernahme (aber auch der Baldwinschen Thesen) vor. Wir verstehen uns nur, insoweit wir den *anderen* verstehen, lautet die zentrale Aussage der Arbeiten Selmans; und bevor wir seine Ergebnisse nicht zur Kenntnis genommen haben, werden wir weitere, auf dieser Grundlage aufbauende Entwicklungsdimensionen nicht ausweisen können, kann man hinzufügen. So gesehen ist es unverzichtbar, nicht nur die Entwicklung der Moral, sondern auch die Genese der sonstigen Persönlichkeitsbereiche in Anknüpfung und Abgrenzung zur Rollenübernahme zu sehen.

Für die Entwicklung des moralischen Urteilens sensu Kohlberg zeigt sich anhand dieser Daten, darauf hat Selman hingewiesen, dass sie eine nicht vernachläs-

---

40   Die Stufenbeschreibungen in dieser Tabelle entstammen dem Artikel Selmans 1982b; die Beispiele, die Altersangaben und die englischsprachigen Überschriften wurden aus Selman 1982a übernommen.

sigbare Restriktionsgröße darstellen. Erst auf der entfalteten Grundlage der Fähigkeit zur Rollenübernahme können die Stufen des moralischen Urteilens erworben werden (ceiling-effect). Bei Kohlberg hat diese enge Beziehung teilweise dazu geführt, dass er die „Stufe der Rollenübernahme" als Zentrum auch der jeweiligen moralischen Stufe verstanden hat. Dem ist nur durch eine präzise Ermittlung und Kennzeichnung des *moralischen* Gehalts der Interviewantworten zu begegnen. Ich will deshalb im Folgenden auf die Kohlbergschen Stufen sowie deren Identifizierung eingehen.

## 5.2 Die Entwicklungsstufen

Kohlberg hat sein Forschungsprogramm bereits 1963 fixiert und ist ihm bei aller Ausweitung der Fragestellungen auch verhaftet geblieben. So sind die seinerzeit postulierten Ziele (1) der Isolierung moralischer Stufen im Sinne einer Entwicklungslogik, (2) der Untersuchung des Verhältnisses von moralischem Urteilen und Handeln, (3) der Erforschung kultureller und subkultureller Unterschiede in der moralischen Entwicklung und (4) der Aufdeckung der für die Entwicklung sowie deren mögliche Hemmung verantwortlichen sozialen Faktoren im Sinne einer Entwicklungsdynamik auch heute noch forschungs- und erkenntnisleitend (vgl. Kohlberg 1963, S. 11 f.).

Methodologisch schlägt sich dieses Programm in der Formulierung eines Strukturkerns nieder, der (1) eine Verbindung von philosophischer Reflexion und wissenschaftlich erzielten Erkenntnissen im Sinne der Komplementarität beinhaltet, eines Strukturkerns, der (2) auf „der" Universalität seiner Ergebnisse – im Kontrast zu relativistischen Moraltheorien – „besteht". Eines Strukturkerns, der (3) aufbaut auf der fundamentalen Unterscheidung zwischen Kompetenz und Performanz, also der Vorstellung eines hinter der Oberfläche verborgenen, durch systematische mäeutische Befragung jedoch aufzudeckenden Regelsystems einerseits und der durch psychische oder soziale Faktoren häufig davon abweichenden alltäglichen Verwendung (Performanz) der Moral andererseits. Damit geht schließlich (4) die Ausarbeitung eines besonderen Verfahrens zur Erhebung, Durchführung und Auswertung moralischer Urteile einher, so dass wir es mit einer Psychologie zu tun haben, „die einen hermeneutischen Ansatz zur Interpretation von Interviewtexten verwendet" (Kohlberg u. a. 1983, S. 2)[41]. Für Kohlberg gilt nun, dass das materiale Hauptergebnis seiner Arbeiten in der Aufdeckung von Stufen der moralischen Entwicklung liegt. Dabei kann von Stufen in Anlehnung an Piaget

---

41 Als Etikett für Theorien dieses Typus hat sich mittlerweile die Bezeichnung „rekonstruktive Wissenschaften" durchgesetzt (vgl. Garz 1984; Alford 1985; Kuhlmann 1986), und Bewertungen können bereits nach den dort formulierten internen Standards erfolgen.

und in Ablehnung reifungstheoretischer, auch psychoanalytischer Erklärungen nur gesprochen werden, wenn folgende Kriterien erfüllt sind:

1. Invarianz der Entwicklung;
2. Integration der jeweils vorausgehenden Stufe in die nächsthöhere;
3. Eigenständigkeit jeder Stufe im Sinne einer strukturierten Ganzheit, also qualitativen Unterscheidbarkeit.

Unter Berücksichtigung dieser Faktoren lassen sich sechs Stufen der Entwicklung des moralischen Urteilens kennzeichnen. Diese können wiederum drei übergreifenden Ebenen zugeordnet werden, so dass wir von einer präkonventionellen, einer konventionellen sowie einer postkonventionellen Ebene sprechen können, die jeweils zwei (nachstehende) Stufen umfasst. Die Stufen eins und zwei gehören somit der präkonventionellen, die Stufen drei und vier der konventionellen und die Stufen fünf und sechs der postkonventionellen Ebene an. Soziologisch gesprochen umfasst Ebene I eine konkretistisch-individuelle sozio-moralische Perspektive, umfasst Ebene II die Perspektive eines Gruppen- bzw. Gesellschaftsmitglieds und umfasst Ebene III eine der Gesellschaft vorgelagerte, von dieser aber aufgeklärte Perspektive.

| | **Stufen der moralischen Entwicklung** | |
|---|---|---|
| Präkonventionelle Ebene | Stufe 1: | An Strafe und Gehorsam orientiert |
| | Stufe 2: | An instrumentellen Zwecken und am Austausch orientiert |
| Konventionelle Ebene | Stufe 3: | An interpersonalen Erwartungen, Beziehungen und an Konformität orientiert |
| | Stufe 4: | An der Erhaltung des sozialen Systems orientiert |
| Postkonventionelle Ebene | Stufe 5: | Am Sozialvertrag orientiert |
| | Stufe 6: | An universellen ethischen Prinzipien orientiert |

Wie lassen sich die Stufen nun im Einzelnen charakterisieren? *Stufe 1* bezeichnet die unmittelbar an Strafe und Gehorsam orientierte Auffassung eines Subjekts, das moralische Anforderungen strikte nach den Buchstaben und nicht nach dem Sinn erfüllt. Die Intentionen anderer werden nicht wahrgenommen. Moralisch gut sein heißt gut gehorchen, andernfalls wird die Strafe als unmittelbare Konsequenz der begangenen Abweichung akzeptiert oder im Falle richtigen Handelns ein Automatismus der Belohnung erwartet. Als Metapher gilt: „Die Macht bestimmt, was richtig ist" (Might makes right) oder „Gut ist, was mir nützt". Eine Antwort auf dieser Stufe kann lauten (ich zitiere hier wie in den folgenden Beispielantworten aus Interviews einer von mir durchgeführten Untersuchung):

Claudia; 8 Jahre, 9 Monate

I: *Würdest du stehlen?*
C: Nicht stehlen.
I: *Weißt du auch warum?*
C: Sonst muss man ins Gefängnis.
I: *Ist das denn schlecht, wenn man etwas stiehlt?*
C: Ja.
I: *Warum, weißt du das?*
C: Nein.

*Stufe 2* lässt sich als instrumentell zweckorientiert und konkret austauschinteressiert beschreiben. Die eigene egozentrische Perspektive wird teilweise zugunsten der Eröffnung und Durchführung eines wechselseitigen „deals" zurückgenommen. Obwohl die eigenen Bedürfnisse befriedigt werden sollen, wird zugleich auch den anderen das Recht zugestanden, Interessen anzumelden und Bedürfnisse einzufordern. Als Metapher gilt: „Wie du mir, so ich dir". Eine mögliche Antwort auf dieser Stufe kann lauten (diese Aussage entnehme ich den Arbeiten Kohlbergs):

I: *Sollte der Mann das Medikament für seine Frau, die im Sterben liegt, stehlen oder, weil es verboten ist, nicht stehlen?*
A: Stehlen, denn wenn er es nicht tut, hat er niemanden mehr, der ihm das Essen kochen kann.

*Stufe 3*, die erste Stufe der konventionellen Ebene, repräsentiert die Idee der wechselseitigen zwischenmenschlichen Erwartungen und Beziehungen. Diese Stufe ist durch das bewusste Eingehen auf die Mitmenschen charakterisiert. Die Reflexion geht erstmals auf die vermuteten bzw. unterstellten Erwartungen der anderen ein und versucht, sie einvernehmlich zu erfüllen. Den Bezugspunkt für diese Form der Moralität bildet die umgebende Primärgruppe, d. h. vor allem die Familie oder die Gruppe der etwa gleichaltrigen Freunde und Bekannten (peers). Die Beziehungen sind, soweit sie moralisch sind, durch Vertrauen, Respekt und Dankbarkeit bestimmt. Soziologisch kann von der Formierung kommunikativer Rollenverhältnisse gesprochen werden. Als Metapher gilt: „Good-boy bzw. good-girl" Orientierung. Eine Antwort auf dieser Stufe kann lauten:

Uta, 17 Jahre

I: *Warum ist es wichtig, das Leben zu retten?*
U: Wenn man sich gegenseitig hilft, dann wird es irgendwie besser auf der Welt. So, du sollst deinen Nächsten lieben oder so. Der andere ist ihm halt nicht egal, das ist doch schon was. Irgendwie ein bisschen zeigen, dass man den anderen gern hat.

*Stufe 4* konzentriert sich auf das moralische Verhältnis zum umfassenden sozialen System. Gesetze und ihre Einhaltung sowie generell ein bewusstes Verhältnis zur sozialen Ordnung bilden den zentralen Punkt dieser Orientierung. Institutionen, staatliche, aber auch beispielsweise religiöse, werden zur Richtschnur moralischer Vorstellungen. Das Verhältnis Subjekt-System löst die Vorstellung der Stufe 3 der subjekt-subjektbezogenen Moral ab.

Anthropologische Theorien, die den Vorrang von Institutionen und beispielsweise deren Funktion als „Stützhalte" betonen (Gehlen), lassen sich dieser Stufe zuordnen. Als Metapher gilt (mit Einschränkungen): Law-and-order-Orientierung. Antworten auf dieser Stufe können lauten:

Dennis, 18 Jahre

I:  *Aber nochmal. Die Frage war ja: Soll man alles tun, um den Regeln zu folgen, dem Gesetz zu folgen – soll man alles tun?*
D:  Ja.
I:  *Warum ist das so wichtig?*
D:  Alles sollte getan werden, um den Gesetz zu folgen. Das Gesetz ist dazu da, das Gesetz in Ordnung zu halten. (Im Original: The law is to keep law in order). Ohne es würden die Menschen auf den Straßen zu schnell fahren, Menschen töten, in Geschäfte einbrechen, in Banken einbrechen – es wäre Chaos, es gäbe keine Gerechtigkeit. Es ist da, um den Menschen zu helfen, den Menschen zu dienen. Jene, die es brechen, müssen die Konsequenzen erleiden, ins Gefängnis gehen oder was immer die Strafe ist. Aber es ist für die Menschen da. ....
I:  *Du hast gesagt, man soll alles tun, um zu helfen – schließt das deiner Meinung nach den Diebstahl ein?*
D:  Nein. Ich hätte es nicht getan. Und an seiner Stelle hätte er es auch nicht tun sollen. Ich meine, es ist das Gesetz. Man kann das Gesetz nicht für bestimmte Individuen brechen, egal was anliegt.
I:  *Selbst wenn Personen sterben?*
D:  Selbst wenn Personen sterben. Es ist das Gesetz. Es existiert nicht ohne Grund ... es dient der Menschheit.
I:  *Bitte?* (Der letzte Teil der Antwort wurde akustisch nicht verstanden!)
D:  Es dient der Menschheit. To uphold law and order.

*Stufe 5*, die erste Stufe der postkonventionellen Ebene, charakterisiert die der Gesellschaft vorgeordnete Perspektive oder – philosophisch formuliert – die Stufe des Sozialvertrags. Hier geht es darum, eine gesellschaftlich reflektierte, ihren konkreten Anforderungen jedoch in aller Regel vorausliegende Perspektive des gesetzschaffenden und -gebenden Subjekts zu dokumentieren. „Der gruppen- oder staatsbezogene Standpunkt der *Binnenmoral* wird durch den Gedanken der *Freiheitsrechte aller Menschen* und durch die Forderung der Begründung des Rechts durch *freie Verträge* überschritten" (Apel 1986b, S. 19). Eine Antwort auf dieser Stufe kann folgende Form annehmen:

Willi, 36 Jahre

I: *Du hast eben von Ausnahmen gesprochen. Darf man in Ausnahmen stehlen? An welche denkst du?*
W: An existenzielle Probleme, d. h. man muss, man muss sich also praktisch in die Rolle des anderen insofern versetzen, dass man sich selbst mit ihm gleichsetzen kann, identifizieren kann und vielleicht sogar 'ne Stufe darüber hinausgehend, dass man versucht, den eigenen Standpunkt nicht nur identisch zu machen mit dem desjenigen, der das Problem eben hat, sondern versucht, so quasi von außen beide Rollen noch mal zu überschauen und daraus zu 'ner gültigen Antwort zu kommen.

*Stufe 6* schließlich kennzeichnet die Orientierung an universellen moralischen Prinzipien, die der Stufe 5 noch einmal vorgelagert sind, indem sie ermöglichen, dass die Gesetzes- und Vertragsansprüche dieser Stufe aus ihnen abgeleitet werden können (vgl. Kohlberg 1981, S. 164; Apel 1986b, S. 28 ff.; Habermas 1983, S. 130 ff.). Kohlberg führt (im Anschluss an John Rawls und G. H. Mead) ein gedankenexperimentelles Verfahren ein, dessen Befolgung nach seiner Auffassung zur Erzeugung genereller Entscheidungen auf Stufe 6 führt. Dieses Verfahren der „Idealen Rollenübernahme" bzw. des „Moral Musical Chair" beinhaltet

„1. Sich vorzustellen, in der Position einer jeden in der Situation beteiligten Person zu sein (einschließlich der eigenen Person) und alle Ansprüche zu erwägen, die man erheben könnte ...
2. Sich dann vorzustellen, daß der einzelne nicht weiß, wer er in der Situation ist und zu fragen, ob er seinen Anspruch immer noch aufrechterhalten würde und
3. Dann in Übereinstimmung mit diesen reversiblen Ansprüchen ... zu handeln" (Kohlberg 1973, S. 643).

Eine Antwort auf dieser Stufe liegt weder in meinen Untersuchungen noch in der Längsschnittstudie von Kohlberg vor. Die Aussagen zu Stufe 6 entstammen bisher aus gezielt durchgeführten Interviews oder der Interpretation vorliegender Dokumente von ausgesuchten Personen wie Martin Luther King, Gandhi oder Sokrates.
Bevor ich auf den Status und die Gültigkeit dieses Stufenkonzepts eingehe, will ich noch zwei Einschränkungen im Hinblick auf die beschriebenen Stufen 5 und 6 formulieren. Aus einer philosophischen Perspektive unterliegt die genaue Formulierung und Unterscheidung der beiden „höchsten" Stufen der moralischen Entwicklung sowie möglicherweise die Postulierung einer weiteren, 7. Stufe noch dem „Streit der Fakultäten" oder besser dem „Streit innerhalb der philosophischen Fakultät". Aus einer sozialwissenschaftlichen Perspektive muss einschränkend festge-

stellt werden, dass die Stufe 6 bisher innerhalb der Längsschnittuntersuchungen Kohlbergs nicht nachgewiesen werden konnte.

Es bleibt jedoch wichtig zu betonen, dass für die Realität der Stufen 1 bis 5 und gegen deren Behandlung als Fiktion oder Idealtypus gewichtige Gründe sprechen. Spätestens mit der Vorlage seiner Längsschnittuntersuchung im Jahre 1983 hat Kohlberg gezeigt, dass die von ihm seit 1955 befragten Personen sich einerseits im beschriebenen Sinn über die Stufen der Moral entwickeln und dass die Stufen andererseits sequenziell, ohne Regression auf bereits überwundene Vorgängerinnen, durchlaufen werden (vgl. Colby, Kohlberg u. a. 1983). Es ist nach diesen Ergebnissen weiterhin möglich, die Stufen eindeutig voneinander (also qualitativ) zu unterscheiden, wobei die vorherige Stufe bzw. die vorherigen Stufen nicht vernichtet werden, sondern auf Befragen reproduziert werden konnten – wenn auch das jeweilige Kompetenzniveau ohne die überwundene Stufe auskam. Schließlich gibt es eine Reihe von Forschungsarbeiten, die zeigen, dass die postulierte Entwicklung des moralischen Urteils nicht auf nordamerikanische bzw. westeuropäische Gesellschaften beschränkt ist, sondern dass sich auch in ländlichen Gebieten der Türkei wie in israelischen Kibbuzim eine entsprechende Logik der moralischen Entwicklung zeigt (vgl. die ausführliche Darstellung in Garz 1989).

Schließlich will ich noch einen letzten Punkt ansprechen, der in der einschlägigen Diskussion häufig zur Verwirrung geführt hat, nämlich die Zuordnung der Stufen zu Altersangaben. Zunächst muss nochmals betont werden, dass die Theorie der moralischen Entwicklung die Stufen gerade nicht mit Altersnormen koppelt, sondern lediglich die sequenzartige Abfolge der Stufen postuliert. Natürlich lassen sich in einem hinreichend homogenen Kontext, beispielsweise in modernen Industriegesellschaften, annäherungsweise passende Stufen- und Alterswerte angeben. Hier zeigen die neueren Forschungsarbeiten nun, dass die bisher als gültig angesehenen Altersangaben aufgrund der Verbesserung der hermeneutischen Auswertungsmethode und in Übereinstimmung mit philosophischen Überlegungen geändert werden müssen. Von einem Erreichen der konventionellen Ebene kann hiernach frühestens im Alter von 12 bis 14 Jahren gesprochen werden, und – wichtiger noch – ein Urteil auf der postkonventionellen Ebene ist frühestens im Alter von etwa 20 Jahren zu erwarten (vgl. die Tabelle auf S. 102).

# 5.3 Über die Ermittlung moralischer Urteile

Kohlberg unterteilt seine Methode in drei Einheiten, nämlich

(1) das hypothetische Dilemma;
(2) das strukturale Interview und
(3) die Auswertung des Interviews.

1. Der Beginn jeder Erhebung zur moralischen Stufenentwicklung ist durch die Vorlage eines Dilemmas gekennzeichnet. In diesem Dilemma stehen sich (mindestens) zwei moralische Werte gegenüber, die sich gegenseitig ausschließen, so dass die befragte Person sich für eine Alternative entscheiden muss. Kohlberg hat sich bewusst dafür ausgesprochen, mit *hypothetischen* Dilemmata zu arbeiten, da er sich bestimmte Vorteile verspricht, die bei der Vorlage von tatsächlich erfahrenen Konflikten verlorengehen:

Zum einen ist es für eine sozialisationstheoretische *Längsschnitt*studie wichtig, über ein Instrument zu verfügen, das zugleich für Kinder, Jugendliche und Erwachsene einsetzbar ist, da nur so eine Vergleichbarkeit der Antworten über die Zeit gewährleistet ist. Die Dilemmata sollen zudem die verschiedenen Befragten möglichst ähnlich „ansprechen", d. h. dass Themen oder Konflikte vermieden werden sollen, die für bestimmte Populationen affektiv „hoch besetzt" sind (z. B. bezüglich des Alters, Geschlechts oder der kulturellen Merkmale der Befragten). Zugleich muss bei der Auswahl der Dilemmata darauf geachtet werden, dass sie für alle Kulturen einen „Anregungscharakter" besitzen, um eine kulturübergreifende Forschung zu gewährleisten. Insgesamt gesehen muss also die Aufgabe gelöst werden, die „richtige Mischung" zwischen kultureller Nähe und Distanz zu finden: Greift das Dilemma zu unmittelbar in die Lebenspraxis der Befragten ein, kann es schwierig und forschungsethisch bedenklich sein, deren Befangenheit zu überwinden. Ist das Dilemma andererseits für den Interviewten nicht mehr nachvollziehbar (zu fern, zu fremd), können daraus beliebige Äußerungen resultieren, die zum Handeln (zur Performanz) keine Verbindung aufweisen.

Um einen Eindruck von den unterschiedlichen Dilemmata vermitteln zu können, gebe ich im Anschluss jene ersten drei Dilemmata zusammen mit ausgewählten Nachfragen wieder, die sich im Anhang der Veröffentlichung Kohlbergs aus dem Jahr 1984 befinden.

## „Form A

### Dilemma III:

Irgendwo in Europa stand eine krebskranke Frau kurz vor dem Tode. Es gab ein Medikament, von dem die Ärzte annahmen, daß es sie hätte retten können; eine Radiumverbindung, die ein Apotheker in jener Stadt vor kurzem entdeckt hatte. Das Medikament war teuer in der Herstellung, aber der Apotheker verlangte dafür das Zehnfache dessen, was ihn die Herstellung des Medikaments kostete. Er zahlte 400 Dollar für das Radium und berechnete 4000 Dollar für eine kleine Dosis. Der Mann der kranken Frau, Heinz, bat alle seine Bekannten, ihm das Geld zu borgen, aber er konnte nur etwa die Hälfte des Geldes zusammenbringen. Er sagte dem Apotheker, daß seine Frau im Sterben liege und bat ihn, ihm das Medikament billiger zu verkaufen oder ihn später bezahlen zu lassen. Aber der Apotheker sagte:

‚Nein, ich entwickelte das Medikament, und ich will damit Geld verdienen.' Nachdem Heinz alle legalen Mittel versucht hatte, verzweifelte er und überlegte, ob er in die Apotheke einbrechen solle, um das Medikament für seine Frau zu stehlen.

1.   Sollte Heinz das Medikament stehlen?
1a.  Weshalb/weshalb nicht?
3.   Ist Heinz verpflichtet, das Medikament zu stehlen?
3a.  Weshalb/weshalb nicht?
4.   Wenn Heinz seine Frau nicht liebt, soll er das Medikament für sie stehlen?
4a.  Weshalb/weshalb nicht?
5.   Einmal unterstellt, daß die sterbende Person nicht seine Frau, sondern eine fremde Person ist. Sollte Heinz das Medikament für einen Fremden stehlen?
5a.  Weshalb/weshalb nicht?
7.   Ist es für die Menschen wichtig, alles was in ihren Kräften steht zu tun, um das Leben eines anderen zu retten?
7a.  Weshalb/weshalb nicht?
8.   Wenn Heinz stiehlt, verstößt er gegen das Gesetz. Ist sein Tun deshalb moralisch falsch?
8a.  Weshalb/weshalb nicht?

**Dilemma III':**

Heinz brach in die Apotheke ein. Er stahl das Medikament und gab es seiner Frau. Am folgenden Tag war ein Bericht über den Diebstahl in der Zeitung. Herr Brown, ein Polizist, der Heinz kannte, sah Heinz aus der Apotheke weglaufen, und ihm wurde nun klar, daß Heinz das Medikament gestohlen hatte. Herr Brown überlegt, ob er melden soll, daß Heinz der Dieb ist.

1.   Sollte der Polizist Heinz wegen des Diebstahls anzeigen?
1a.  Weshalb/weshalb nicht?
2.   Einmal unterstellt, daß der Polizist eng mit Heinz befreundet ist, sollte er ihn dann anzeigen?
2a.  Weshalb/weshalb nicht?

*Fortsetzung der Geschichte:* Herr Brown, der Polizist, zeigte Heinz an. Dieser wurde verhaftet und vor Gericht gestellt. Eine Jury wurde ausgewählt, deren Aufgabe es ist, herauszufinden, ob eine Person schuldig oder unschuldig in bezug auf das Verbrechen ist. Die Jury sprach Heinz schuldig. Es bleibt jetzt dem Richter überlassen, die Strafe festzusetzen.

3.   Sollte der Richter Heinz bestrafen, oder sollte er die Strafe aussetzen und Heinz freilassen?
3a.  Warum ist dies das Beste?

4. Aus einer gesellschaftlichen Perspektive gesehen: sollten Menschen, die gegen das Gesetz verstoßen, bestraft werden?
4a. Weshalb/weshalb nicht?

**Dilemma I:**

Joe, ein 14jähriger Junge, möchte gerne in ein Ferienlager fahren. Sein Vater versprach ihm, daß er fahren könne, wenn er das erforderliche Geld selbst erspart. Joe arbeitete als Zeitungsjunge und sparte 40 Dollar, etwas mehr als das Ferienlager kosten sollte. Kurz vor Beginn des Lagers änderte der Vater jedoch seine Meinung. Er wollte mit seinen Freunden einen Angelausflug unternehmen – ihm fehlte aber das nötige Geld. Deshalb sagte er Joe, er solle ihm das beim Zeitungsaustragen verdiente Geld geben. Joe wollte auf das Ferienlager nicht verzichten und sich weigern, seinem Vater das Geld zu geben.

1. Sollte Joe sich weigern, seinem Vater das Geld zu geben?
1a. Weshalb/weshalb nicht?
2. Hat der Vater das Recht, Joe aufzufordern, ihm das Geld zu geben?
2a. Weshalb/weshalb nicht?
3. Wenn Joe seinem Vater das Geld gibt, kann man dann sagen, daß er ein guter Sohn ist?
3a. Weshalb/weshalb nicht?
4. Ist die Tatsache, daß Joe das Geld selbst verdient hatte, in dieser Situation wichtig?
4a. Weshalb/weshalb nicht?" (Kohlberg 1984, S. 640–643).

2. Ich komme jetzt zur zweiten Einheit der Kohlbergschen Methode, also zum *strukturalen Interview*. Aus dem bisher Gesagten geht hervor, dass die Ermittlung von Kompetenzen, d. h. hier der höchstmöglichen Stufe des moralischen Urteilens, besonderer methodischer Vorkehrungen bedarf, wobei sich prinzipiell zwei Alternativen anbieten. Zum einen besteht die Möglichkeit einer ausführlichen hermeneutischen Interpretation der vorliegenden Daten, dabei muss es sich nicht notwendigerweise um Interviews handeln; im Gegenteil: Alle von Menschen geschaffenen Gegenstände („Objektivationen") lassen sich prinzipiell danach analysieren, welche Bedeutungsstruktur ihnen *zugrunde* liegt; diese Auffassung leitet z. B. die Methode von Ulrich Oevermann u. a. (vgl. Oevermann 1983a, b; 1986). Im Gegensatz dazu favorisiert die Gruppe von Kohlberg die Methode des ausführlichen Interviews und wertet diese Interviews, man könnte sagen: nach einer semihermeneutischen Methode aus. Auf diesen Punkt werde ich gleich eingehen. Zunächst noch, wie angekündigt, einige Ausführungen zum Interview.

Jürgen Habermas hat die allgemeine Forschungsstrategie zunächst wie folgt beschrieben: „Das implizite Wissen (muß) durch die Wahl geeigneter Beispiele und Gegenbeispiele, durch Kontrast- und Ähnlichkeitsrelationen, durch Übersetzungen, Paraphrasen usw., also durch eine wohlüberlegte, mäeutische Befragungsmethode, bewußt gemacht werden. Die Ermittlung der sogenannten Intuition eines Sprechers ist bereits der Beginn ihrer Explikation" (Habermas 1976, S. 196).

Kohlberg und Mitarbeiter/innen versuchen auf der forschungspraktischen Ebene – im Anschluss an die klinische Methode Piagets (vgl. die Hinweise in Kapitel 4) – den besonderen Anforderungen Rechnung zu tragen, die mit dem gewählten Ansatz einhergehen. So führen sie vier Maßgaben auf, an denen das strukturbezogene Interview sich orientieren muss (vgl. Colby, Kohlberg u. a. 1979, Teil 1, S. 38 f.):

1. Das Postulat der Aufrichtigkeit: Das heißt das Forschungssubjekt soll vollkommen über die Ziele der Befragung aufgeklärt werden.
2. Das Postulat der Klarheit: Das heißt das Interview darf nur dann durchgeführt werden, wenn die befragten Personen den Inhalt des vorgelegten Dilemmas, das als Auslöser eines moralischen Urteils gilt, „wirklich" verstanden haben.
3. Das Postulat der Präskriptivität: Das heißt die Antworten der Befragten müssen eindeutig reflektieren, was die Personen selbst in der jeweiligen Situation, die eine moralische Entscheidung verlangt, tun würden und warum sie dieses (und kein anderes) Urteil fällen.

Von der Auswertung ausgeschlossen sind damit folgende Antworttypen, die schon in der Erhebungssituation nicht vertieft werden sollen:

a) Rein deskriptive Antworten (z. B. Schilderungen/Erzählungen);
b) Präskriptive Antworten, die einen Wahrheitsanspruch erheben (z. B. „Wovon man nicht sprechen kann, darüber muss man schweigen");
c) Präskriptive Antworten, die Geschmacksfragen betreffen (z. B. „Whisky trinkt man nur mit Eis").

Während die ersten drei Postulate Fragen der Forschungsethik, der Exaktheit der Datenerhebung sowie der Handlungsbewertung betreffen, zielt der vierte Punkt auf den Kern hermeneutisch-rekonstruktiver Forschungsmethoden.

4. Das Postulat der maximalen Kompetenzausschöpfung: Das heißt es wird vom Interviewer erwartet, dass er die Befragten veranlasst, über die gegebenen Antworten nachzudenken, sie zu verbessern, zu modifizieren, zu erweitern usf. Mögliche Nachfragen bzw. Sondierungsfragen (probe questions) des Forschers können beispielsweise die folgende Form annehmen: „Was verstehen Sie unter Gerechtigkeit, unter richtigem Handeln etc.?" oder „Warum ist es wichtig, dass man gute Beziehungen zu seiner Familie, seinen Freunden, anderen Menschen usw. unterhält?".

Die Kohlberg-Gruppe beschreibt diesen zentralen Aspekt des gesamten Interviews zunächst scherzhaft als „die Kunst, einen Interviewten oft genug ‚warum' zu fragen, um gründliche Antworten zu bekommen, aber nicht so oft, daß man herausfindet, wie er ‚sauer' wird" (ebd.). Deutlicher wird der Charakter des Interviews als strukturbezogene, also hervorlockende (mäeutische) Befragung in den nachfolgenden Aussagen. „Das Ziel der Interviews zum moralischen Urteilen liegt darin, die Meinungen, Einstellungen oder Überzeugungen eines Subjekts zu durchdringen und zu dem Grund oder der Rechtfertigung vorzustoßen, die sie leiten" (ebd.). Und etwas später heißt es schließlich: „Das Standard-Interview ist so angelegt, daß es auf die höchste Ebene des Denkens für jedes Thema bei dem Subjekt abstellt" (ebd., S. 40).

In diesen Formulierungen wird das deutlich, was als mäeutisches Prinzip der hermeneutisch-rekonstruktiven Forschung bezeichnet wurde – ein Hervorlocken (Evozieren) der höchsten jeweils erreichbaren Stufe (Kompetenz) des moralischen Urteils durch „geschicktes" Fragen und besonders durch weiterführende und tiefergehende Sondierungsfragen. Solche Zusatzfragen können vor allem Klarheit über die Verwendung zentraler Ideen und Konzepte des Befragten verschaffen; beispielsweise über die subjektiv eingelegte Bedeutung von Begriffen wie Vertrauen, Gerechtigkeit, Gewissen oder Freundschaft. So lässt die Antwort „Heinz sollte das Medikament stehlen, wenn er gerecht handeln will" noch einen erheblichen Interpretationsspielraum offen – deshalb die Nachfrage: „Was bedeutet hier Gerechtigkeit?" Je nach der Struktur des Arguments können dann unterschiedliche Antwortklassen typisiert werden, zum Beispiel:

Stufe 1: „Ja, gerecht ist, wenn er dafür belohnt wird. Vielleicht wird er auch ganz berühmt".

Stufe 2: „Die Frau hat sicher auch schon etwas für Heinz getan, und jetzt muss Heinz es gerechterweise genauso tun".

Stufe 3: „Wenn man jemanden wirklich gern hat, dann ist es nur gerecht, wenn man in Notlagen hilft".

Stufe 4: „Sicher gibt es ein Gesetz, das den Diebstahl in diesem speziellen Fall rechtens sein lässt".

Stufe 5: „Gerecht heißt, alle Interessen abzuwägen und sich dann so zu entscheiden, dass man einem generellen Prinzip folgt".

3. Das dritte Element der Kohlbergschen Methode umfasst die *Auswertung der* erhobenen *Antworten*; also die Beurteilung der vorgelegten Dilemmata. Diese Auswertung erfolgt durch einen Vergleich der erhaltenen Antworten mit „Musterantworten", die aus der von Kohlberg durchgeführten Längsschnittuntersuchung stammen und in einem umfangreichen Handbuch (Manual) zusammengefasst sind (vgl. Colby, Kohlberg u. a. 1987). Die Aufgabe dieses Manuals besteht auch darin, die Interviewantworten über die allgemeine Einteilung in Themen hinaus weiter zu untergliedern, um so dem Denken der Befragten stärker gerecht werden zu können. So erhält der/die Befragte die Gelegenheit – neben der vorgegebenen

Wahl zwischen den beiden Themen (Issues) – eigene Normen und moralische Orientierungen (Elemente) in das Interview einzubringen. Das Handbuch unterscheidet folgende Normen und Elemente:

# NORMEN

1. Leben  a) Erhaltung
            b) Qualität/Quantität
2. Eigentum
3. Wahrheit
4. Bindung/Affiliation
(5. Erotische Liebe und Sex)
6. Autorität
7. Recht
8. Vertrag
9. Bürgerrechte
(10. Religion)

# ELEMENTE

## I. Modale Elemente

1. Personen oder einer Gottheit gehorchen (berücksichtigen). Sollte gehorchen und sollte Konsens erlangen (sollte berücksichtigen, überzeugen)
2. Tadeln (billigen). Sollte getadelt werden für etwas, missbilligt werden (sollte gebilligt werden)
3. Vergelten (freisprechen). Sollte vergelten (sollte freisprechen)
4. Ein Recht haben (kein Recht haben)
5. Eine Pflicht haben (keine Pflicht haben)

## II. Wert-Elemente

*a) „Egoistische" Konsequenzen*

6. Guter Ruf (schlechter Ruf)
7. Belohnung erstreben (Strafe vermeiden)

*b) Utilitaristische Konsequenzen*

8. Gute individuelle Konsequenzen/schlechte individuelle Konsequenzen
9. Gute Konsequenzen für die Gruppe (schlechte Konsequenzen für die Gruppe)

*c) Konsequenzen, die dem Ideal oder der Harmonie zugute kommen*

10. Den Charakter aufrechterhalten
11. Die Selbstachtung aufrechterhalten
12. Dem sozialen Ideal oder der Harmonie dienen
13. Der menschlichen Würde und Autonomie dienen

*d) Fairness*

14. Perspektiven abwägen oder Rollen übernehmen
15. Reziprozität oder positiver Verdienst
16. Die Gleichheit aufrechterhalten
17. Den Sozialvertrag oder die freie Übereinkunft aufrechterhalten.

Wie sich eine solche Aufteilung praktisch niederschlagen kann, sollen die beiden folgenden Antworten zeigen, die beide der Stufe 3 des moralischen Urteilens entsprechen, die beide das „Lebens-Issue" gewählt haben und die sich beide für die Bindungs-Norm (4) aussprechen; ein Unterschied besteht einzig aufgrund der Wahl des Elements:

1. Antwort: Stufe 3; Life Issue; Bindungs-Norm;
   Element Nr. 9: Konsequenzen für die Gruppe:

*„Heinz sollte das Medikament stehlen. Wenn er es nicht tut, haben die Kinder keine Mutter mehr, und die Familie wird auseinanderfallen."*

2. Antwort: Stufe 3; Life Issue; Bindungs-Norm;
   Element Nr. 15: Reziprozität:

*„Heinz sollte das Medikament für seine Frau stehlen, um ihr seine Wertschätzung und Dankbarkeit für alles, was sie für ihn getan hat, zu zeigen."*

Konkret lassen sich die folgenden Schritte in der Abfolge der Auswertung benennen (diese Aufzählung kann natürlich nicht die tatsächliche Einübung ersetzen; sie soll lediglich einen ersten Einblick in das Auswertungsverfahren ermöglichen).

1. Der erste Auswertungsschritt besteht darin, sich einen Überblick über die gesamte Antwort auf das Dilemma zu verschaffen.
2. Daran schließt sich die Identifizierung des vom Befragten gewählten Themas (chosen Issue) an; d. h. die Untersuchung der Frage, welche Handlungs*richtung* als zentral (als handlungsleitend) angesehen wurde.
3. Hierauf folgt die Klassifikation aller Antworten aufgrund des jeweils gewählten Themas. (Der Befragte muss im Verlauf des Interviews nicht an seiner ersten Entscheidung festhalten; zudem wird auch im Interview versucht, Argumente

zu evozieren, die *nicht* die ursprüngliche Auffassung des Interviewten reflektieren.)

4. Der nächste Schritt besteht in der Prüfung, ob die Antworten den Auswertungskriterien (Präskriptivität; Wiedergabe der *eigenen* Ansicht usw.) entsprechen.

5. Dieser Prüfung folgt eine erste, *vorläufige* Stufeneinordnung, deren Richtigkeit durch eine Reihe von zusätzlichen Prüfungen unter Beweis gestellt werden muss. Dies geschieht im Rahmen der weiteren Auswertung.

6. Jetzt wird es zunächst notwendig, die Übereinstimmung (die Gemeinsamkeit) zwischen Interviewantworten und dem im Auswertungshandbuch abgedruckten „Kriteriumsurteil" aufzusuchen.

7. Liegt eine Übereinstimmung vor, wird zusätzlich geprüft, ob die Antwort dem als weitere Hürde aufgestellten „kritischen Indikator" entspricht bzw. die dort formulierten Bedingungen erfüllt.

8. Schließlich bildet ein letzter Vergleich – zwischen Interviewantwort und der im Manual formulierten Stufenstruktur – die abschließende Gewissheit der Übereinstimmung und damit der Richtigkeit der entsprechenden Stufeneinschätzung.

Erst jetzt, nach der Einlösung der in den Schritten 6 bis 8 geforderten Bedingungen, kann das Ergebnis *einer* Antwort auf den Auswertungsbogen übertragen werden, und man kann sich der nächsten Antwort nach dem gleichen Muster widmen und so weiter – bis alle Antworten ausgewertet sind. Die einzelnen Stufen (technisch gesprochen: Themenpunktwerte) werden dann nach bestimmten Richtlinien, die ich hier nicht schildere (vgl. Garz 1984, S. 169 ff.), zu einem Gesamtstufenwert zusammengefasst, so dass als Endergebnis die jeweilige Stufenstruktur des Befragten (die Stufe seines moralischen Urteils) feststeht.

Ich füge eine Seite des Auswertungshandbuches zum besseren Verständnis des Gesagten an:

CRITERION JUDGMENT No. 14

Dilemma:  III (Heinz)
Issue:     Life
Norm:      Affiliation
Element:   Good (bad) group consequences (9)
Stage:     3

CRITERION JUDGMENT

(Heinz should steal the drug) because if he doesn't, the children will be desolate or the family will fall apart.

## STAGE STRUCTURE

There is a concern for the welfare or feelings of others not only as discrete individuals (as at stage 2), but as members of an interdependent social group.

## CRITICAL INDICATORS

Required for a match is a concern with the effect which the woman's death would have upon her children or family.

## DISTINCTIONS

Between other stages
Do not confuse with the stage 4 concern with the societal consequences of a failure to save human life (CJ No. 24).

## MATCH EXAMPLES

1. WHAT IS THE IMPORTANCE OF LIFE HERE?
   Since the sick one is his wife, it means **a family will be destroyed, the children will be orphaned**, there will be some problems. (WHAT DOES IT MEAN THAT IT'S IMPORTANT THAT IT'S A PERSON?) Just as his home life would be upset if the sick one were his wife, the stranger would also have a family that would be upset, so it's important (H-76).
2. SHOULD HEINZ STEAL THE DRUG?
   Yes. He should either steal the drug or steal money somewhere else for the drug. If he doesn't steal his wife will die. (WHY DOESN'T HE WANT HIS WIFE TO DIE?) Because he is poor, he can't marry after his wife dies. **The children will be desolate and his family will fall apart** (0-76).

# 6. Carol Gilligan: Die andere Stimme der Moral

> „Sagt, wo findet sich die Gerechtigkeit,
> welche Liebe mit sehenden Augen ist".
> F. Nietzsche

Eine interessante Variante einer Theorie der moralischen und Identitäts-Entwicklung liegt mit dem Ansatz vor, der von Carol Gilligan (geb. 1936) und Mitarbeiter/innen – vor allem Charlene Langdale und Nona Lyons – in den letzten Jahren erarbeitet wurde. Carol Gilligan versucht, die Vorstellung einer anderen, auf Fürsorge-Kategorien aufbauenden Theorie der moralischen Entwicklung stark zu machen und abzusichern, indem sie in Abgrenzung zu Kohlberg vor allem vier Punkte ihres Forschungsprogramms betont, nämlich

1. dass die von ihr hervorgehobene Moral der Fürsorge und Anteilnahme (care) einer Verantwortungsethik entspricht und demnach über Kohlbergs Beschränkung auf Fragen der Gerechtigkeit und der damit verbundenen Pflichtenethik hinausgeht, indem sie zugleich lebensnäher und lebenspraktischer ist;
2. dass die von ihr favorisierten Aspekte der Fürsorge und Verantwortlichkeit bisher von Freud über Piaget bis hin zu Kohlberg aufgrund der Vernachlässigung der weiblichen Entwicklung entweder schlichtweg „unter den Tisch" fielen (das wäre die schwächere These) oder zur wissenschaftlich initiierten Unterdrückung bzw. *„Herabstufung"* von Frauen benutzt wurden (das wäre die stärkere These). Als Beispiel für diese starke These steht Freud, der für Frauen eine im Vergleich zu den Männern beschränkte Gewissensbildung konstatierte; ein Beispiel für die schwächere These bildet Kohlberg, der in seine Längsschnittuntersuchung zur moralischen Entwicklung keine Frauen aufnahm;
3. (In einem versöhnlichen Schritt) zu zeigen, dass Frauen sich *überwiegend* über Beziehungen definieren, während Männer *eher* auf unpersönliche (systemische) Kategorien zurückgreifen, dass dies aber sozialisatorisch erworbene Muster sind, die sich zudem so eindeutig in der Praxis nicht finden lassen. Mit diesem Schritt scheint die Gefahr einer „weiblichen" Rollenzuweisung und -festschreibung gebannt;
4. Methodologisch zu klären, welcher Status ihrem Theorieprogramm zuzuschreiben ist, da dies entscheidende Implikationen für die Forschungspraxis nach sich zieht. Insbesondere gilt es zu untersuchen, ob Kohlbergs Ansatz wichtige Teile des interaktionistischen Programms aufgegeben hat und zu ei-

nem geschlossenen System hin tendiert, das einst gegebene emanzipatorische Versprechungen der Offenheit der Forschung nicht länger einlösen kann.

Dieser Ansatz ist vor allem deshalb beachtenswert, da er zwar von den das Forschungsgebiet beherrschenden Theorien von Piaget und Kohlberg, aber auch von anderen Sozialisations- und Stufentheorien wie denen von Freud und Erikson ausgeht, sich aber zugleich gegen einige zentrale Annahmen, die dort erhoben oder stillschweigend mitgeführt wurden bzw. werden, kritisch ausspricht. „Die Moral ist selbst dialektisch", heißt es an einer Stelle bei Gilligan u. a. (1984, S. 111), und damit soll auch die für ihre Arbeiten zentrale These hervorgehoben werden, dass es weder eine einzige Moralvorstellung gibt (wie bei Kohlberg), noch dass unendlich viele Moralen existieren; behauptet wird demgegenüber, dass sich in den empirischen Untersuchungen genau zwei aufeinander verwiesene moralische Orientierungen feststellen lassen: Eine Moral der Gerechtigkeit und eine Moral der Fürsorge/Anteilnahme. Für eine erste Illustration dieser moralischen Stimmen mag es zunächst genügen, die beiden Perspektiven durch Interviewantworten zu verdeutlichen:

Was macht etwas zu einem moralischen Problem?

| In der Moral der Gerechtigkeit: | In der Moral der Fürsorge: |
|---|---|
| „Nun, etwas, wo ich zu entscheiden habe ..., ob ich dies oder jenes tun soll ..., ob es richtig oder falsch ist, daß ich etwas tun soll". | „Nun, das Problem, eine Entscheidung zu treffen, die wahrscheinlich einen nachteiligen Effekt für jemand anderen haben wird. Ich meine, nicht nur den anderen betreffen wird, sondern tatsächlich negativ für ihn ist. Ich glaube, das wäre eine moralische Entscheidung, ob ich einen Handlungsplan verfolgen könnte, der darauf hinausliefe, jemanden zu verletzen". |
| „Ich nehme an, daß etwas zu einem Problem für mich wird, wenn Meinungen in Konflikt zueinander stehen. Wenn meine Werte den Werten eines anderen gegenüberstehen ... und wir zusammen ein Urteil fällen müssen". | |
| „Moral bedeutet im Prinzip, eine Begründung oder Meinung zu haben, was richtig ist, was man tun sollte; und wenn man in einer Situation ist, in der man unter Alternativen auswählen muß, in der Lage zu sein, zu erkennen, ob oder ob nicht ein Problem des ‚Du sollst' angesprochen ist ... und dann ... eine Begründung zur Wahl unter den Alternativen zu haben. Auf einer anderen Ebene ist es wirklich so etwas wie ein tief verwurzeltes Prinzip". | „Wenn meine Rücksichtnahme auf jemand anderen in Konflikt steht mit meinen egoistischen Wünschen ..., wenn das, was für mich am vorteilhaftesten wäre, für andere Personen nachteilig wäre; und ich vermute, es ist eher ein moralischer Konflikt in Abhängigkeit davon, wie meine Beziehung zu dem anderen Menschen ist, wieweit ich die Konsequenzen sehen kann, ... inwieweit ich weiß, wie die Konsequenzen aussehen werden". |

(Langdale/Lyons 1985)

Um die Entstehung der genannten These und die mit ihr einhergehenden Auswirkungen voll erfassen zu können, ist es notwendig, sowohl auf den Prozess der Entdeckung dieser Vorstellungen als auch auf die damit verbundenen Änderungen der Forschungsmethodologie einzugehen. Obwohl Gilligan ihre Entdeckung auf einen Zufall zurückführt – eine von ihr begonnene Untersuchung über Wehrpflichtige konnte nicht beendet werden, da die Wehrpflicht in den USA im Jahre 1973 abgeschafft wurde, zur gleichen Zeit erlaubte der Oberste Gerichtshof der Vereinigten Staaten eine Abtreibung unter bestimmten Bedingungen, wodurch Gilligan sich diesem moralischen real-life-Problem zuwenden konnte –, wurde ihr rasch klar, dass ihre Ergebnisse zu weitreichenden Konsequenzen nicht nur für die Theorie der moralischen Entwicklung, sondern für die Psychologie überhaupt führen könnten.

Carol Gilligan beschreibt in einem Gespräch, wie sie beim Lesen der Interviewantworten zum ersten Mal realisierte, „daß Frauen in den meisten Untersuchungen (der Entwicklungspsychologie) nicht vertreten waren. Sie bildeten das, was Psychologen ‚abweichende Daten‘ nennen – Daten, die einfach nicht mit den Hypothesen übereinstimmen. Da wurde mir gewahr, daß es sich (bei meinen Arbeiten) um eine klassische Paradigmenerweiterung handelte“ (Gilligan 1985, S. 44).

Diese Erweiterung schlägt sich in zwei Schritten nieder. Zum einen wurde es erforderlich, die Methodologie, d. h. die forschungsleitenden Annahmen und Methoden, zu ändern, um damit, zum anderen, einen umfassenden Zugang zu moralischen sowie identitätstheoretischen Fragestellungen zu ermöglichen. Die methodologischen Änderungen führen zu einem interaktiven Forschungsprogramm, das in Kontrast steht zu den klassischen (geschlossenen) Annahmen, die vor allem in den Arbeiten Lawrence Kohlbergs repräsentiert sein sollen.

Die nachstehende Tabelle (siehe Seite 119) zeigt einen Vergleich des geschlossenen und des interaktiven Forschungssystems.

Einige Sätze mögen zur Erläuterung dieser Übersicht genügen. Die für das „geschlossene“ System der Forschung wiedergegebenen Aussagen 1 bis 3 und 5 bis 7 wurden im vorhergehenden Kapitel angesprochen. Dabei wurden auch die Überlegungen deutlich, die zur Aufstellung dieser Annahmen geführt haben[42]; Punkt 4 ergibt sich entsprechend aus den Annahmen 1 und 2. Insgesamt stellen die für das interaktive System der Forschung beschriebenen Alternativen nach meiner Auffassung zwar einen wirklichen Kontrast zur Kohlbergschen Vorgehensweise dar; dieser spiegelt allerdings nicht eine „bessere“ bzw. „schlechtere“ Forschungstechnik, sondern resultiert aus den verschiedenen Erkenntnisinteresssen, die der jeweiligen Forschung zugrunde liegen.

---

42  Die Punkte 5 und 7 sind, wie m. E. die Diskussion um die abduktive bzw. spiralförmige Forschungsmethodologie gezeigt hat, in dieser Gegenüberstellung nicht treffend beschrieben.

| Das geschlossene System „Kohlberg" | | Das interaktive System „Gilligan" |
|---|:---:|---|
| Der Forscher spezifiziert von vornherein eine bestimmte moralische Orientierung. | (1) | Spezifische moralische Orientierungen werden empirisch abgeleitet. |
| Der Forscher wählt für die Orientierung spezifische Dilemmata aus. | (2) | Die Teilnehmer generieren Dilemmata. |
| Nur Männer sind in der Forschung, die der Theoriebildung dient, enthalten. | (3) | Die Forschung, die der Theoriebildung dient, enthält sowohl Männer als auch Frauen. |
| Die Einheit der Auswertung im Auswertungshandbuch ist im Hinblick auf die vom Forscher getroffene Entscheidung über die moralische Orientierung entworfen. | (4) | Die Einheit der Auswertung im Auswertungshandbuch ist nicht im Hinblick auf eine bestimmte Orientierung festgelegt. |
| Die Kategorien, in die die Auswertungseinheiten eingehen, sind von Beginn an aus einer Theorie abgeleitet. | (5) | Die Kategorien, in die die Auswertungseinheiten eingehen, sind aus der Empirie abgeleitet. |
| Die Interaktion zwischen Theorie und Daten ist auf die Verfeinerung dieser grundlegenden Kategorien beschränkt und nicht auf ihre Veränderung ausgerichtet. | (6) | Die Interaktion zwischen Theorie und Daten ist offen für Zusätze und/oder Streichungen von Kategorien. |
| Der Prozess der Datenanalyse konzentriert sich darauf, ob die Daten mit der Theorie konform gehen. | (7) | Der Prozess der Datenanalyse läßt die Theorie, die Methode sowie die Daten in einen interaktiven Dialog treten. |

(Nach: Langdale 1983, S. 7)

Da es in den Arbeiten von Gilligan nicht darum geht, die Entwicklung *einer* moralischen Orientierung (wie die Gerechtigkeitsorientierung im Falle Kohlbergs) zu erkennen, sondern festzustellen, welche moralischen Urteile sich in den Aussagen von Personen *überhaupt* finden lassen, ist es geboten, von Dilemmata auszugehen, die die Teilnehmer selbst erfahren haben und daraus die unterschiedlichen moralischen Orientierungen herauszudestillieren (Aussagen 1 und 2). Zentral für diesen Ansatz ist dann natürlich auch, dass die Untersuchung sowohl Männer als auch Frauen erfasst (Aussage 3); Aussage 4 folgt wiederum aus den ersten beiden Statements.

Für die Aussagen 5 bis 7 gilt nach meiner Auffassung, dass die in der interaktiven Rubrik getroffenen Varianten auch die Arbeiten Kohlbergs zutreffend beschreiben. Sieht man also von diesen letzten Punkten ab, die keinen Gegensatz darstellen, so verbleiben als zentrale Postulate des Ansatzes von Gilligan die drei ersten Aussagen, die ich in der Folge in die Diskussion einführen möchte.

# 6.1 Neue empirische Untersuchungen I

Um die Vermutung von zwei Stimmen, die sich Geltung verschaffen, wenn moralische Probleme angesprochen werden, zu klären, konzipierten Gilligan u. a. eine Reihe von Fragen, die Schritt für Schritt versuchen soll, diese Hypothesen empirisch zu erhärten. Die Untersuchung, die sich aus sechs Teilstudien zusammensetzte, umfasste 198 Personen; u. z. 140 Frauen und 58 Männer; 6 Kinder, 142 Jugendliche sowie 50 Erwachsene. Ich liste zunächst die Fragestellungen der Reihe nach auf und referiere daran anschließend die Ergebnisse, soweit sie bisher vorliegen (vgl. Gilligan u. a. 1984, S. 32 ff.):

1. Tauchen die beiden moralischen Orientierungen in den Antworten jeweils für sich allein oder zusammen auf?
2. Unterstellt, dass die Mehrzahl der Personen beide Orientierungen benutzt, so ergibt sich die nächste Frage, ob eine Orientierung häufiger als die andere benutzt wird.
3. Wiederum unterstellt, dass die meisten Menschen, die beide Orientierungen benutzen, sich stärker auf eine konzentrieren, wie deutlich zeigt sich diese Vorherrschaft?
4. Eine für die Forschung zentrale Frage: Besteht eine Verbindung zwischen moralischer Orientierung und Geschlecht? Schließlich drei weitere Fragen, die unmittelbar kontext-bezogen sind:
5. Erscheinen die beiden moralischen Orientierungen im Laufe des Lebenszyklus?
6. Ändert sich das Vorkommen der jeweiligen moralischen Orientierung beim betreffenden Subjekt im Verlauf der Zeit oder bleibt diese stabil?
7. Zeigen sich bei den Personen, die Gerechtigkeits- oder Fürsorgekategorien gebrauchen, unterschiedliche demographische Charakteristika?

**Zu 1.** Um einen ersten Eindruck über die Verteilung der (beiden?) moralischen Stimmen zu gewinnen, wurden die erhobenen Interviews zunächst danach ausgewertet, ob sich in ihnen a) nur Fürsorgeelemente zeigten, b) nur Gerechtigkeitselemente oder c) beide Orientierungen. Das Kriterium dafür, ob beide Orientierungen angesprochen wurden, galt als erfüllt, wenn mindestens eine Äußerung für jede Richtung vorlag. Diese noch recht globale Einschätzung machte es zunächst möglich, Tendenzen zu erkennen, deren Ausprägung für die weiteren Untersuchungen stimulierend war.

Zunächst zeigte sich, dass zwei Drittel der befragten Personen Gebrauch von beiden Orientierungen machte. Damit wird deutlich, dass die Mehrzahl der Personen beide Stimmen in ihrem Repertoire hat und dass die bisherige Konzentration auf die Gerechtigkeitsproblematik nur eine „unvollständige und damit ungenaue" Beschreibung des moralischen Bereiches liefert (vgl. Gilligan u. a., S. 33). Zudem zeigt sich, dass mehr Männer ausschließlich Gerechtigkeitskategorien verwenden (ca. 38 Prozent) als dies Frauen im Hinblick auf die Fürsorge-Kategorie tun (ca. 23 Prozent) – ca. 8 Prozent der Frauen gebrauchen nur Gerechtigkeits-Kategorien[43], während kein Mann nur in Fürsorge-Begriffen argumentiert. Hierin verbirgt sich auch ein erster Hinweis auf die Verbindung von moralischer Orientierung und Geschlecht, und zwar nicht nur in Bezug auf die Verbindung einer bestimmten moralischen Orientierung mit einem männlichen oder weiblichen Urteil, sondern auch im Hinblick auf die größere Variabilität der weiblichen Urteile.

**Zu 2.** Im nächsten Schritt der Untersuchung sollte geklärt werden, ob diejenigen Personen, die beide Orientierungen wählen, ihr Urteil etwa gleich verteilen oder ob eine Kategorie bevorzugt wird. Hier machte die Erhebung deutlich, dass auch bei dieser Befragung eine Konzentration des moralischen Denkens innerhalb einer Kategorie auftrat. Dies traf sowohl für ca. 90 Prozent der Frauen wie auch der Männer zu. Die Autorinnen interpretieren diese Tendenz als eine starke empirische Unterstützung für ihre zentrale These; nämlich „daß diese beiden Orientierungen fundamental verschiedene Wahrnehmungen und Denkmuster in bezug auf die soziale Realität repräsentieren ... Die beiden Orientierungen werden nicht austauschbar gebraucht" (ebd., S. 39).

**Zu 3.** Da das global ermittelte Überwiegen einer Orientierung alleingenommen noch nicht ausreicht, um die wirkliche Vorherrschaft dieser Kategorie zu charakterisieren, wurde in einem weiteren Schritt untersucht, wie signifikant diese Ausprägung war. Es wurde festgelegt, bei einer Häufigkeit von 75 oder mehr Prozent für die jeweilige moralische Orientierung von einer starken Fürsorge- bzw. Gerechtigkeitskonzentration zu sprechen. Liegen 50 – 74 Prozent der Statements innerhalb einer Orientierung, handelt es sich um eine moderate Konzentration. Eine nach diesem Muster ausgewertete Untersuchung enthüllt, dass ca. 68 Prozent der beteiligten Männer und Frauen eine starke Konzentration des Urteils aufweisen im Vergleich zu ca. 31 Prozent mit einer moderaten Orientierung. Dies bestätigt wiederum die bereits sichtbar gewordene Tendenz, sich bei der Diskussion von real-life-Dilemmata auf eine Orientierung zu zentrieren und die jeweils andere zu vernachlässigen.

**Zu 4.** Mit diesen Ergebnissen im Hintergrund wird es jetzt auch möglich, die zentrale Fragestellung sowohl der referierten Untersuchungen als auch der bereits früher publizierten Monographie von Gilligan (1982; dt. 1984) zu diskutieren: Besteht eine Verbindung zwischen Moral bzw. moralischer Orientierung und Geschlecht? Charlene Langdale fasst ihre diesbezügliche Untersuchung wie folgt zusammen. Ihre Ergebnisse formen ein deutliches Bild: „Es besteht eine signifikante

---

43 Interessanterweise handelt es sich hierbei überwiegend um Frauen, die an einer Medical School studieren, so dass zu fragen bleibt, welche Rolle die fachspezifische Hochschulsozialisation spielt.

Beziehung zwischen ‚moralischer Orientierung' und Geschlecht ..., wobei ein viel höherer Prozentsatz Frauen als Männer über eine vorherrschende Fürsorge-Orientierung verfügt und ein viel höherer Prozentsatz Männer als Frauen eine vorherrschende Gerechtigkeits-Orientierung aufweist" (Langdale 1983, S. 166).

## 6.2 Die Entwicklung der Fürsorge-Moral

Obwohl die neue Studie von Gilligan u. a., auf die ich mich bisher überwiegend bezogen habe, keine entwicklungsbezogenen Daten im Hinblick auf die beiden moralischen Orientierungen enthält, scheint innerhalb meiner Diskussionen hier der Ort zu sein, an dem diese Fragen, die in der Veröffentlichung „Die andere Stimme" (Gilligan 1982; dt. 1984) mitbestimmend sind, behandelt werden können. Gilligan hatte dort, besonders unter Bezugnahme auf die sogenannte Abtreibungsentscheidungsuntersuchung, eine Entwicklungssequenz für die Moral der Fürsorge/Anteilnahme entworfen. Nach ihren Beobachtungen lassen sich drei Abschnitte in der Entwicklung dieser Moralvorstellung unterscheiden.

Grob formuliert zeigt sich in dieser Sequenz eine Dialektik, die von der bevorzugten Berücksichtigung der eigenen Person ausgeht (egoistische Perspektive), die dann das Selbst gewissermaßen aufgibt und es in den normativen Erwartungen der unmittelbaren Umgebung wie der Gesamtgesellschaft verschwinden lässt, und schließlich dazu führt, das zuvor verdrängte „Ich" erneut zu berücksichtigen, ohne dabei die Anforderungen der Umwelt zu ignorieren. Ich möchte diese Entwicklungsschritte, die das Verhältnis des Selbst zu anderen ausdrücken, zusammen mit den Übergangsstufen schildern, die sich ergeben, wenn die Vertrautheit der alten Denkgewohnheiten fremd zu werden beginnt und diese zugunsten einer weiteren Perspektive aufgegeben werden.

Als Beispiel hierfür soll die Studie zur Abtreibungsentscheidung dienen (vgl. Gilligan/Belenky 1980; dt. 1999; Gilligan 1982; dt. 1984).

### 1. Niveau: Orientierung am individuellen Überleben

Am Beginn der Entwicklung einer ethischen Vorstellung, die Elemente der Fürsorge bzw. Anteilnahme umfasst, dominiert das eigene Wohlbefinden fast ungebrochen; Frauen, die sich für eine solche Perspektive „entscheiden", gebrauchen eine egoistische (gelegentlich nicht genügend durchdachte) Perspektive, häufig um sich selbst zu schützen vor einer Verantwortung, die sie nicht oder noch nicht zu übernehmen in der Lage sind. Der vordergründige Egoismus zeigt sich so als Mechanismus, der nicht nur die betroffene Frau, sondern auch das Kind schützen soll vor einer Beziehung, die für alle beteiligten Parteien konflikthaft und belastend sein würde. Ein Beispiel dieser Auffassung gibt die 18-jährige Joan, eine der befragten Frauen. Sie sieht „in der Geburt eines Kindes zwar einerseits die Möglichkeit ..., ihre Freiheit zu vergrößern, weil es ‚die beste Gelegenheit bietet, zu heiraten und von zu Hause wegzuziehen‘, andererseits aber die Gefahr, daß ihre Freiheit, ‚viele Dinge zu tun‘, eingeschränkt wird" (Gilligan 1984, S. 96).

### ► 1. Übergangsphase: Vom Egoismus zur Verantwortlichkeit

Ein Übergangsschritt wird deutlich, sobald die betroffene Frau den von ihr vertretenen egoistischen Inhalt erkennt und versucht, eine verantwortungsvollere, außenorientierte Handlungsweise zu finden, die andere – den Partner, das Kind – stärker in die eigenen Vorstellungen integriert. So beschreibt die 17jährige Josie ihr Empfinden.

> „Ich begann mich wegen meiner Schwangerschaft echt gut zu fühlen, statt niedergeschlagen zu sein, weil ich die Situation nicht realistisch betrachtete. Ich betrachtete es von meinen eigenen, irgendwie egoistischen Bedürfnissen aus, weil ich einsam war. Es lief nicht so gut für mich, und so meinte ich, ich würde ein Kind bekommen, um das ich mich kümmern könnte, etwas, das ein Teil von mir ist, und das gab mir ein gutes Gefühl. Aber ich übersah die realistische Seite, die Verantwortung, die ich würde übernehmen müssen. Ich gelangte zu dem Entschluß, die Schwangerschaft abbrechen zu lassen, weil mir klar wurde, wieviel Verantwortung ein Kind mit sich bringt. Beispielsweise, daß man immer da sein muß; man kann nicht die ganze Zeit außer Haus sein, wie ich es gern mache. Und ich kam zu der Überzeugung, daß ich die Verantwortung für mich selbst übernehmen und viele Dinge für mich klären muß" (ebd., S. 97 f.).

### 2. Niveau: Orientierung an Konventionen

Allerdings birgt auch dieser Schritt Gefahren in sich. Sobald nämlich die isolierte Perspektive zugunsten einer gesellschaftsbezogenen verlassen wird, ergibt sich die Gefahr, dass das alte „Extrem der Isolierung" in das neue „Extrem der absoluten Anpassung" überführt wird. Gilligan spricht in diesem Zusammenhang von der „mütterlichen Moral" bzw. der „konventionellen Stimme der Frau"; d. h. der Stimme, die alle gesellschaftlich geformten Ideologien und Stereotypen in sich aufnimmt und im Verhalten zum Ausdruck bringt. Sanftheit, Takt, Sensibilität usw. sind typische Eigenschaften dieser Rollenzuschreibung, die in einer Perspektive der Fürsorge als Selbstaufopferung und Hingabe mündet. Die 19jährige Judy artikuliert die damit einhergehenden Probleme wie folgt:

> „Ich möchte niemandem wehtun, und ich rede mit allen sehr freundlich und respektiere deren eigene Meinung. Jeder kann alles so machen, wie er will. Mein Freund sagt den Leuten sofort Bescheid. Er macht viele Dinge in der Öffentlichkeit, die ich im Privatleben mache. Das ist besser so, aber ich brächte es einfach nie fertig" (ebd., S. 101).

► **2. Übergangsphase: Vom Gutsein zur Wahrheit**

Mit der Einsicht, dass eine moralische Perspektive, die versucht, alle Anforderungen der Umgebung in sich aufzunehmen und entsprechend zu handeln, eine extreme Form der Fremdbestimmung darstellt, ist der Punkt erreicht, von dem aus ein weiterer Entwicklungsschritt möglich wird. In diesem Schritt kündigt sich die Wiederaufnahme der eigenen Perspektive, der Fähigkeit, „Ich zu sagen", an; allerdings nicht länger als quasi-naturwüchsige Durchsetzung der eigenen egoistischen Impulse, sondern beobachtet und gefiltert durch die Anforderungen der Sozialität. Dennoch ruhen die beiden Imperative zunächst noch nicht sicher nebeneinander in der Vorstellung der Frau; sie zeigen sich eher sporadisch, stehen noch im Konflikt zueinander und scheinen für die betroffenen Personen oft unversöhnbar zu sein. Das Spannungsverhältnis zwischen dem Eigen- und Fremdinteresse wird von Janet (24 Jahre) beschrieben.

> „In meiner Situation, in der ich die Abtreibung will und mich aufopfern würde, wenn ich es nicht täte, befinde ich mich irgendwo dazwischen. Aber ich glaube, daß meine Moral stark ist, und wenn diese Gründe – finanzielle, körperliche und auch, was die ganze Familie betrifft – nicht vorhanden wären, dann müßte ich es nicht machen, und dann wäre es eine Selbstaufopferung" (ebd., S. 106).

**3. Niveau: Die Moral der Gewaltlosigkeit**

Erst wenn der nächste Schritt der Entwicklung erreicht ist, gelingt es den interviewten Frauen, die zuvor getrennten Perspektiven zu vereinen und zu sehen, dass das Selbst und die anderen nicht in Konflikt bleiben müssen. Die Idee des Wechselspiels der beiden gewinnt die Oberhand, und die Möglichkeit wird je erneut gesucht, sowohl das Eigen- wie das Fremdinteresse in verantwortlicher Weise aufzunehmen. Selbst wenn dies nicht immer möglich ist, leitet dieses Konzept doch als regulative Vorstellung das Handeln an. Dies ist vielleicht am besten in einer Antwort von Ruth, einer 29-jährigen Frau, ausgedrückt:

> „Die Entscheidung muß vor allem so ausfallen, daß die Frau damit leben kann; eine Entscheidung, mit der die Frau so oder so leben kann oder zumindest versuchen kann, damit zu leben, und sie muß darauf basieren, wo sie im Augenblick steht und wo andere wichtige Menschen in ihrem Leben stehen" (ebd., S. 121).

## 6.3 Neue empirische Untersuchungen II

Nach dieser Darstellung der möglichen Entwicklungsschritte einer Moral der Fürsorge möchte ich auf die zuvor formulierten *kontextbezogenen* Fragestellungen 5 bis 7 eingehen.

**Zu 5.** Frage fünf hatte zum Zweck, festzustellen, ob beide moralischen Orientierungen in allen Lebensabschnitten vorhanden sind. Dazu wurden die Personen einer Teiluntersuchung in die Kategorien Kinder (6 – 12 Jahre), Jugendliche (13 – 23 Jahre) und Erwachsene (24 – 60 Jahre) eingeteilt. Soweit sich aus dieser kleinen Studie (27 Teilnehmer/innen) erkennen lässt, besteht keine Beziehung zwischen dem Alter und der moralischen Orientierung; d. h. beide Kategorien lassen sich in jedem Lebenszyklus finden, was wiederum als Bestätigung der Theorie *zweier* moralischer Stimmen interpretiert werden kann.

**Zu 6.** Neben dieser Fragestellung kann weiterhin untersucht werden, ob sich die moralische Orientierung (einer Person) im Lauf der Zeit verändert. Ergebnisse zu einer solchen Fragestellung könnten aus einer Längsschnittstudie gewonnen werden. Da die hier referierten Untersuchungen erst Ende der 70er Jahre bzw. Anfang der 80er Jahre begonnen wurden, liegen zu dieser Frage (wie zu Frage 5) relativ wenig gesicherte Daten vor. Erste Resultate scheinen Anzeichen für Änderungen in der moralischen Orientierung zu liefern. Das gilt vor allem für die Teilnehmer/innen, die zu Beginn der Untersuchung entweder ausschließlich fürsorge- oder ausschließlich gerechtigkeitsorientiert urteilten. Hier zeigte sich, dass der exklusive Gebrauch einer Perspektive der Verwendung beider Orientierungen wich. Nicht gefunden wurde dagegen der vollständige Übergang von *einer* moralischen Orientierung zu einer anderen, was bedeutet, dass das Subjekt im Laufe der Zeit zwar moralische Organisationsprinzipien erwirbt, dass es aber die ursprüngliche Orientierung beibehält und nur durch die jeweils andere ergänzt.

**Zu 7.** Schließlich wurde versucht, festzustellen, ob die Unterschiede im Inhalt der moralischen Urteile mit bestimmten demographischen Merkmalen der befragten Personen verknüpft waren. Obwohl es sich hierbei naturgemäß um relativ allgemeine Daten handelt, konnte vermutet werden, dass sich Verbindungen bereits aufgrund einer bestimmten Merkmalskombination ergeben. Auf folgende Basisdaten konnte in der Studie zurückgegriffen werden: Religion (Zugehörigkeit und Ausübung); Intelligenz; Reihenfolge der Geschwister; sowie die Ausbildung und der Beruf der Eltern. Die überraschenden Ergebnisse dieser Untersuchung zeigen, dass keine signifikanten Beziehungen zwischen moralischer Orientierung und irgendeinem dieser demographischen Merkmale besteht. Weder die Zugehörigkeit zu einer bestimmten Schicht, noch eine spezifische religiöse Ausrichtung stehen in

Verbindung zur gewählten moralischen Orientierung, so dass die Erklärung der Unterschiede auf einer anderen Ebene ansetzen muss.

Die Antworten auf die vorstehenden Fragen enthüllen, dass der Ansatz einer Moral der Fürsorge bzw. Anteilnahme eine Hürde in Bezug auf seine empirische Bestätigung überwunden hat und dass er sich, nicht so sehr als Alternative, jedoch als eigenständige Ergänzung der Gerechtigkeitsorientierung zu etablieren beginnt. Die Zweiteilung der Moral in eine Gerechtigkeits- und eine Fürsorgeorientierung wird über das Gesagte hinaus noch unterstützt durch Untersuchungsergebnisse zur Verbindung von moralischer Orientierung und Selbstbeschreibung, die von Nona Lyons (1983) vorgelegt wurden.

Ihre Studie hatte zum Ziel, die beiden moralischen Orientierungen mit zwei möglichen Arten der Selbstbeschreibung in Verbindung zu bringen. Dazu wurden die Teilnehmer/innen gebeten, die Frage, „Wie würden Sie sich selbst beschreiben" zu beantworten. Mithilfe eines von Lyons entwickelten Auswertungsschemas konnten diese Antworten dann danach unterschieden werden, ob es sich jeweils eher um „Bindungs-Kategorien" (Die Menschen reagieren auf andere aus deren Perspektive) oder um „Trennungs-Kategorien" handelt (Die Menschen sind miteinander durch Pflichten und Rollenerwartungen verbunden). Die Auswertung der Ergebnisse brachte erneut das Vorhandensein zweier getrennter moralischer Stimmen zum Vorschein. Jene Personen, die eine moralische Fürsorgeperspektive vertraten, definierten sich fast ausnahmslos über den „Bindungs-Modus", während die Personen, welche sich für eine Moral der Gerechtigkeit aussprachen, sich fast ausnahmslos über den Modus der Fairness definierten.

Als Zusammenfassung dieses Abschnitts sei eine Tabelle wiedergegeben, die die beiden „entgegengesetzten" moralischen Perspektiven (im Hinblick auf verschiedene Kategorien) noch einmal schlagwortartig beschreibt.

| Die beiden moralischen Stimmen:<br>Bilder des Kontrasts | |
| --- | --- |
| **Die Stimme der Fürsorge** | **Die Stimme der Gerechtigkeit** |
| **Beziehungen:** | |
| Bindung;<br>Einschluß/Ausschluß;<br>Selbst *und* andere;<br>Schutz gegen Isolierung;<br>Wechselbeziehung wird vorausgesetzt;<br>Beziehungsgeflechte werden durch Aktivitäten der Fürsorge und der „Response" aufrechterhalten; | Ungleichheit;<br>Dominanz/Unterordnung;<br>Selbst *versus* andere;<br>Verhinderung von Autonomie;<br>Wechselbeziehung wird aufgebaut;<br>Hierarchie oder vertragsmäßige Beziehungen, die durch die Alternativen Zwang und Kooperation verbunden sind: |

| Die Stimme der Fürsorge | Die Stimme der Gerechtigkeit |
|---|---|
| **Selbst:** | |
| Verbunden; | Getrennt; |
| Voneinander abhängig; | Autonom; |
| Versteht andere von deren Standpunkt aus; | Versteht andere vom eigenen Standpunkt aus; |
| **Moral/moralischer Konflikt:** | |
| Probleme der Trennung; | Probleme der Ungleichheit; |
| Übergreifende Lösungen; | Faire Lösungen; |
| Schließt das Selbst ein, ohne andere auszuschließen und reagiert auf beide; | Stellt Gleichheit durch die Aufrechterhaltung von Regeln her; |
| „Responsiveness"[44]; | erfüllt die durch Rollen beschriebenen Verpflichtungen; |
| Niemand allein/Niemanden verletzen; | Reziprozität; |
| Ausweitung/Verstärkung von Verbindungen; | Rechte/Fairness; |
| | Ungleichheit wird durch Gleichheit ersetzt; |
| **Art und Weise (Modus) des Wissens:** | |
| Kontextgebunden; | Abstrakt, verallgemeinerter Ansatz (Objektivität/Unparteilichkeit); |
| empirischer Ansatz; | |
| Kenntnis der besonderen Situation/Bedürfnisse der Menschen gewinnen; | Auf andere ausdehnen, was man für sich selbst wünschen würde (goldene Regel); |
| Eintreten in einen Dialog; | Abbilden; |
| Geschichten teilen, um Ideen zu verändern. | Übereinstimmung mit der Vorstellung einer Person. |

(zitiert nach einem Vortrag von Langdale/Lyons 1985)

## 6.4 Resümee und offene Fragen

Ich habe in diesem Abschnitt versucht, das Projekt einer „Moral der Fürsorge" so darzustellen, wie es sich in den neueren, empirisch ausgerichteten Arbeiten Gilligans u. a. darstellt. Bewusst habe ich dabei Abstand genommen von Auseinandersetzungen, die von Verfechtern *einer* Theorie der Gerechtigkeit oder *einer* Theorie der Fürsorge geführt werden. Diese Debatte hatte sich an den Thesen, die Gilligan zugeschrieben wurden, entzündet, dass a) *Frauen* überwiegend über *niedrigere Gerechtigkeitsurteile* sensu Kohlberg verfügen und dass es b) *zwei eindeutig geschlechtsbezogene* Moralen gebe, eine männliche Gerechtigkeitsmoral und eine weibliche Fürsorgemoral.

Gilligan betont, dass sie beide Thesen nie vertreten hat: Dass die unter b) vertretene Annahme nicht zutrifft, haben die empirischen Aussagen auf den vorherge-

---

44 Die Orientierung der „Response" bzw. der „Responsiveness" impliziert nach Lyons immer eine Ausrichtung auf die Bedürfnisse anderer (vgl. Lyons 1983, S. 137).

henden Seiten erneut gezeigt, und „welchen Grund sollte es für die Annahme geben, daß Frauen bei Urteilen der Gerechtigkeit schlechter abschneiden als Männer
(wenn Erziehung/Ausbildung kontrolliert werden)?" (Gilligan).

Es sollte demgegenüber deutlich geworden sein, dass zu Recht von zwei moralischen Orientierungen, von zwei Linien der Entwicklung gesprochen werden kann,
die für fundamentale, zugleich aber sozial induzierte Unterschiede in der menschlichen Entwicklung stehen. Die Erfahrung der unterschiedlichen Bindung an bzw.
Trennung von der ersten „Dauerpflegeperson", in der Regel die Mutter, scheint
auf das kleine Kind eine nachhaltige Bedeutung auszuüben, wobei tendenziell ge-
schlechtsspezifische Muster eine Rolle spielen. Das kleine Mädchen wird von der
Mutter eher als gleich angesehen und passt sich umgekehrt diesem Modell an: Die
Identität bildet sich aus einer Bindung. Der kleine Junge wird demgegenüber von
der Mutter eher als nicht-gleich angesehen und passt sich seinerseits diesem Modell der Abgrenzung an, indem er seine Identität aus einer Abgrenzung/Trennung
heraus bildet.

Die frühkindlich erfahrene Bindung oder Trennung scheint somit jeweils einen
Modus der moralischen Orientierung und damit Identitätsentwicklung nahezule-
gen, der sich im Laufe der Zeit durch die bewusste wie unbewusste Übernahme
von Geschlechtsstereotypen verfestigt (vgl. Gilligan 1982; dt. 1984, S. 15 f.). Gilligan glaubt, dass in dieser elementaren Beziehungsdefinition der Schlüssel für das
Verständnis der Entwicklung zweier moralischer Orientierungen enthalten sein
könnte und dass sich möglicherweise ebenfalls zeigen wird, dass dem Bindungs-
modus eine umfassendere Bedeutung zukommt; denn Bindung bedeutet eine
überpersonale Beziehung, die mit dem Eintritt des individuellen Lebens bereits
vorhanden ist.

Menschliches Leben beginnt niemals auf einem Nullpunkt; für es ist konstitutiv,
wie die anthropologischen Werke beispielsweise von Plessner und Portmann sowie
die entwicklungspsychologischen Arbeiten von Baldwin bis Kohlberg, Kegan und
Damon, aber auch von Spitz, Harlow u. a. gezeigt haben, dass es sich nur in Auseinandersetzung mit dem anderen herausbildet. Die Entwicklungspsychologie
kennt keinen Robinson Crusoe.

Die entscheidende Leistung der geschilderten Position liegt somit nicht darin,
die Gerechtigkeitsorientierung der Kohlbergschen Moraltheorie „widerlegt" zu haben, sondern in dem Nachweis, dass eine Stimme nicht ausreicht, um ein vollstän-
diges Bild der moralischen Entwicklung zu entwerfen. Der zentrale Widerspruch
lautet demnach nicht, weibliche versus männliche Moral, sondern weibliche Moral, die sich gegen ein Theorienbündel wendet, das sich allein aus „männlichen
Daten" zusammensetzt und möglicherweise eine Stimme vergisst.

Die Hauptprobleme, die die Theorie von Carol Gilligan überwinden muss,
nimmt man die Vorstellung zweier moralischer Orientierungen als plausibel an,
scheinen sich demnach auf drei Punkte zu konzentrieren:

(1) Eine Klärung dessen, was unter einer Moral der Fürsorge (Anteilnahme) zu verstehen ist. Hierbei gilt es auch, dem Alltagsverständnis dieser Begriffe entgegenzutreten, das häufig gerade Gleichsetzungen herstellt zwischen einer traditionellen, konventionengeleiteten Vorstellung von Weiblichkeit und der Idee der Fürsorge. Es gibt durchaus „weibliche Stimmen", die dafür plädieren, den Begriff der Fürsorge (caring) nicht in die Idealvorstellungen von einer „gebildeten Person" aufzunehmen, da er als „kulturelles Stereotyp" nur zu einer weiteren Verfestigung von Rollenklischees beiträgt (vgl. Jane R. Martin 1983, S. 247).

(2) Damit einhergehend ließen sich auch jene Fragen beantworten, die den Stellenwert dieser Ethik im Vergleich zu den bereits bestehenden Ansätzen betreffen. Selbst wenn Gilligan betont, dass sich ihre Arbeiten in Auseinandersetzung mit und Absetzung von herkömmlichen Theorien der moralischen Entwicklung geformt haben, so ist es dennoch zumindest einer weiteren Prüfung wert, welche moralphilosophische Orientierung ihrer empirischen Entdeckung entspricht. Und dies nicht, um zu zeigen, dass „die" Philosophie „es" immer schon besser gewusst hat, sondern im Gegenteil, um zu helfen, Fragen des Begriffs und damit immer auch der Exaktheit und Angemessenheit, also der Güte des Konstrukts einer Moral der Fürsorge zu klären.

Einer Gefahr, die mit der von Gilligan u. a. vorgeschlagenen interaktiven Methodologie verbunden ist, dass nämlich jede vom befragten Subjekt vorgeschlagene Einschätzung als moralisch akzeptiert wird *und* zum Verständnis einer Fürsorge-Orientierung beitragen kann, könnte somit begegnet werden. Aber auch andere Probleme, so, ob die Kohlbergschen Vorstellungen ausreichend mit dem Etikett Gesinnungsethik beschrieben sind, in der einzig die „richtige" Überzeugung zählt (ohne die Konsequenzen zu berücksichtigen), und ob demgegenüber die Moral der Fürsorge das Etikett der Verantwortungsethik, d. h. der Berücksichtigung der Folgen der gewählten Entscheidung, allein für sich in Anspruch nehmen kann, bilden Fragen, die unmittelbar in die Praxis eingreifen und deshalb beantwortet gehören (vgl. z. B. Habermas 1983).

(3) Schließlich, diesen Punkt habe ich bereits angesprochen, bleibt zu klären, welche Faktoren für die Ausbildung der unterschiedlichen moralischen Orientierungen konstitutiv sind; denn die *direkte* Zuordnung von Bindung zu „weiblicher Fürsorge" und Trennung zu „männlicher Gerechtigkeitsmoral" hat sich ja durch den Nachweis, dass die Orientierungen nicht eindeutig geschlechtsgebunden sind, als brüchig erwiesen. Antworten auf diese Fragen sind aber sowohl notwendig, wenn wir uns ein umfassendes und (annähernd) richtiges Bild von der menschlichen Entwicklung machen wollen, als auch, wenn wir in praktischer Absicht auf diese Entwicklung – beispielsweise erzieherisch – einwirken wollen. Hierzu sei nochmals an die Tatsache erinnert, dass gerade die Studierenden (auch die weiblichen) an einer medical school, also einer Stätte, die zur Ausbildung von caring-professionals dient, nur eine, nämlich die Gerechtigkeits-Orientierung kannten.

Fürsorge und Anteilnahme spielten für die angehenden *Ärzte* keine Rolle (vgl. auch Raven 1989).

Aber auch die zentrale Kritik am Ansatz von Gilligan und Mitarbeiter/innen lässt sich abschließend formulieren. Gilligan hat den Anspruch auf universelle Richtigkeit im Hinblick auf den zu untersuchenden Gegenstand – in diesem Fall die Moral der Anteilnahme – gänzlich aufgegeben. Damit ist eine solche Konzeption nicht mehr in der Lage, sich eines angemessenen Maßstabs zur Bestimmung moralischer Urteile zu bedienen. Der Ansatz von Gilligan et al. kann somit bisher weder den materialen Bereich einer Theorie fürsorglichen moralischen Urteilens genau umreißen, noch Angaben darüber machen, wie reifere (und entwickeltere) Urteile im Vergleich zu einfacheren sich darstellen.

Dies führt im ersten Fall dazu, dass prinzipiell jedes Urteil, und sei es noch so idiosynkratisch, das von Personen geäußert wird, als ein begründetes Urteil der Anteilnahme akzeptiert werden muss; zum zweiten ist es methodisch nicht länger möglich, „gute" von „weniger guten" moralischen Argumenten zu unterscheiden. Der Relativismus, den eine Theorie universeller moralischer Ansprüche nach Kohlberg vermeiden wollte, kann hier nicht verhindert werden. So zeigt sich am Ende dieser Überlegungen auch, welches die Gründe sind, die für ein Zusammenhalten von (universellen) Urteilen und (kontextspezifischen) Handlungen sprechen. In diesem Sinne lässt sich dann eine Performanztheorie der Moral, d. h. eine Theorie „moralischen Handelns", nur auf dem Hintergrund einer, wenn nicht mehr vorgängigen, so doch unlösbar verbundenen Theorie des epistemischen Subjekts formulieren (vgl. dazu Althof/Garz 1988; Garz 1989).

# 7. Fritz Oser:
# Eine Theorie der religiösen Entwicklung

> „Der Weg führt aus der Unschuld in die Schuld,
> aus der Schuld in die Verzweiflung,
> aus der Verzweiflung entweder zum Untergang
> oder zur Erlösung: nämlich nicht wieder hinter
> Moral und Kultur zurück ins Kinderparadies,
> sondern über sie hinaus in das Lebenkönnen
> kraft seines Glaubens."
> (H. Hesse)

Ich hatte im Kapitel zu Baldwin, und zwar zu Beginn des Abschnitts über „Die Auffassungen über Religion und Kunst", eine Aussage zitiert, die ich jetzt noch einmal aufgreifen und etwas ausführlicher wiedergeben möchte. „Religion und Kunst", so Baldwin, „sind die ,Luxusgüter' des Lebens. Sie suchen nach keiner Rechtfertigung in praktischer Nützlichkeit oder im unmittelbaren Vorteil; sie verkörpern das Blühen menschlicher Gefühle und die Sehnsucht nach Früchten, die ausschließlich ihnen zukommen. Sie repräsentieren das Soziale und stammen von ihm ab; somit sind sie ein Anzeiger und ein Maß sozialer Werte und sozialer Errungenschaften; aber sie gehen über das sozial Erreichte hinaus und geben dem Verlangen des Individuums nach einem umfassenden und erfüllten persönlichen Leben eine neue Form und Kraft" (Baldwin 1911a, S. 142 f.)

Wie wird die Frage „nach einem *umfassenden* und erfüllten Leben", das über Kognition und Moral noch hinausgehen soll, heute beantwortet? „Religion", so Fritz Oser (geb. 1937) und Paul Gmünder, „ist die Auseinandersetzung des Menschen mit der Wirklichkeit angesichts eines Letztgültigen, das die gegebene Wirklichkeit transzendiert" (Oser/Gmünder 1984, S. 9). Wie diese Auseinandersetzung erfolgt, welche Intentionen, Hoffnungen und Wünsche die Menschen mit ihr verbinden, ist Gegenstand eines Forschungsprojekts, das auf Anregung von Lawrence Kohlberg im Jahr 1979 in der Schweiz von Fritz Oser und Mitarbeiter/innen begonnen wurde. Dabei stand zunächst die generelle Frage im Mittelpunkt, ob sich aus Interviews heraus eine Stufenfolge des religiösen Urteils im Sinne der Piaget-Kohlberg-Tradition formulieren lässt. Zugleich, so betonen Oser/Gmünder, kann diese Empirie – ebenfalls im Sinne der Verbindung von Philosophie und Wissenschaft bei Piaget und Kohlberg – nur in enger Verzahnung mit theologisch-philosophischer Reflexion zu sinnvollen Ergebnissen führen; somit kann auch keiner Seite ein sachlicher oder zeitlicher Primat zukommen. „Ein normativer und prinzipieller

Rahmen ist nur von der Religionsphilosophie zu erwarten; allein die Religionspsychologie aber kann ihn an der Wirklichkeit überprüfen. Wenn es der Religionsphilosophie zusteht, das Wesen des religiösen Urteils zu bestimmen, so fällt die Abklärung des Wie in den Zuständigkeitsbereich der Religionspsychologie" (ebd., S. 14).

Worin liegt das Erkenntnisinteresse einer solchen Konzeption? Sie will weder überprüfen, ob die Vorstellung eines Gottes auf eine tief im Menschen verankerte, eher psychoanalytisch erhellbare Suche nach einem Übervater als einer Leitfigur zurückzuführen ist, noch geht es ihr um eine gattungsgeschichtliche Rekonstruktion der Entstehung von Religion, viel weniger noch beansprucht sie, Aussagen über „Gott" selbst machen zu können. Das Ziel ist demgegenüber die Untersuchung und Aufdeckung der „Beziehungen des Menschen zu einem Letztgültigen in einer konkreten Situation" (ebd., S. 10); dabei wird nicht nur auf die Konzeption des „Genetischen Strukturalismus", sondern auch auf Vorstellungen des „Symbolischen Interaktionismus" zurückgegriffen[45].

## 7.1 Die Grundannahmen

Obwohl die Oserschen Arbeiten sich in ihrem Aufbau ausdrücklich an den bereits dargestellten Vorläufertheorien Piagets, Meads und Kohlbergs orientieren (jedoch nicht an Baldwin), ist es dennoch notwendig, hier bestimmte Basisannahmen zu explizieren, da zum einen der Gegenstand – die Religion – spezifische Aufmerksamkeitsrichtungen beansprucht und zum anderen jede neue wissenschaftliche Konzeption an den allgemeinen forschungsleitenden Merkmalen je erneut Änderungen, Ergänzungen sowie Revisionen anbringen muss.

### 7.1.1 Theorieübergreifende Merkmale

Als theorieübergreifend sollen im Folgenden jene Annahmen bezeichnet werden, die nicht nur für die Behandlung *einer* Entwicklungstheorie relevant sind, sondern die Bedeutung für alle hier vorgestellten Stufentheorien der Entwicklung besitzen[46].

Der Ausgang von der Annahme der *Entwicklung* der religiösen Urteilsbildung nötigt erneut, sich mit Fragen nach deren Wirkmechanismen zu beschäftigen. Es wurde bisher gezeigt, wie vor allem Baldwin und Piaget sich des Problems ange-

---

45  Die Konzeption des religiösen Urteils bei Baldwin spielt jedoch für Oser u. a. keine Rolle.
46  Wissenschaftstheoretisch lassen sich solche Theorien unter dem Begriff „Paradigma" zusammenfassen, d. h. „allgemein anerkannte wissenschaftliche Leistungen, die für eine gewisse Zeit einer Gemeinschaft von Fachleuten maßgebende Probleme und Lösungen liefern" (Kuhn 1976, S. 10).

nommen haben und Kohlberg entsprechende Aussagen formulierte, wonach der kognitive Konflikt, die Fähigkeit zur Rollenübernahme sowie die Atmosphäre einer Institution die Entwicklung beeinflussen. Oser erweitert diese Konzepte und fügt ihnen das Element der „Krise" hinzu: Wenn es darum geht, nicht nur zu erklären, wie sich Entwicklung Schritt für Schritt vollzieht, sondern auch, wie es zu einem Stufenübergang kommen kann, d. h. wie „Transformationen geschehen", „in denen etwas aufgegeben wird und etwas Neues entsteht" (ebd., S. 19), dann muss man auf einschneidende Ereignisse zurückgreifen können, die diese Übergänge bewirken.

Allerdings zeigten Untersuchungen, die sich diesem Themenkreis explizit widmeten (von Brachel/Oser 1984), dass viele der Befragten in den durchgeführten biographischen Interviews „Krise" eindeutig negativ interpretierten und die damit zugleich einhergehenden Chancen ignorierten. Aus diesem Grund musste der Krisenbegriff in späteren Veröffentlichungen zugunsten einer zeitlich verlängerten Transformationsvorstellung aufgegeben werden. Es wurde deutlich, dass „es nicht so sehr die kritischen Lebensereignisse (waren), die eine Transformation des religiösen Denkens bewirkten; vielmehr berichteten die Probanden von Phasen der Veränderung in ihrem Leben (Verlassen des Elternhauses, Aufnahme der Berufstätigkeit, Heirat), die dafür verantwortlich gewesen seien, daß frühere Denkweisen aufgegeben und neue Auffassungen über die Welt und das Verhältnis zu Gott gebildet wurden" (Oser 1988a, S. 13; vgl. auch S. 20).

Als Endpunkt seines Entwicklungsmodells, als höchste Stufe, sieht Oser eine entfaltete Identität, d. h. eine „Ich-Identität in Intersubjektivität". Der Anspruch, der mit dieser Konzeption einhergeht, besteht, wie schon bei den kognitiven und moralischen Theorien, darin, dass die Entwicklung universell erfolgt, d. h. dass die Stufen von allen Menschen in allen Kulturen – Oser nennt als Beispiel einen Tibetaner, einen Dominikaner, einen Atheisten – durchlaufen werden – wenn auch natürlich nicht gleich schnell und möglicherweise nicht gleich weit[47]. Damit verbunden ist wiederum die Idee, dass es sich bei den Stufen des religiösen Urteils nicht um gelernte „Wissensstrukturen" handelt, also um Wissen, das auf Abfragen direkt angegeben werden kann, sondern um religiöse Tiefenstrukturen, also um „unbewußte Muster der Identität, mit denen wir kritische Situationen des Lebens bewältigen ... Während man Wissensstrukturen sehr rasch erwerben kann, verändern sich die Tiefenstrukturen einer Person nicht so leicht" (Oser/Gmünder 1984, S. 42 f.).

---

47 Andreas Dick, ein Mitarbeiter Fritz Osers, hat Daten bei „Hindus und Jainisten in Rajasthan (Indien), Anhänger des Mahayana-Buddhismus an der Grenze zu Tibet sowie Angehörige zweier Religionen in Ruanda, Mitglieder einer christlichen Missionsgruppe und Anhänger des Bantukultes (Ahnenverehrung)" (Oser 1988a, S. 12) gesammelt und ausgewertet, aus denen deutlich wird, dass ein signifikanter Alterstrend vorliegt – „leider waren die Stichproben zu klein und zu spezifisch, um wirkliche interkulturelle Vergleiche zu erlauben" (ebd.).

Oser/Gmünder erläutern an einer schönen Beobachtung, in welchem Verhältnis das „gespeicherte Wissen" zu den „Tiefenstrukturen der Wirklichkeitsdeutung" steht:

> „In einem Kurs in Religionsdidaktik unterrichtete der erstgenannte Autor coram publico Erstklässler zum Thema ‚Gott ist mit dem Menschen'. Bei der Einleitung fiel das Wort Gott. Das erste Kind sagte: ‚Gott ist Liebe'. Das zweite: ‚Gott ist wie ein guter Vater'. Das dritte: ‚Gott verzeiht den Menschen'. Das vierte: ‚Gott ist überall mit den Menschen', usw. Und eigentlich hatte ich schon bei der Einleitung das Netz einer systematischen Gotteslehre vor mir, das seiner Struktur nach doch etwas befremdlich anmutete, wenn es aus dem Munde von Erstklässlern kam.
>
> So erzählte ich den Kindern eine Geschichte. Sie handelte von einem Mann, der nie Zeit hatte. Er war der Direktor einer großen Fabrik. Er hatte so viel zu tun, daß er nicht einmal Zeit hatte für seine Kinder und seine Frau. Und schließlich hatte er keine Zeit für Gott; er konnte nicht an seine Zukunft und auch nicht an die anderen Menschen denken. Denn er war immer beschäftigt. Eines Tages aber hatte er einen Herzinfarkt. Und jetzt lag er da im Spital, und plötzlich hatte er Zeit. Und er spürte, wie wichtig es war, daß jemand für ihn Zeit hatte. Und jetzt dachte er auch an Gott und bat ihn um Kraft.
>
> Und an dieser Stelle brach ich die Erzählung ab und fragte die Kinder, ob ihrer Meinung nach Gott ihm helfen soll.
>
> Die Hände der Kinder gingen wiederum in die Höhe. Und die meisten von ihnen meinten: Nein, er müsse ihm auch nicht helfen. Jetzt sei er selber schuld. Jetzt geschehe es ihm recht. Das sei ihm eine Lehre, er müsse noch mehr bestraft werden. Ein Kind: ‚Man müßte ihn schlagen'. Und ein anderes: ‚Mal so richtig in den Keller sperren ...'.
>
> An diesem Punkt unterbrach einer der anwesenden Lehrer die Kinder. Er schrie sie zornig an. Er sagte: ‚Vorher habt ihr doch alle gesagt, Gott sei gut, und jetzt ...'. Er ließ die Hände sinken. Vermutlich war es der Lehrer der Klasse" (ebd., S. 43).

## 7.1.2 Theorieimmanente Merkmale

Neben den zuvor genannten für das gesamte strukturgenetische Paradigma relevanten Aussagen gibt es eine Reihe von Charakteristika, die überwiegend den religiösen Entwicklungsbereich betreffen.

Eine erste wichtige Klarstellung berührt das Konzept des religiösen Urteils und dessen Abgrenzung zur Moral. Das religiöse Urteil – und nur dieses wird in den Untersuchungen zur religiösen Entwicklung erhoben – bezieht sich, generell formuliert, „auf jene subjektiven Wirklichkeiten, die mit Bedeutung, Sinngebung und Kontingenzbewältigung" (ebd., S. 27) des Menschen zu tun haben; oder anders und präziser formuliert, in ihnen „kommt immer ein Verhältnis zum Ausdruck, nämlich das Verhältnis Mensch – Ultimates (Gott)" (ebd., S. 26)[48]. Dieses Urteil zeigt sich besonders deutlich in den problemgeladenen Situationen im Leben eines Menschen, in Grenzsituationen, die schicksalshaft sind. Insofern ist es auch plausibel, die religiösen Urteile anhand von Dilemmata zu ermitteln, die eine entsprechende Struktur vorformulieren. Oser und Mitarbeiter/innen haben acht solcher Dilemmata entwickelt, von denen jeweils vier den Befragten vorgelegt wurden (vgl. ebd., S. 181 ff.). Beispielhaft wird hier die „Geschichte von Paul" zusammen mit einigen Fragen dokumentiert:

> „Paul, ein junger Arzt, hat soeben sein Staatsexamen mit Erfolg bestanden. Er hat eine Freundin, der er versprochen hat, daß er sie heiraten werde. Vorher darf er als Belohnung eine Reise nach England machen, welche ihm die Eltern bezahlen.
>
> Paul tritt die Reise an. Kaum ist das Flugzeug richtig aufgestiegen, meldet der Flugkapitän, daß ein Motor defekt ist und der andere nicht mehr zuverlässig arbeitet. Die Maschine sackt ab. Alle Sicherheitsvorkehrungen werden getroffen – Sauerstoffmasken, Schwimmwesten usw. werden verteilt. Zuerst haben die Passagiere geschrien, jetzt ist es totenstill. Das Flugzeug rast unendlich schnell zur Erde. Paul geht sein ganzes Leben durch den Kopf. Er weiß, jetzt ist alles zu Ende.
>
> In dieser Situation denkt er an Gott und beginnt zu beten. Er verspricht – falls er gerettet würde –, sein Leben ganz für die Menschen in der Dritten Welt einzusetzen und seine Freundin, die er sehr liebt, sofern sie ihn nicht begleiten will, nicht zu heiraten. Er verspricht, auf ein großes Einkommen und Prestige in unserer Gesellschaft zu verzichten. Das Flugzeug zerschellt auf einem Acker – doch wie durch ein Wunder wird Paul gerettet! Nach seiner Rückkehr wird ihm eine gute Stelle in einer Privatklinik angeboten. Er ist aus 90 Anwärtern aufgrund seiner Fähigkeiten ausgewählt worden. Paul erinnert sich jedoch an sein Versprechen, das er Gott gegeben hat. Er weiß nun nicht, wie er sich entscheiden soll.

Die standardisierten Fragen lauten:

1a) Soll Paul sein Versprechen an Gott halten? Warum oder warum nicht?
1b) Muß der Mensch überhaupt Versprechen an Gott halten? Warum oder warum nicht?

---

48  Oser/Gmünder definieren den Begriff des Ultimaten wie folgt: Er „rekurriert auf ein Letztgültiges, auf eine letzte Wirklichkeit" (ebd., S. 20, Fn. 3); eingeführt wird dieser bzw. der analog verwandte Begriff des „Letztgültigen deshalb, weil er leichter über die verschiedenen Kulturen und entsprechenden Religionen generalisierbar ist als die Begriffe ‚Gott', ‚Göttliches', ‚Übernatürliches'" (ebd., S. 89, Fn. 8).

1c) Glauben Sie, daß der Mensch ganz allgemein gegenüber Gott etwas tun muß? Warum oder warum nicht?

2) Was würden Sie zu dem Satz sagen: Es ist Gottes Wille, daß Paul in die Dritte Welt geht (bzw. sein Versprechen einhält)?" (ebd., S. 130 f.)[49].

Inwieweit unterscheidet sich das auf diese Art und Weise gewonnene Urteil von moralischen Urteilen – oder ist es doch so, wie z. B. der frühe Kohlberg vermutete, dass Religion und Moral keine deutlich voneinander getrennten Bereiche repräsentieren? Oser vertritt in dieser Debatte ganz entschieden die Auffassung, dass eine Reduktion des einen auf den anderen Bereich – gleich in welche Richtung – weder theoretisch noch praktisch aufgezeigt bzw. verteidigt werden kann. „Jeder Mensch stellt sich die Frage, wohin gehe ich, woher komme ich, was sind die Zufälligkeiten des Lebens, was übergreift und umgreift mich, wodurch bin ich bestimmt, was ist der Sinn des Lebens, was wird jenseits des Todes aus mir, was ist mir durch die Religion verheißen usw. ... Moral hingegen beschäftigt sich mit anderen Fragen, nämlich damit, ob die Zuteilung von materiellen und geistigen Gütern nach einer bestimmten Reversibilität erfolgt, also nach Prinzipien, die generalisierbar sind" (ebd., S. 63).

Diese Aussagen implizieren allerdings nicht, dass keinerlei Beziehungen zwischen den beiden Bereichen bestehen. Wie eine Teilstudie gezeigt hat (vgl. ebd., S. 223 ff.), kann man davon ausgehen, dass zumindest auf den frühen Entwicklungsstufen die moralischen Urteile den religiösen vorangehen; das heißt, dass das moralische Urteil höherstufig als das oder gleichstufig mit dem religiöse(n) Urteil ist. Insgesamt, d. h. über alle Stufen gesehen und unter Berücksichtigung weiterer Vergleichsuntersuchungen, muss allerdings betont werden, dass die Form der Beziehung zwischen religiösen und moralischen Urteilen noch weiter aufklärungsbedürftig ist (vgl. Oser 1988a, S. 15).

Ein weiteres theoriegebundenes Merkmal wird durch die *Dimensionen* des religiösen Urteils charakterisiert. Oser führt hier, in Analogie zu den Kohlbergschen „Themen" (Issues; vgl. Kapitel 5. 3), die die zentralen Konfliktpaare innerhalb der Gerechtigkeitsmoral ausmachen, sieben Dimensionspaare ein, die sowohl innerhalb der Religionsgeschichte wie in den religionspsychologischen Ansätzen eine immer wiederkehrende Bedeutung gefunden haben. Wie bei Kohlberg werden die Dimensionen jedoch *nicht* aus diesen Arbeiten abgeleitet, sondern „aus den subjektiven Antworten von Personen (unterschiedlichen Alters) auf unsere Dilemma-Texte herausgeschält (...); (also) durch Zusammenziehen und Gruppierung inhaltlicher Partikel subjektiver Produkte religiöser Weltbewältigung gewonnen" (Oser/Gmünder 1984, S. 33). Somit findet sich hier wiederum die bereits bekannte Figur des wechselseitigen Verschnürens (bootstrapping) von Theorie/Philosophie und Empirie. Folgende Dimensionspaare konnten formuliert werden:

---

49  Das Interview umfasst eine Reihe weiterer Fragen, die hier nicht wiedergegeben werden.

1. Heiliges vs. Profanes
2. Transzendenz vs. Immanenz
3. Freiheit vs. Abhängigkeit
4. Hoffnung vs. Absurdität
5. Vertrauen vs. Angst
6. Vergänglichkeit vs. Dauer bzw. Ewigkeit
7. Unerklärliches (Magisches) vs. funktionale Durchschaubarkeit

Im Umgang mit diesen Paaren zeigt sich, so die These, der Prozess der fortlaufenden Dezentrierung, wie er schon von Piaget beschrieben wurde; nun aber für den Bereich des religiösen Urteils. Während auf den unteren Stufen eher eine ich-bezogene Dimensionszuteilung vorgenommen wird, lösen sich die jeweiligen Vorstellungen in den mittleren Stufen vom Subjekt, ohne jedoch eine Verankerung oder Zuordnung in der Kategorie des Ultimaten zu finden; in den oberen Stufen wird schließlich ein Verhältnis des autonomen Subjekts zu einem autonomen Ultimaten erreicht (vgl. Oser 1988b, S. 47 ff.).

Zusammenfassend betont Oser. „Wir benutzen diese Dimensionen also (a) für die Beschreibung der dynamischen Beziehung zwischen Menschen und einem Letztgültigen, (b) um religiöses Denken durch gezielte Fragen anzuregen, Fragen, die indirekt die kognitiven religiösen Strukturen der Probanden zutage bringen (beispielsweise die Frage, ob es Gottes Wille war, daß dieses oder jenes passierte) und (c), um eine empirische Stufenhierarchie des religiösen Bewußtseins zu beschreiben" (Oser 1988a, S. 6).

## 7.2 Die Stufen der religiösen Entwicklung

Der folgende Abschnitt hat zum Ziel, die Stufen des religiösen Urteilens, versehen mit jeweils einer zugehörigen typischen Antwort, die aus den Untersuchungen stammt, darzustellen:

**Stufe 1: Sicht einseitiger Macht und Autorität eines Ultimaten (Deus ex machina)**

Die betreffenden Personen – in unserem Kulturkreis in aller Regel Kinder – unterstellen, dass eine vollkommene Außenlenkung durch das Letztgültige vorliegt. Dabei wird schon eine eindeutige Trennung zwischen den Anforderungen der Gesellschaft und den Kräften des Ultimaten vorgenommen. Eine passive Sicht des Menschen kennzeichnet diese Personen: Imperative kommen – quasi automatisch und unerwartet – von außen und müssen unbedingt befolgt werden. „Der Mensch ist ein heteronomes Vollzugsorgan des Ultimaten (‚Gott weiß schon, was er tut'; ‚Er handelt, weil er so handelt')" (Oser/Gmünder 1984, S. 89).

**Beispiel** (Grundlage ist das Paul-Dilemma):

*„Frage 7a:*   *Hat dieser Unfall etwas damit zu tun, daß Paul sein Versprechen gegen-*
              *über Gott nicht gehalten hat? Warum oder warum nicht?*

*Antwort:*    ‚Ja'. *Warum?* ‚Jetzt hat der liebe Gott ihm einfach eine Strafe gegeben'
              *Warum straft der liebe Gott Menschen?* ‚Wenn sie nicht gehorchen,
              dann straft der liebe Gott sie einfach'. *Warum müssen wir Menschen*
              *dem lieben Gott gehorchen?* ‚Sonst gibt er uns eine Strafe, wenn wir
              nicht gehorchen'. *Was will der liebe Gott uns mit einer Strafe sagen?*
              ‚Daß er es nicht gern hat, was wir getan haben' (Mädchen, 7 Jahre)"
              (Oser/Gmünder 1984, S. 90).

## Stufe 2: Sicht der Beeinflussbarkeit alles Ultimaten durch Riten, Erfüllungen, Gebete usw. (Do ut des)

Die Idee der einseitigen Beeinflussung, die für die Stufe eins charakteristisch ist,
wird jetzt aufgegeben zugunsten der Vorstellung eines wechselseitigen Austausches. Beispielhaft kann dies an religiösen Opferpraktiken verdeutlicht werden: Ich
gebe etwas und erwarte eine Gegenleistung der Gottheit. Für die Sichtweise der
Subjekte bedeutet dies, dass zwar nach wie vor eine Unterwerfung unter das Ultimate erfolgt, dass aber zugleich die Idee herrscht, dass „Mittel" (Gaben, Opfer,
aber auch das Gebet) vorhanden sind, um einen Pakt zu begründen. „Religiöse
oder angst-animistische Handlungen sind in erster Linie dazu da, Begünstigungen
(Reichtum, Gesundheit, langes Leben) zu erhalten. Umgekehrt werden Unglücks-
bzw. Glücksfälle als Handlungen ultimaten Wirkens in dem Sinne bezeichnet, als
Menschen eben zu wenig oder aber genügend geopfert, verzichtet, gebetet haben,
usw." (ebd., S. 91 f.).

**Beispiel:**

*„Frage 7a:*   *Hat dieser Unfall etwas damit zu tun, daß Paul sein Versprechen gegen-*
              *über Gott nicht gehalten hat? Warum oder warum nicht?*

*Antwort:*    ‚Ich sage ja, weil Gott nachher böse wäre. Paul hat ja versprochen, al-
              len armen Kindern zu helfen und nicht zu heiraten. Es soll ihm ein-
              fach eine Lehre sein, damit er es nie wieder macht. Vielleicht geht er
              im Moment noch nicht sofort darauf ein, aber wenn ihm dann zum
              zweiten Mal etwas passiert ... vielleicht, wenn er einen Sohn hat, und
              der ist ganz klein und stirbt, dann sollte er endlich aufmerksam wer-
              den'. *Was sollte er machen?* ‚Er sollte zu Gott beten, er sollte sich ein-
              fach fest entschuldigen. Beten, das sollte man einfach machen am
              Abend ... Ich bete einfach zu Gott, ich danke ihm und sage, daß mir
              nichts passieren soll während der Nacht' (Mädchen, 9 Jahre)" (ebd.,
              S. 92).

### Stufe 3: Autonomie der Person durch Abtrennung des Ultimaten vom genuin humanen Bereich (Deismus)

Die Person auf dieser Stufe ist in gewisser Weise Bewohner „zweier Welten", welche nebeneinander existieren und nicht miteinander kommunizieren; d. h. Angehöriger eines profanen und eines sakralen Bereichs. Die inhaltliche Ausprägung, die diese Stufe annehmen kann, ist sehr unterschiedlich. Oser erwähnt „atheistische Vorstellungen" – häufig in der Adoleszenz, Vertreter der Religionskritik (von Feuerbach über Nietzsche bis zu Freud) sowie Anhänger der Jugendsekten als Beispiele für diese Stufe (vgl. Oser 1988a, S. 9, 30 f. und 37 f.)[50]. Besonders aus der Perspektive der Dezentrierung wird die Übergangsfunktion deutlich: War auf den ersten beiden Stufen eine Bestimmung durch das Ultimate gegeben, so stehen jetzt Mensch und Letztgültiges separiert nebeneinander; auf den nächsten beiden Stufen werden wir schließlich sehen, wie eine Beziehung Mensch – Ultimates wieder aufscheint, die sich dann jedoch merklich gewandelt hat.

### Beispiel:

*„Frage 7a:* Hat dieser Unfall etwas damit zu tun, daß Paul sein Versprechen gegenüber Gott nicht eingehalten hat? Warum oder warum nicht?*

*Antwort:* ‚Ich kann es mir nicht vorstellen. Gesetzt den Fall, er hätte jetzt den anderen Weg gewählt, hätte sein Versprechen eingehalten, wäre irgendwo in die Dritte Welt gegangen und dort an Malaria oder weiß ich was gestorben. Das ist für mich genauso vorstellbar wie das, daß er sein Versprechen nicht eingehalten hat und jetzt einen Autounfall hat. Ich sehe da einfach keine kausalen Zusammenhänge mit dieser höheren Macht, diese Zusammenhänge sind einfach nicht mehr da. Wenn du so eine höhere Macht postulierst, wenn du sagst, daß es sie gibt, dann ist eben das erste, was mir daran auffällt, daß nicht mehr die logischen Zusammenhänge da sind im Sinne: Du hast das gemacht, du wirst jetzt für das bestraft, das fällt weg. Dort wird ja auch gar nicht mehr gewertet. Es wird ja nicht mehr unterschieden zwischen gut und böse. Gott straft und wertet nicht. Ich glaube, daß sich dieser Paul über einen unbewußten Mechanismus nachher selbst bestraft hat.

---

50  Die Formulierung der Stufe 3 hat in der Diskussion die massivste Kritik erfahren (vgl. Fetz/Bucher 1986; Döbert 1988); Oser betont in diesem Zusammenhang: „In welcher Form auch immer diese Stufe auftritt, sie ist für mich ein sehr wesentlicher Teil der religiösen Entwicklung" (Oser 1988a, S. 30). – Historisch gesehen geht die Idee des Deismus auf das Zeitalter der Aufklärung und der dort formulierten Vorstellung einer Vernunftreligion bzw. natürlichen Religion zurück; sie bezeichnete eine „Form rationalistischer theologischer Unorthodoxie (...): Den Glauben an einen einzigen Gott sowie an eine religiöse Praxis, die einzig auf der natürlichen Vernunft und nicht einer übernatürlichen Offenbarung beruhte" (Wood 1987, S. 262).

Aber daß das von einer höheren Macht gelenkt wird, das glaube ich
nicht' (Mann, 23 Jahre, prot.)" (Oser/Gmünder 1984, S. 95).

## Stufe 4: Autonomie der Person durch Annahme apriorischer Voraussetzungen aller menschlichen Möglichkeiten durch Ultimates (Apriorität)

Die beiden zentralen Konstituenten der vierten Stufe des religiösen Urteils sind
„Korrelation" und „Heilsplan". Der erste Begriff beinhaltet die Vorstellung, „daß
zwischen dem angenommenen Letztgültigen und der konkreten Situation des
Menschen Zusammenhänge bestehen und daß nicht das eine oder andere je wichtig sei, sondern nur die Korrelation beider" (ebd., S. 22). Demgegenüber geht der
Begriff „Heilsplan" von einem autonomen Subjekt aus, das jedoch „innerhalb eines universellen Planes steht, der die Möglichkeit der Bedingung von Leben ist"
(ebd., S. 98). Zusammengefasst und zugleich paradox formuliert legen die beiden
Merkmale die Vorstellung der vollkommenen Freiheit im Rahmen eines Bedin-
gungsverhältnisses nahe: Das autonome Subjekt fragt sich, worin seine Autonomie
letztendlich begründet ist bzw. nach der Bedingung der Möglichkeit von Freiheit
überhaupt.

**Beispiel:**

*Antwort:* „Für mich ist also, sagen wir mal, ich will den Begriff der Schöpfung
vielleicht nicht benutzen, weil er zu stark vorbelastet ist durch christ-
lich-ethische Gesichtspunkte, aber es gibt wohl sowas wie – ich nenne
es mal den göttlichen Plan, und innerhalb dieses göttlichen Plans haben Dinge und vor allen Dingen belebte Materie eine Berechtigung ...
Dieser göttliche Plan macht nicht Unterschiede zwischen einem Menschen und dem anderen Menschen, egal, welche Hautfarbe, welche
Vermögensverhältnisse oder sonstige Umstände eine Unterscheidung,
eine Differenzierung zwischen den Menschen ausmacht. Und wenn
ich ausgehe von so einem prinzipiellen, von außen herangetragenen
Plan, dann muß ich eigentlich sagen, wenn ich Mitglied dieser Spezies
Mensch eben bin, muß ich diesen Plan respektieren. Der ist nicht von
mir, sondern der kommt von außen, von jenem höheren Wesen, vielleicht. Das kann man also nennen wie man will ..." (Mann, 38 Jahre,
prot.; das Interview stammt aus einer von mir durchgeführten Untersuchung; D. G.).

## Stufe 5: Sicht einer kommunikativ-religiösen Praxis, in der Ultimates in jedem Handeln Voraussetzung und Sinngebung bildet (Kommunikativität)

Diese Stufenbeschreibung bringt insofern eine Ausweitung der Heilsplanvorstel-
lung der Stufe 4 mit sich, als nun auch die Beschränkung durch diesen Plan gelo-

ckert bzw. aufgelöst wird: Freiheit ist nicht länger Freiheit „von", sondern Freiheit „für" etwas. Es wird ein Zustand religiöser Autonomie erreicht, der zwar ein Ultimates noch als „Bedingung der Möglichkeit menschlichen Handelns" ansieht, der aber den „Ort des Ultimaten (...) in die menschliche Kommunikation hineinverlegt" (Oser/Gmünder 1984, S. 101), das heißt dann aber auch, dass Autonomie durch „unbedingte Intersubjektivität" bewirkt wird. „Das Ultimate wird als absolute Freiheit gesehen, das menschliche Freiheit ermöglicht und sinnhaft verbürgt" (ebd.). In Bezug auf die oben dargestellten Dimensionspaare herrscht nun ein Verhältnis vollkommener Komplementarität; „es gibt nichts Profanes ohne Heiliges; es gibt nichts Heiliges ohne Profanes" usw. (Oser 1988a, S. 9)[51].

Ein Beispiel für diese Stufe konnte in den Untersuchungen nicht gefunden werden. Eine gezielte Studie müsste sich an „großen Persönlichkeiten" orientieren: „engagierte Vorbilder an Außenposten der Gesellschaft, im Untergrund, in der Einsamkeit, Weise oder Heilige, große Denker oder mutige Theologen" (Oser/ Gmünder 1984, S. 169). Das hier ausgewählte Interviewprotokoll gibt die Antwort eines 40jährigen Theologen und Philosophen wieder:

**Beispiel:**

*„Frage 3b:*     *Zeigt sich Gott überhaupt in der Welt und auf welche Weise?*

*Antwort:*     ,Ich würde gar nicht sagen, daß sich in diesem geschilderten Leben von Paul gar nicht zeigt, was Gott heißt – aber nicht ohne Wahrnehmung seiner Verantwortung und nicht ohne seine Auslegung von seinem eigenen Leben. Hier wird Gott als naturkausaler Zusammenhang geschildert und nicht im Zusammenhang der Freiheitsgeschichte – und dies geht nicht, denn für mich läßt sich die Offenbarung und Manifestation Gottes nur innerhalb der Freiheitsgeschichte lokalisieren. Ich würde als erstes ablehnen, daß sich Gott zeigt in dem nur wunderhaften Zusammenhang, sowohl daß er bestraft als belohnt, würde zweitens ausgehen von dem Ereignis, in welchem sich Gott den Menschen zeigt, nämlich im Gekreuzigten und Auferstandenen, und d. h. in der Geschichte zeigt er sich eben dort, wo Menschen geschlagen werden, wo Freiheitsgeschichte sich in der äußersten Entgegensetzung realisiert; dies ist für mich ein wichtiger Ort der Manifestation Gottes.

---

51   Oser/Gmünder heben in der Veröffentlichung von 1984 hervor, dass noch eine weitere Stufe der religiösen Entwicklung vorstellbar ist. Diese 6. Stufe, zu der kein Datenmaterial vorliegt und die deshalb nur „postularischen Charakter" aufweist, orientiert sich an „universeller Kommunikation und Solidarität"; in ihrem Mittelpunkt „steht eine kommunikative Praxis mit universalem Anspruch, angelegt auf universale Solidarität" (Oser/Gmünder 1984, S. 103). In den Veröffentlichungen aus dem Jahr 1988 (Oser 1988a, 1988b) wird die 6. Stufe nicht mehr eigens thematisiert (vgl. jedoch Oser 1988a, S. 34 f.).

Ein wichtiger Ort ist auch die Liebe, der Haß, wo sich zeigt, was der Mensch ist, nicht ist und was er kann, jedenfalls zeigt sich Gott in der Interkommunikation und im Kommunikationsabbruch. Das ganze Leben ist auslegbar als Manifestation Gottes – und die Naturgeschichte muß von diesem Zusammenhang her gesehen werden. Ich kann nicht über das Böse reden, ohne von Gott zu reden. Man kann ja sagen, daß das Böse gut ist, daß der Wille zur Macht sich durchsetzen muß. Hier stellt sich für mich die Frage: Warum soll das nicht sein? Die Unterscheidung von Gut und Böse ist nur möglich, wenn der Mensch dazu befreit worden ist, so etwas wie ein unbedingter Anspruch, man soll doch das Gute realisieren, die andere Freiheit nicht antasten; dies kann man nur wahrnehmen, wenn man von anderer Freiheit erlöst ist zu sich selber'" (ebd., S. 172 f.).

## 7.3 Weitere Ergebnisse: Auftreten und Bestand der Stufen im Lebenslauf

Die Stufen des religiösen Bewusstseins beruhen auf der Auswertung eines mittlerweile umfangreichen Datenmaterials, so dass es sich anbietet, abschließend einige Ergebnisse vorzustellen, die bei den zuvor geschilderten Stufentheorien nicht oder zumindest nicht in diesem Umfang ermittelt werden konnten. Der referierten Untersuchung zur religiösen Urteilsbildung liegen Daten zugrunde, die in einer kleinen Schweizer Stadt erhoben wurden. Der Untersuchungsort, die Stadt Grenchen mit ca. 20.000 Einwohnern, wurde vor allem deshalb ausgewählt, weil sich die Konfessionen in etwa gleich verteilten, nämlich 44 Prozent Protestanten, 46 Prozent Katholiken und 8 Prozent Altkatholiken. Befragt wurden 112 Personen zwischen 8 und 75 Jahren – je zur Hälfte Frauen und Männer, deren Konfessionszugehörigkeit der Grundgesamtheit entsprach.

Die Resultate bestätigten, soweit dies eine Querschnittstudie leisten kann, die entwicklungslogischen Annahmen, die für die hier diskutierten Stufentheorien charakteristisch sind: Im höheren Alter wurde eine höhere Stufe des religiösen Urteils festgestellt, wobei jedoch von den Autoren in Übereinstimmung mit den bisherigen Basisannahmen betont wird, dass Alter nicht als Bestimmungsgrund für die Entwicklung herangezogen werden darf, sondern dass Sozialisationsfaktoren den Stufendurchlauf und -fortschritt bestimmen. In Bezug auf die Stufenfolge zeigte sich, „daß Stufe 1 mit 8 – 9 Jahren am häufigsten auftritt, mit 14 – 15 Jahren fast ganz abnimmt und mit 17 – 18 Jahren verschwindet. Stufe 2 zeigt einen verschobenen Trend: Mit 11 – 12 Jahren ist sie am häufigsten, nimmt aber mit 20 – 25 Jahren ganz ab. Stufe 3 beginnt mit 11 – 12 Jahren aufzuscheinen; sie tritt am häufigsten bei der Altersgruppe 20 – 25 Jahre auf. Schließlich finden wir ab dem 14 – 15 Altersjahr auch einen zunehmenden Alterstrend für die Stufe 4"

(Oser/Gmünder 1984, S. 193). Es ist also deutlich, dass die Resultate den aus den anderen Entwicklungsbereichen bekannten Stufenverlauf bestätigen und somit die allgemeinen Aussagen der strukturgenetischen Forschung stützen[52].

Auch eine interessante Abweichung von den generellen Hypothesen und den bisher bekannt gewordenen Daten zur Altersverteilung soll noch dokumentiert werden. Bei den Befragten im Alter zwischen 66 und 75 Jahren wurden nämlich kaum noch Antworten der Stufe 4 festgestellt und auch die Antworthäufigkeit im Hinblick auf die dritte Stufe sank ab. Damit liegt für diesen Entwicklungsbereich das erstaunliche Ergebnis vor, dass ein „Alters-Abbau" erfolgt – ein eher theorieunverträgliches Resultat, auch wenn es sich nur um eine kleine Stichprobe handelt. Da es sich bei den Daten nicht um Aussagen aus einer Längsschnittuntersuchung handelt, in der die gleichen Personen ein- oder mehrmals hintereinander befragt wurden, kann allerdings nicht von einer individuellen Regression gesprochen werden. Möglicherweise handelt es sich um Kohorten-Effekte, d. h. dass Angehörige einer Altersgruppe aufgrund eines kollektiven Schicksals (z. B. den Erfahrungen aus zwei Weltkriegen) in ihrer Entwicklung gehindert wurden; eine andere Vermutung besagt, dass man es mit einem organischen „Alters-Abbau-Effekt" zu tun hat; jedoch müsste diese organismusbezogene Aussage dann auch für andere Entwicklungsbereiche Gültigkeit besitzen. Schließlich erscheint es nicht unmöglich, die besonderen, großteils noch ungeklärten Sozialisationseffekte, denen ältere Menschen häufig unterworfen sind (z. B. „gelernte Hilflosigkeit"), als Erklärungsfaktoren heranzuziehen.

Als weiteren Interpretationsversuch führen Oser/Gmünder Ausschnitte aus dem Brief eines älteren Kollegen an, der eine stärker theologisch akzentuierte Erklärungshypothese vorschlägt. Obwohl auch diese Darlegung nur Plausibilitätscharakter aufweisen kann, möchte ich hieraus einige Passagen zitieren, um zeigen zu können, in welchem Maße Stufentheorien der Entwicklung fruchtbare Diskussionen auslösen können.

> „Der ältere Mensch fühlt wohl stärker als der noch vitale Mensch, daß er in dieser Welt, und das heißt auch gegen Gott, schuldig geworden ist. Er verzichtet auf eine Rechtfertigung gemäß Stufe 3 und unterwirft sich. Verstärkt wird dies ganz offensichtlich durch eine Resignation gegenüber der Welt: ‚Wir ordnen, es zerfällt, wir ordnen wieder und zerfallen selbst', sagt Rilke. Und so meine ich, wird der religiöse Mensch – statistisch gesehen – bescheidener. Altersweisheit hat etwas von kindlicher Mentalität, eine Einstellung, die sich nun freilich im Bewußtsein der allgegenwärtigen Abgründung von Welt (und Gott) *behaupten* muß" (Oser/Gmünder 1984, S. 220 f.; Hervorhebung im Original).

---

52  Angesichts der vorgenommenen theoretischen Formulierung, aber auch im Hinblick auf die von Oser und Gmünder dokumentierten Antworten scheint mir die Altersangabe von 14 – 15 Jahren für den Beginn der vierten Entwicklungsstufe zu früh angesetzt.

# 8. Michael J. Parsons:
# Studien zur ästhetischen Entwicklung

> „Eine genetische Psychologie der Kunst ist schwieriger als eine
> genetische Psychologie der Wissenschaft oder der Sittlichkeit;
> denn über den Begriff des Wahren und des sittlich Guten
> stimmen die Anschauungen immerhin etwas mehr überein
> als über den Begriff des Schönen."
>
> G. Grunwald (1921)

Das jüngste Beispiel für einen Entwicklungsbereich, der unter Rückgriff auf strukturgenetische sowie interaktionistische Theorien und Methoden untersucht werden kann, bildet die Ästhetik. In seinem Buch „How we Understand Art – A Cognitive Developmental Account of Aesthetic Experience" beschreibt Michael Parsons entsprechende Studien, die während eines Zeitraums von etwa zehn Jahren in den USA durchgeführt wurden.

## 8.1 Allgemeine Annahmen

Parsons rückt seine Arbeiten ausdrücklich in die Tradition der hier beschriebenen Ansätze ein und weist auch auf einige Vorläufertheorien zur Untersuchung der ästhetischen Entwicklung hin, die jedoch nach seiner Auffassung entweder daran leiden, dass sie keinen spezifisch ästhetischen Zugang wählen, sondern z. B. rein kognitiv-psychologisch im Sinne Piagets orientiert sind, oder ästhetische Entwicklung gerade ohne Berücksichtigung kognitiver Anteile zu bestimmen suchen. Gegenüber diesen beiden verkürzten Ansätzen betont Parsons, dass kognitive Elemente sehr wohl für die Analyse künstlerischer Gebilde relevant sind, allerdings nicht in der Form der Piagetschen Stufen, sondern unmittelbar ästhetikbezogen. Das klassische Beispiel für eine solche Vorgehensweise bilden nach wie vor die Ausführungen Baldwins, der, so Parsons, „der einzige ist, welcher eine systematische, kognitive und entwicklungsbezogene Erklärung ästhetischer Erfahrung versucht hat ... Seine Analysen waren bahnbrechend und voller wertvoller Erkenntnisse, aber ihnen fehlten die Vorzüge gegenwärtiger Arbeiten sowohl in der Psychologie wie der Ästhetik. Darüber hinaus basierten sie nicht auf empirischen Daten" (Parsons 1987, S. 10).

Die empirische Ausrichtung stufentheoretischer Konzepte sieht Parsons vollständig erst bei Kohlberg gewährleistet und insofern versteht er seine eigenen Arbeiten als „Anwendung" bzw. Übertragung eines (bereits bestehenden) theoretischen Ansatzes auf das Gebiet der Kunst. Dies trifft vor allem auf die Beschreibung der Stufen zu, die Parsons definiert als Muster oder Struktur intern verbundener Annahmen, welche sich in den Köpfen der Menschen zusammenfügen; d. h. sie sind Ideenverbindungen und *nicht* Eigenschaften von Personen (vgl. ebd., S. 11). Gleichwohl helfen die Stufen, Menschen – uns selbst eingeschlossen – besser zu verstehen.

Nur hinsichtlich eines Punktes scheint es Parsons notwendig, eine stärkere Akzentuierung als Kohlberg dies getan hat vorzunehmen und damit Kritiken, die letzterer gelegentlich auf sich gezogen hat, zuvorzukommen: Parsons hebt hervor, dass auch die höheren Stufen immer nur als sozial konstituiert zu verstehen sind; ein ästhetisches Urteil im „luftleeren Raum" – d. h. monologisch ohne Berücksichtigung sozialer Faktoren vollzogen – ist nicht vorstellbar: „Postkonventionalität kann nicht Postsozialität bedeuten" (ebd., S. XIII).

Methodologisch sieht Parsons seine Überlegungen abgesichert durch die von Habermas geleisteten entwicklungstheoretischen Grundlagenarbeiten; insbesondere die dort erfolgte Darlegung der drei Realitätsbereiche, in denen Entwicklung sich vollzieht (vgl. die Einleitung), dient als Ausgangspunkt der eigenen Überlegungen. Konsequenterweise kann Parsons seine Arbeit unter die Rubrik des Ästhetisch-Expressiven subsumieren. Bevor ich jedoch auf die ästhetischen Auffassungen Parsons eingehe, ist es notwendig, einige methodische Hinweise einzufügen.

### 8.1.1 Methodische Vorkehrungen

Zunächst muss wiederum betont werden, dass auch Parsons seine Arbeit ausdrücklich als eine Verbindung von Philosophie und Empirie konzipiert hat. Nur durch deren wechselseitige „Verschnürung" lassen sich theoretisch bedeutsame und zugleich empirisch aussagekräftige Erkenntnisse generieren. Im Hinblick auf die Datenerhebung und Auswertung bevorzugt Parsons ein qualitatives, d. h. in diesem Fall die Explikation des Materials betonendes Verfahren, das der Komplexität des in weiten Bereichen erst noch zu erschließenden Forschungsfeldes am ehesten gerecht zu werden verspricht.

Die Datenerhebung erfolgte mithilfe von Interviews, die über einen Zeitraum von mehr als zehn Jahren in Salt Lake City (Utah) und Umgebung, also bisher ausschließlich in den USA, durchgeführt wurden. Parsons verweist auf mehr als 300 Interviews mit Befragten vom Kleinkind- bis zum Erwachsenenalter, vom Vorschulkind bis zum Philosophieprofessor. Die Interviews, und hier ist auf eine wichtige Einschränkung aufmerksam zu machen, beschäftigen sich nicht mit Kunst generell, sondern mit einem Teilbereich, nämlich der Art und Weise, wie

Menschen auf **Bilder** reagieren, wie sie mit ihnen umgehen bzw. wie sie diese „verstehen", wonach die Menschen schauen und wie sie sich dabei fühlen (vgl. ebd., S. 1)[53]. Zu diesem Zweck wurden den Personen eine Reihe von Bildern vorgelegt sowie Standard- und Sondierungsfragen gestellt. Diejenigen Bilder, die die „interessantesten Antworten" provozierten, formten die Grundlage der Untersuchung. Es handelte sich hierbei um folgende Arbeiten:

| | |
|---|---|
| 1. Pablo Picasso: | „Guernica" (1937) |
| 2. Pablo Picasso: | „Weinende"/Kopf einer weinenden Frau mit Händen (1937) |
| 3. Francisco de Goya: | „Lo Mismo"/Radierung aus der Reihe „Desastres de la Guerra" (1810–1820) |
| 4. Auguste Renoir: | „Das Frühstück der Ruderer"/Ausschnitt: Frau mit Hund = Aline Charigot, die spätere Madame Renoir (1880) |
| 5. Ivan Albright: | „Into the World Came a Soul Called Ida" (1930) |
| 6. Paul Klee: | „Kopf eines Mannes"/auch Senecio genannt (1922) |
| 7. Marc Chagall: | „Der große Zirkus" (1927) |
| 8. George Bellows: | „Dempsey and Firpo" (1924) |

Die sich an die Vorlage der Bilder anschließenden halbstrukturierten Interviews umfassten zwei Teile. Zunächst wurden die Standardfragen gestellt, z. B.:

1. Können Sie mir bitte das Bild beschreiben?
2. Was ist das Thema? Ist dies ein guter Gegenstand für ein Bild?
3. Welche Gefühle sehen Sie in dem Bild?
4. Wie verhält es sich mit den Farben? Sind es „gute" Farben?
5. Wie verhält es sich mit der Form (den Dingen, die sich wiederholen)?
6. War es schwierig, ein solches Bild zu erstellen? Was daran war schwierig?
7. Handelt es sich um ein gutes Bild? Warum?

Im Anschluss daran – oder an passender Stelle im Interview – wurden zusätzlich Sondierungsfragen präsentiert, z. B.:

1. Sie haben Folgendes gesagt: ... Was meinen Sie damit?
2. Können Sie mir dafür ein Beispiel geben?
3. Können Sie dazu etwas mehr sagen?
4. An welcher Stelle des Bildes sehen Sie das? usw.
   (vgl. ebd., S. 19).

---

53  Parsons vermutet, dass „die hier beschriebene Entwicklung für den gesamten Bereich der Ästhetik gilt" (Parsons u. a. 1979, S. 211), hat aber dafür bisher kein Material gesammelt. Vergleiche dazu auch die Arbeiten von Jürgen Kreft zu Literatur und Moral 1978, 1984 und 1986.

## 8.1.2 Kunstspezifische Überlegungen

Die Kunst stellt sich, neben der Welt der äußeren Objekte und der Welt der gesellschaftlichen Normen, als eine dritte Welt dar: „Sie ist ein grundlegender Ausdruck (expression) des Selbst" (ebd., S. XII) – eine Selbstvergewisserung bzw. ein Sich-selbst-Kennenlernen. Parsons schließt sich dieser traditionellen (romantischen) Sichtweise an, die er auf philosophischer Seite im 20. Jahrhundert am eindrucksvollsten von Collingwood, Dewey und Susanne K. Langer verkörpert sieht. Natürlich repräsentiert der Rückgriff auf diese ästhetischen Leittheorien eine Auswahl aus dem viel umfangreicheren Spektrum kunstphilosophischer Ansätze und Bewertungen; dies ist jedoch eine Reduktion, die jede Psychologie des Ästhetischen vornehmen muss, um überhaupt zu einem Begriff von „Kunst" zu gelangen **und** diesen empirisch erschließen zu können.

Indem Kunst bzw. Ästhetik als autonomer Bereich des menschlichen Denkens angesehen wird – „mit eigenen charakteristischen Konzepten und Interessen" (ebd., S. 12) – ist es auch möglich, eine eigenständige individuelle Entwicklungsgeschichte zu postulieren und nach zentralen Kategorien wie Schönheit, Ausdrückbarkeit, Stil und formalen Qualitäten zu suchen. Der Kern der ästhetischen Erfahrung scheint nach Parsons Analyse durch vier miteinander verbundene Merkmale gekennzeichnet zu sein:

1. Durch die Erfahrung der Unmittelbarkeit bzw. Authentizität
2. Durch die „Erscheinung" des Gegenstands bzw. dessen „schönem Schein".
3. Durch eine „Personalisierung"; d. h. die Spiegelung der Erscheinungen in den Gefühlen der Menschen mit dem Ergebnis, dass beim Auftreten der Erscheinung sich zugleich ein empathisches Gefühl einstellt.
4. Durch eine „Idealisierung"; d h. die Organisation oder Bildung der ästhetischen Erfahrung nach den Kriterien des „Passens": Wie etwas zusammenpasst, wie einzelne Aspekte der ästhetischen Erfahrung zusammengesetzt werden, um etwas Ganzes zu gestalten, verlangt einen Akt der Idealisierung, was wiederum bedeutet, dem Werk mehr zuzugestehen als ihm in einem nicht-ästhetischen Modus der Wahrnehmung zukommt (vgl. auch den entsprechenden Abschnitt bei Baldwin).

Bei dieser Suche leiten nun wiederum eine Reihe von weiteren Zentralkategorien (expressionistischer) ästhetischer Begrifflichkeit die Forschung:

1. „Kunst ist mehr als eine Anzahl hübscher Objekte; sie repräsentiert vielmehr einen Weg, der uns zur Verfügung steht, um unser Innenleben auszudrücken ... Dieses Innenleben ist uns nicht transparent, ist nicht selbst-interpretativ; wenn wir es verstehen wollen, müssen wir ihm stärker wahrnehmbare Formen geben und diese Formen dann untersuchen. Die Kunst stellt einen Weg dar, dies zu tun" (ebd., S. 13).

2. „Was in der Kunst ausgedrückt wird ist mehr, als eine bestimmte Person zu einer bestimmten Zeit in ihrem Kopf hat. Das, was die Kunst uns zu verstehen ermöglicht, ist nicht notwendigerweise das, was der Künstler bewußt zu kommunizieren suchte. Kunst ist eher ein öffentlicher Besitz als subjektives Bewußtsein". Die Kunst befördert das Unbewusste: „Das trifft (zwar) auf alle menschlichen Handlungen zu, aber besonders auf die Kunst, da diese viel weniger von praktischen Anforderungen eingeschränkt wird ... Die Bedeutung eines Bildes liegt nicht in der privatimen Sicht eines Künstlers oder Betrachters; noch in einem ewigen, von der Gesellschaft unabhängigen Wesen. Bilder sind etwas Öffentliches, das wir mehr oder weniger gut wahrnehmen können, und das mehr oder weniger Verständnisarbeit erfordert. Die Stufen der ästhetischen Entwicklung sind Ebenen anwachsender Fähigkeit, die Expressivität von künstlerischen Arbeiten auf diese Art und Weise zu interpretieren" (ebd.).

Generell, aber besonders im Vergleich zur kognitiven und moralischen Entwicklung, spielt die Kunst im öffentlichen Leben wie in den wissenschaftlichen und philosophischen Disziplinen eine nachgeordnete Rolle. Ein Zustand, der sich beispielsweise in den pädagogischen Einrichtungen spiegelt, in deren Lehrplänen Kunst eine eher randständige Position einnimmt. „Allgemein gesprochen: Wir wissen weniger über das Unterrichten und Lehren der Kunst als über das Unterrichten irgendeines anderen Schulfachs. Als Ergebnis zeigt sich, daß die meisten Menschen in unserer Gesellschaft viel weniger von den Künsten als von der Naturwissenschaft und der Moral verstehen" (ebd., S. XIV).

3. Neben diesen beiden Aussagen formuliert Parsons eine weitere These, die zwar umstritten ist, die aber nach seiner Auffassung – zumindest als regulative Idee – jede Forschung zur ästhetischen Entwicklung anleiten muss. „Urteile über Kunst können objektiv sein. Obwohl Kunst unsere Bedürfnisse und Emotionen artikuliert, können die Interpretationen der Kunst mehr oder weniger vernünftig und die Urteile mehr oder weniger zu verteidigen sein. Sie mögen nicht vollständig richtig oder falsch sein, aber sicher sind sie mehr oder weniger angemessen" (ebd., S. 13 f.). Zu welchen Ergebnissen wurde Parsons aufgrund dieser Annahmen und seiner empirischen Studien geführt?

## 8.2 Die Stufen der ästhetischen Entwicklung

Wenn Menschen über Gegenstände der Kunst urteilen, verwenden sie bestimmte Kriterien – eine bestimmte Begrifflichkeit –, um diese Urteile zu formulieren. Dabei hat sich gezeigt, dass die Kriterien sich zu einigen zentralen Vorstellungen gruppieren lassen, die von der Mehrzahl der Befragten in diesem Fall zur Interpretation eines Bildes herangezogen werden. Parsons referiert fünf Leitvorstellungen:

1. Das Vergnügen an Farben und Gegenständen
2. Der Gegenstand – die Idee der Schönheit und des Realismus
3. Der emotionale Ausdruck (die Expressivität) des Kunstwerks
4. Das Medium, die Form und der Stil sowie
5. Die „Natur" des ästhetischen Urteils

Obwohl jede dieser Vorstellungen auf allen Stufen des ästhetischen Urteilens vertreten ist, lassen sich – mit Ausnahme von Stufe 1 – stufentypische Schwerpunkte erkennen. So können die fünf genannten Leitvorstellungen in der angegebenen Reihenfolge den Stufen 1 bis 5 zugeordnet werden.

### Stufe 1: Das Vergnügen an Farben und Gegenständen

> „„Das ist meine Lieblingsfarbe!'.
> ,Das mag ich, weil da ein Hund ist. Wir haben einen Hund der Toby heißt'.
> ,Ich glaube nicht, daß es schlechte Bilder gibt. Sie sind fast alle gut'" (Parsons 1987, S. 22).

So – oder so ähnlich – lauten die Antworten von Kindern, die noch in die Vorschule gehen oder die ersten Jahre in der Schule verbringen. Der Standpunkt anderer Personen spielt – wie aufgrund der oben beschriebenen Fähigkeiten zur Rollenübernahme erwartet werden kann – bei ihren Erörterungen keine Rolle. Das heißt nicht, dass die Kinder die Vorstellungen anderer ablehnen – sie nehmen sie einfach nicht zur Kenntnis. Ein Kind „unterstellt, daß andere sehen, was es sieht; ihm fällt der Unterschied zwischen dem eigenen und dem fremden Gedanken nicht auf ... Dies ist, was Baldwin ,Adualismus' genannt hat; der Zustand, in dem wir die Welt noch nicht in die Dualismen von Selbst und andere, Denken und Handeln sowie intern und extern eingeteilt haben" (ebd., S. 30 f.).

Die Kinder urteilen einzig im Hinblick darauf, ob die Bilder ihnen selbst Freude bereiten. Und in dieser Beziehung sind sie noch nicht einmal sonderlich anspruchsvoll. Sie „haben selten etwas an den Bildern auszusetzen, gleich welcher Gegenstand dargestellt oder welcher Stil repräsentiert wird. Sie mögen Farben; und zwar je mehr, desto besser" (ebd., S. 22).

So sind es vor allem zwei Aspekte, die Kinder beim Betrachten von Bildern faszinieren; zum einen die Farben, zum anderen bestimmte Motive, die einen nachhaltigen Eindruck hinterlassen.

### ▶ Die Farben

Farben sind das Merkmal, das die Kinder (etwa bis zum Alter von 9 Jahren) am stärksten anzieht. Natürlicherweise verfügen sie über keine ästhetischen Maßstäbe, beispielsweise im Hinblick auf Form oder Stil, aber sie reagieren auf eine Art und Weise, die sich als ästhetisch charakterisieren lässt: Ihr Maßstab ist die Schönheit, und diese wird vom Kind vor allem aufgrund seiner jeweiligen Lieblingsfarben bestimmt, den „favorites" (Parsons). So äußert sich Debbie (8 Jahre) über den Renoir:

> „Ich mag es. Ich mag das Blaue und das Gelbe.
> Sind das gute Farben?
> Ja ... Das sind meine Lieblingsfarben.
> Magst Du ein Bild, wenn es Deine Lieblingsfarben hat?
> Ja.
> Wieso das?
> Ich mag meine Lieblingsfarben einfach.
> Wenn es Deine Lieblingsfarben nicht hätte, könnte es dennoch gut sein?
> Das hängt davon ab, wie das Bild aussieht.
> Wenn es so wie dieses wäre, aber ohne Deine Lieblingsfarben?
> Ja. Das hier mag ich" (ebd., S. 29 f.).

Auch wenn das Bild nicht die Lieblingsfarben aufweist, ist es nicht allzu schwer, das Interesse der Kinder zu gewinnen, solange nur die Farben einigermaßen ansprechend sind. Das Vergnügen wird nicht ganz so groß sein wie bei den „favorites", jedoch immer noch stark genug, um negativ eingeschätzte Aspekte ignorieren zu können. Albrecht, 5 Jahre, äußert sich über den Klee folgendermaßen:

> „Das sieht irgendwie lustig aus.
> Sieht es denn so gut aus?
> Irgendwie lustig, aber nicht schlecht, weil es hübsch ist mit all den verschiedenen Farben.
> Wieso kannst Du sagen, daß es gut ist?
> Weil sie es mit all' den verschiedenen Farben gemacht haben; wie, hier ist etwas weiße Farbe, hier etwas gelbe und hier ist etwas weiß mit den anderen Farben.
> Das macht es gut?
> Ja, so wird es wirklich schön, und es ist wirklich hübsch" (ebd., S. 28).

▶ **Die Gegenstände**

Neben der Farbe repräsentiert der Bildinhalt das zweite Merkmal, das Kinder im Alter von etwas 4 bis 9 Jahre anspricht. Dabei zeigt sich erneut das unzureichende Vermögen, Begriffe in einem intersubjektiv teilbaren Sinn zu verstehen bzw. zu verwenden. Die 5jährige Debbie beschreibt ein Bild von Kandinsky:

> „Das sieht nach ganz verschiedenen Farben aus. Dies sieht aus wie eine große Gurke, die nach unten kommt und Essen kommt an Land: Gabeln, Messer und Löffel, sogar Ketchup" (ebd., S. 31).

Diese eigenwillige Aussage macht jedoch zugleich auf ein anderes Phänomen aufmerksam, nämlich die Tatsache, wie aktiv und wie kreativ Kinder mit Welt – und mit Kunst als Teil dieser Welt – umgehen. Es sind gerade nicht die erlernten und erwünschten Antworten, die vorgetragen werden, sondern Beschreibungen, die erkennen lassen, wie sich „Kinder als Philosophen" mithilfe ihrer Fantasie die Welt erschließen. Dies mag nicht ohne Fehler abgehen, jedoch eigenaktiv und mit großer Energie. An diesem Muster zeigt sich wiederum die den hier präsentierten Stufentheorien zugrunde liegende Entwicklungsvorstellung. „Es trifft zu, daß wir, wenn wir ein Kind fragen, wovon seine Zeichnung handelt, eine merkwürdige Antwort erhalten können. Aber das Kind kann möglicherweise dadurch stimuliert werden, sich mit der Idee der Repräsentation auseinanderzusetzen – etwas zu finden, von dem das Bild handelt. (...) Wir können diesen Punkt generalisieren. Es ist für Kinder hilfreich, über Bilder zu sprechen: Es kann sein, daß sie dann über das nachdenken, was sie nicht verstanden haben. Die Diskussion über Bilder ist wahrscheinlich die hilfreichste Sache, die wir mit Kindern unternehmen können – neben dem Zurverfügungstellen von Zeichenmaterial. Unser weitverbreitester Fehler besteht darin, zuwenig zum Verständnis der Künste zu verlangen und ihre Diskussion zu vermeiden" (ebd., S. 33).

Insofern verkörpern Beispiele wie die folgenden Aussagen eines Vierjährigen lediglich eine bestimmte Form der Repräsentation. Bei der Diskussion einer Szene auf einem Bauernhof führte er aus, „daß er das Bilde mochte, weil ein Pferd darauf sei, und das Pferd ließ ihn an seinen Cowboyhut denken, mit dem er gerne spielt. – Das Bild enthielt weder Cowboys noch Hüte, aber die Erinnerung an das Vergnügen mit seinem Hut machte einen lebendigen Teil seiner Reaktion auf das Bild aus" (ebd.).

Das Antwortmuster wiederholt sich bei Kindern dieser Stufe je erneut, so auch bei Fiona (4 ein Halb Jahre):

> „(Wie findest Du dieses Bild?)
> Das mag ich.
> Was daran magst Du?
> Den Hund auf dem Tisch.
> Magst Du Hunde?
> Katzen mag ich mehr. Wir haben sogar eine Katze.
> Wäre das Bild besser, wenn eine Katze darauf wäre?
> Ja. Unsere Katze hat schwarze und braune Sprenkel" (ebd., S. 34).

Diese Antwort macht noch einmal sehr deutlich, inwieweit Kinder ihre Vorstellungen und ihre Realität in Dinge „hineinlegen". Sie sehen nur das, was sie sehen „wollen" – die „favorites"; sowohl was die Farbe als auch was den Inhalt angeht. Es werden keinerlei Versuche unternommen, die Elemente in einen übergreifenden Zusammenhang einzubetten; sie sind da, weil das Kind es so möchte und auch so auf sich bezieht. An dieser Stelle zeigt sich erneut der von Piaget beschriebene Egozentrismus des Kindes. Das Bild ist auschließlich „dazu da", um die immer schon vorhandene Freude an bestimmten Dingen zu verstärken, während die Fähigkeit zu verstehen, dass andere über diesen Erfahrungshintergrund nicht verfügen, anders wahrnehmen oder die Erfahrung nicht teilen, fehlt.

## Stufe 2: Der Gegenstand – die Idee der Schönheit und des Realismus

„Das ist plump. Es ist wirklich häßlich'.
‚Man erwartet etwas Hübsches, z. B. eine Frau in einem Boot oder zwei Rehe in den Bergen'.
‚Das ist wirklich nur Kritzelei. Mein kleiner Bruder könnte das'" (ebd., S. 22).

Die Frage, was ein Bild darstellt, wovon es handelt, steht im Zentrum der Aufmerksamkeit für jene Betrachter, die sich auf Stufe zwei befinden. Wiederum sind es die Personen, die aktiv an den Gegenstand herangehen und die eigenen Vorstellungen an diesen herantragen. Allerdings reichen schöne Farben oder die Freude am Gegenstand allein jetzt nicht mehr aus, um Gefallen an einem Bild finden zu können. Die Darstellung selbst kommt jetzt zu ihrem Recht und wird entsprechend ernst genommen. Insofern fallen die Fragen: „Was ist der Inhalt dieses Bildes?" bzw. „Wovon handelt dieses Bild?" jetzt auf fruchtbaren Boden; sie werden verstanden, wenngleich sie nicht immer beantwortet werden können (vgl. ebd., S. 38 f.). Als Beispiel für Antworten dieser Art soll Angela, 9 Jahre, zu Wort kommen:

„Nun, ich mag die meisten Sachen. Manchmal, wenn ich aus weiter Entfernung ein Bild sehe, sieht es sonderbar und langweilig aus; aber dann komme ich näher und sehe es mir an. Ich setze mich, oder drehe meinen Kopf, und ich sehe es mir an, und ich finde die Figur im Bild heraus. Ich sehe es direkt an und finde heraus, was es ist, und dann mag ich es" (ebd., S. 39).

Parsons betont besonders die Verallgemeinerbarkeit dieses Gedankens. „Dies ist ein typischer Gedanke. Die Hauptaufgabe besteht darin, herauszufinden, wovon das Bild handelt. Danach mögen wir es in aller Regel" (ebd.). Und auch die Bestimmung des Gegenstands erfolgt nach Kriterien, die leicht zusammengefasst werden können: „Ein Bild ist dann am besten, wenn es schöne Dinge darstellt und wenn es dies auf eine realistische Art und Weise tut" (ebd.).

### ▶ Die Schönheit

Schönheit ist diejenige Kategorie, die für viele Personen als mit Kunst identisch erscheint. Sie ist etwas, das uns unmittelbar anspricht; wenn wir z. B. die Laokoon-Gruppe betrachten, haben wir den Eindruck eines volkommenen Kunstwerks und das heißt auch, vollkommener Schönheit. Nun lässt sich jedoch weder die Behauptung aufrecht erhalten, dass Kunst und Schönheit untrennbar verbunden sind, noch ist es hilfreich, Schönheit als Allgemeinbegriff zu verwenden. Einerseits lässt sich zeigen, dass – plakativ gesprochen – auch das Nicht-Schöne, das „Hässliche", Kunst darstellen kann, zum anderen muss die Idee der Schönheit weiter ausdifferenziert werden. Ist es die Schönheit des Gegenstandes, die des Ausdrucks, des Mediums insgesamt oder Schönheit als etwas ästhetisch Wertvolles und Beurteilbares, das den Betrachter anspricht? Auf Stufe zwei ist es letztlich allein die Schönheit des Gegenstands, die im Mittelpunkt der Überlegung steht. So sagt Blair, 12 Jahre alt:

„Nun, wenn man eine Frau, die in einem Boot sitzt, zeigen würde und einen See hinter ihr und so weiter; oder eine Anzahl von Rehen in den Bergen ..." (ebd., S. 40).

Und Connie, 12 Jahre, sagt über den Albright:

„(Ist das ein Gegenstand, von dem Du erwarten würdest, daß sich ein Maler ihn aussucht?)
Nein!
Weshalb nicht?
Nun, wenn ein Maler etwas malen will – die meisten Maler malen schöne Frauen, oder sie sehen toll aus in einer hübschen Umgebung ..." (ebd.).

Im Vergleich zu Stufe eins liegt Schönheit nun nicht mehr in der Person (Das ist **meine** Lieblingsfarbe), sondern im Bild selbst (Ich mag es, weil **es** schön ist).

Demzufolge kann sich jetzt auch die Vorstellung des Nicht-Schönen entwickeln. Parsons spricht vom „Häßlichen als dem Schatten, den das Schöne wirft, als Versagen, nach den Standards zu leben, die das Schöne setzt". Für die zweite Entwicklungsstufe liegt hierin jedoch auch ein Gewinn, denn sobald die Kinder bzw. Jugendlichen sich mit dem Bild, anstatt allein mit ihren inneren Zuständen auseinandersetzen, fällt es ihnen leichter, Stellung zu beziehen und etwas als hässlich zu bestimmen sowie, unmittelbar damit verbunden, es nicht zu mögen. Um das Eigenständige dieser zweiten Stufe darzustellen, möchte ich noch einmal zurückgreifen und eine Reaktion der ersten Stufe darstellen (gefragt war nach dem Bild von Albright); Emile, 5 Jahre:

„Oh, das ist schön ... weil es einen Mann, vielleicht eine Frau oder irgend etwas zeigt, dann ist da ein Stuhl, ein Teppich, ein Tisch, und sie hat hübsche Schuhe – es könnte ein Mädchen sein – und sie hat ein hübsches Kleid. Es sieht schön aus" (ebd., S. 42).

Demgegenüber antwortet der fünfzehnjährige Derek:

„Welche Gefühle hatte der Künstler, als er das hier malte?
Ich bin sicher, daß ihn die Frau beschäftigte: er war wütend auf sie; er sah, wie sie sich fragte: ‚Oh, warum bin ich so'? ...
Welche Gefühle hast Du dem Bild gegenüber?
Ich mag es nicht. Niemand will eine dicke, zellulitische Frau anschauen, die

dort sitzt und sich pudert, alles ist besabbert. An solche Dinge will man nicht denken" (ebd., S. 44).

An den Antworten lässt sich noch eine weitere Tendenz erkennen, die charakteristisch für dieses Alter ist. Parsons bezeichnet sie als die Idee „des unbestimmten anderen". Im Übergang zu Stufe zwei verschwindet die Egozentrik der ersten Stufe und macht der Orientierung an anderen Personen Platz. Die Kinder orientieren sich an den Personen ihrer Umwelt, an den – mit den Worten Meads – generalisierten anderen. Für die Bildbetrachtung hat sich jedoch gezeigt, dass es sich noch um eine Pseudo-Kommunikation handelt. Die Betrachter richten sich nämlich nur in ihrer Fantasie, nicht in der Realität, an den anderen aus. „Wir unterstellen nur, daß wir wissen, wie andere Personen fühlen: Sie fühlen so wie wir, und wir fühlen großteils so wie sie. Der andere ist keine besondere Person, sondern existiert in einem imaginierten Plural" (ebd.). Antworten, die dies exemplarisch belegen, lauten zum Beispiel:

> „Niemand will das sehen!
> Wie könnte irgend jemand das mögen?
> Wer möchte blöde Dinge, wie hier im Bild, sehen?" (ebd., S. 45).

Sehr deutlich wird die Idee des „unbestimmten anderen" an einer Aussage über den Goya (Emily, 9 Jahre):

> „(Ist es eine gute Sache, hierüber ein Bild zu machen?)
> Nein, das ist beängstigend. Es würde die Menschen verängstigen und dann würden sie das Bild nicht mögen.
> Glaubst Du, daß es überhaupt schlechte Bilder gibt?
> Ja, diejenigen, die die Leute erschrecken und sie schlecht fühlen lassen, wie es dieses macht ...
> Glaubst Du, daß niemand es mögen wird?
> Sie würden es nicht mögen, weil darin gekämpft wird. Es würde sie erschrecken" (ebd., S. 44).

▶ **Der Realismus**

Der Realitätsgehalt eines Bildes gehört natürlich auch zu den formalen Gestaltungsqualitäten, die für die vierte Stufe wichtig sind. Dennoch findet bereits auf Stufe zwei, der Stufe der Gegenstandsbetrachtung, eine **Bewertung** von Bildern statt, die sich an einem Realismus-Kriterium orientiert; nämlich im Zusammenhang damit, ob ein Bild überhaupt als sinnvoll erscheint. Für diese Art der Betrachtung konnte Parsons zwei Formen, die innerhalb der zweiten Stufe aufeinander folgen, identifizieren: Den „schematischen" und den „fotografischen Realismus".

„Der schematische Realismus verlangt, daß ein Bild das repräsentiert, was wir über den Gegenstand wissen – daß die wichtigsten Teile angeführt werden. Die

Abbildung eines Gesichts sollte beispielsweise zumindest die Augen enthalten und wahrscheinlich auch den Mund ... Ein Schema stellt genau eine solche Auswahl charakteristischer Züge dar, die in eine angemessene Beziehung gebracht werden, um den Gegenstand zu repräsentieren. Es ist ein Abbild, das als funktionales Äquivalent dient und keine genaue Darstellung dessen, was repräsentiert wird; ein Schema steht für etwas, es bildet jedoch nichts in einer exakten Weise ab" (ebd., S. 49).

Auf das Konzept des schematischen Realismus, jedoch ebenfalls noch auf der zweiten Stufe der ästhetischen Entwicklung, folgt die Vorstellung des fotografischen Realismus. „Dieser setzt ein Verständnis des schematischen Realismus voraus und fügt die Annahme hinzu, daß visuelle Erscheinungen die wichtigsten darzustellenden Faktoren sind. Er unterstellt, daß das Ziel in der genauen Wiedergabe der Dinge, so wie sie sind, liegt" (ebd., S. 50). Am Beispiel von zwei Aussagen zu Picassos „Weinende" lässt sich dies verdeutlichen. So sagt ein fünfeinhalb-jähriges Mädchen:

> „(Was sagst Du zu den Händen?)
> Da sind alle Finger dran. Ich denke, daß es gut ist, weil sie sogar Fingernägel an jedem Finger hat".

Etwas später mißbilligen wir die Hände, da sie den Kriterien des fotografischen Realismus nicht entsprechen. Eine Elfjährige sagt:

> „(Was sagst Du zu den Händen?)
> Nun, sie haben fünf Finger und alles, aber sie sehen auf keinen Fall so aus, wie Hände aussehen sollten.
> Was sollte er tun, um sie besser zu machen?
> Er sollte sie so machen, daß sie wie richtige Hände aussehen. Er hat sogar die Fingernägel auf die falsche Seite gemacht" (ebd.).

Alle Ergebnisse zusammengenommen kann Parsons zeigen, dass realistische Bilder von Kindern bis etwa zum 6. oder 8. Schuljahr anderen Bildern vorgezogen werden, und zwar mit zunehmender Intensität, so dass sich fast von einem Kult des Realismus sprechen lässt. Umgekehrt finden die Kinder und Jugendlichen jene Bilder, die abstrakt sind, und das bedeutet fast alle Objekte der Modernen Kunst, nicht sonderlich attraktiv – sie sind jedoch „bereit", dies zu „entschuldigen"; so äußert sich Lisa, 10 Jahre, über den Klee:

> „(Einige Personen sagen, daß es nicht besonders gut gezeichnet ist).
> Ich denke, daß es dennoch ein gutes Bild ist, weil, ich meine, er hat's versucht. Wenn er gar nichts gemacht hätte – nur irgendwie die Farbe aufgespritzt hätte, das wäre eine andere Sache, aber er arbeitete daran. Wer immer es gemacht hat, er hat daran gearbeitet.
> Wenn man sich richtig anstrengt, ist es dann immer ein gutes Bild?
> Eigentlich nicht. Aber man hat es zumindest versucht.

Wäre es schlecht, wenn er es einfach aufgespritzt hätte?
Nun, nicht immer. Manchmal ergibt dies ein wirklich hübsches Design.
Aber manchmal ist es einfach unmöglich" (ebd., S. 53).

## Stufe 3: Die Expressivität

„‚Das packt mich wirklich!'
‚Man kann sehen, daß der Künstler sie bedauert hat'.
‚Die Verzerrung bringt das Gefühl viel stärker heraus, als dies ein Photo
könnte'."

Im Übergang von Stufe zwei zu Stufe drei wandelt sich die Wahrnehmung des Ästhetischen erneut und wiederum auf eine umfassende Art und Weise. Es sind vor
allem drei Aspekte, die sich verändern: Einerseits wird jetzt der Inhalt der Bilder
stärker verinnerlicht, andererseits verlieren sowohl der Realimus als auch die
Schönheit des Bildes zunehmend an Bedeutung bzw. werden nicht länger unbe-
fragt als absolute Maßstäbe für eine Beurteilung herangezogen. Demgegenüber erscheint eine neue ästhetische Kategorie im Denken der Befragten: Die Expressivität. Obwohl auch auf anderen Stufen Expressivität wahrgenommen und geäußert
wird, rückt sie nun in das Zentrum der Überlegungen. „Bilder handeln nicht so
sehr von konkreten Objekten, sondern davon, was gedacht oder gefühlt und innerlich wahrgenommen werden kann. Sie drücken Erfahrungsaspekte aus, mentale
Zustände, Bedeutungen, Emotionen – subjektive Angelegenheiten ... Wir wissen,
daß es zahlreiche subjektive Zustände gibt, die Kunst ausdrücken kann, ohne jedoch eine klare Vorstellung davon zu haben, woraus diese bestehen" (ebd., S. 70).
Diese Darstellung spiegelt sich in Gladys (17 Jahre) Aussage über den Goya:

„(Was denken Sie, was Kunst tun sollte?)
Ich denke, daß sie eine Absicht 'rüberbringen soll, und ich denke, daß man
ein Gefühl davon bekommen sollte.
Ein Gefühl?
Ja; sie sollte eine Aura um sich haben, etwas, ein Gefühl, das sie durchdringt,
eine umfassende Stimmung.
Wenn Sie sagen, ‚eine Absicht 'rüberbringen', was meinen Sie damit?
Ich denke, sie sollte fast didaktisch sein. Es ist so unterschiedlich, weil es so
viele verschiedene Arten von Kunst oder Bildern gibt, z. B. Portraits. Es gibt
Bestimmte, die dich nichts lehren oder die keinen Witz haben, wie Menschen, die auf einer Wiese umherlaufen oder so etwas. (...)
Nun, welche Absicht bringt dieses Bild herüber?
Eine Emotion, eine Idee. Es ist offensichtlich, was es transportiert. Es ist einfach das: Tod; Menschen, die sterben oder gerade getötet werden. Im Ge-
sicht des Mannes, der steht, können Sie seine Erschöpfung erkennen. In diesem Bild liegt etwas Wesentliches" (ebd., S. 70 f.).

Andere Personen sprechen von einer „Reaktion aus dem Bauch", d. h. eine Reaktion, die „unmittelbar und innerlich gefühlt wird und die eine eigenständige Unterstützung der Authentizität mit sich bringt. Wir fühlen deren Richtigkeit und kontrastieren sie mit der Akzeptanz der konventionellen, der inauthentischen oder der unechten Reaktion – als welche die Reaktionen der Stufe zwei uns jetzt erscheinen" (ebd., S. 72). Aber die Beurteilung wird auch stärker individualisiert. Sprach auf Stufe zwei noch die Stimme des „unbestimmten anderen", so bringt sich nun die Individualität zum Ausdruck; und zwar sowohl diejenige des Künstlers als auch die des Betrachters. „Die Bedeutung eines Bildes muß nun an irgend einem Ort zwischen diesen beiden Personen lokalisiert werden" (ebd., S. 73). Zunächst geschieht diese Ortsbestimmung für den Künstler. Der Betrachter auf Stufe drei wird sich fragen, was der Künstler intendierte: d. h. was er ausdrücken wollte. Jill, eine Studentin in den Anfangssemestern, nähert sich dieser Auffassung bei der Diskussion des Chagall wie folgt:

> „Ich meine, daß er interessante Farben benutzt hat. Ich denke, daß sie etwas bedeuten müssen. Es liegt ein Zweck dahinter. Er hat solch ein lebhaftes Gelb benutzt, und noch dazu die Blautöne.' Auf Stufe zwei könnte Jill gesagt haben: ‚Die Farben sind hübsch. Es gibt helles Gelb und viel Blau'" (ebd., S. 74).

Neben der Erkenntnis und der Berücksichtigung der Expressivität des Malers zeigt sich nun – als reziprokes Verhältnis –, dass die Wahrnehmung der Subjekte emotionale Eigenanteile enthält. Nicht nur das, was der Künstler intendiert, ist von Bedeutung, sondern stärker noch: Das „Bild muß auch im Geist des Betrachters rekonstruiert werden … Die Subjektivität des Künstlers impliziert die Subjektivität des Betrachters. Diese Einsicht komplettiert die grundlegende Struktur von Stufe drei, die aus einer dyadischen Beziehung zwischen dem Künstler und dem Betrachter besteht; deren Vermittlung geschieht durch das Bild" (ebd., S. 75 f.). Sowohl der Ausdruck des Künstlers als auch die Eindrücke der unterschiedlichen Betrachter werden jetzt als „echt" und als „gültige Reaktionen" anerkannt. Dafür bietet Lewis, ein Student, ein Beispiel:

> „(Sie sagen, daß er möchte, daß andere Menschen verstehen, was er zu sagen versucht. Dann hängt der Erfolg eines Bildes in gewisser Hinsicht davon ab, ob die Menschen verstehen, was er zu sagen versuchte?)
> Nicht notwendigerweise der Erfolg. Aber, der Künstler – der Grund weshalb er es malte, ist der, daß er es einfach wollte. Ihm gefällt das Malen; und er wollte seine Gedanken und Gefühle auf das Papier bringen …, wissen Sie, das ist die entscheidende Sache. Und, ein anderer Punkt, ich kann mir vorstellen, daß ein Künstler es mag, wenn die Menschen seine Bilder anschauen und verstehen, was der Künstler zu sagen versuchte. Aber das gelingt nicht immer. Möglicherweise sehen sie etwas, an das er nicht dachte. Aber das be-

deutet nicht notwendigerweise, daß es falsch ist. Die Sichtweise dieser Personen kann ebenso wichtig wie die des Künstlers sein" (ebd., S. 78).

Häufig kommt es dazu, dass Personen, vor allem in der Adoleszenz, ihre subjektiven Erfahrungen und Auffassungen überbetonen und überhöhen – dass sie mehr an ihren Gefühlen interessiert sind als an dem, was der Künstler zum Ausdruck bringen wollte. Dann kann es passieren, dass starke Vor-Urteile in die Interpretation eines Bildes eingehen; dass man befangen ist und die eigenen Probleme und Wünsche in das Bild hineinliest. Dennoch geschieht diese Wahrnehmung eines Bildes, die durchaus für die dritte Stufe charakteristisch ist, nicht unreflektiert wie auf Stufe eins. Der Interpret ist sich der Differenz zwischen sich und dem Bildinhalt bewusst, aber er kann seine Gefühle noch nicht in Bezug auf einen (objektiven) Standard einschätzen. Mavis, 18 Jahre, äußert sich über den Albright:

> „Er versucht, die Sache mit der Schönheit herüberzubringen und daß alles so oberflächlich ist. Du wirst alt, und es zeigt die Schwierigkeit der ganzen Schönheitsgeschichte auf, die Besessenheit von dem Schönsein ... Ich bewundere den Maler, wenn es das war, was er transportieren wollte, weil er dies durchschaut hat; es ist nämlich nicht einfach, das zu schaffen. (...).
> Ich mag es sehr, wirklich. Es ist depressiv, aber es ist auch etwas, wovon ich besessen bin, die Tatsache, daß die Menschen so oberflächlich und materialistisch sind. Und ich bin auch keine Ausnahme. Sondern ich ertappe mich, daß ich auch so bin, und das frustriert mich, und das illustriert es auch wieder" (ebd., S. 79).

Die Identifikation mit dem Bild bzw. mit dem, was Albright darstellen wollte, ist offenkundig. Was dem Betrachter jedoch fehlt, so Parsons, ist die Fähigkeit, andere als die eigenen emotionalen Wertmaßstäbe an das Bild heranzutragen; die Fähigkeit, sich mit Standards, die z. B. von Experten aufgestellt werden, auseinanderzusetzen. Diese Kompetenz steht im Mittelpunkt der Stufe vier.

## Stufe 4: Medium, Stil und Form

> „Die Art und Weise, wie die Farbe hier aufgetragen ist und die Grundfarbe durchscheinen läßt – das sagt alles!'
> ‚Es liegt ein eigenartiger Humor im Gesicht. Grundsätzlich ist es frontal, aber die Augen sind in einem kubistischen Stil gemacht'.
> ‚Er spielt mit den Augen. Sie sind eher wie Tassen oder Boote; es ist eine visuelle Metapher'" (ebd., S. 24).

Den Hauptgewinn der vierten Stufe sieht Parsons „in der Einsicht, daß Interpretationen nach einem Dialog im Kontext einer Gemeinschaft verlangen" (ebd., S. 80). Diese Vorstellung lässt sich in zwei zusammenhängende Problembereiche aufteilen; es kann nämlich einerseits nach dem „diskursiven Charakter von Interpretationen" gefragt werden, zum anderen nach der „Öffentlichkeit, in welcher dieser Diskurs stattfindet".

Im Hinblick auf die diskursive Interpretation von Kunstwerken schließt sich Parsons ausdrücklich an philosophisch-hermeneutische Traditionen an. „Die Interpretation wird zu dem Versuch, unterschiedliche Sichtweisen eines Bildes in Beziehung zu setzen und ein Ganzes aus den zahlreichen Elementen heraus zu formen" (ebd., S. 80). Beispielhaft wird diese Idee – die Vorstellung eines hermeneutischen Zirkels – von Hans-Georg Gadamer ausgeführt[54].

„Wer einen Text verstehen will, vollzieht immer ein Entwerfen. Er wirft sich einen Sinn des Ganzen voraus, sobald sich ein erster Sinn im Text zeigt. Ein solcher zeigt sich wiederum nur, weil man den Text schon mit gewissen Erwartungen auf einen bestimmten Sinn hin liest. Im Ausarbeiten eines solchen Vorentwurfs, der freilich beständig von dem revidiert wird, was sich bei weiterem Eindringen in den Sinn ergibt, besteht das Verstehen dessen, was dasteht" (Gadamer 1986, S. 271). An anderer Stelle wird deutlicher, dass dieses Verstehen nicht nur Schriftstücke, sondern Texte (Objektiviationen) schlechthin erfasst.

„Wir fragen zunächst: Wie setzt denn die hermeneutische Bemühung ein? Was folgt für das Verstehen aus der hermeneutischen Bedingung der Zugehörigkeit zu einer Tradition? Wir erinnern uns der hermeneutischen Regel, daß man das Ganze aus dem Einzelnen und das Einzelne aus dem Ganzen verstehen müsse. Sie stammt aus der antiken Rhetorik und ist durch die neuzeitliche Hermeneutik von der Redekunst auf die Kunst des Verstehens übertragen worden. (...) So läuft die Bewegung des Verstehens stets vom Ganzen zum Teil und zurück zum Ganzen. Die Aufgabe ist, in konzentrischen Kreisen die Einheit des verstandenen Sinnes zu erweitern" (ebd., S. 296).

Die so durchgeführte Interpretation stellt nun, das ist der zweite für die vierte Stufe charakteristische Punkt, keine von einem einsamen Betrachter vorgenommene Tätigkeit dar. Interpretationen sind immer intersubjektiv vermittelt. „Die Bedeutung eines Bildes besteht nicht mehr länger allein aus einem subjektiven Bewußtseinsinhalt, sei es beim Künstler oder beim Betrachter. Sie muß subjektiv erfaßt werden, aber sie ist nicht auf die Subjektvität einer Person beschränkt. Sie wird vielmehr von unserem kollektiven Verständnis der tatsächlichen Qualitäten des Bildes konstituiert. Dieses kollektive Verständnis ist kein Eigentum einer Person; wie die Bedeutung der Wörter einer Sprache ist es eine öffentliche Angelegenheit und somit unabhängig von irgendeiner Person" (Parsons 1987, S. 83).

Worauf beziehen sich nun die Interpretationen bzw. woran orientiert sich der öffentliche Diskurs; oder mit anderen Worten: Welche Inhalte prägen die Aussagen auf Stufe vier? Die „Qualitäten, die ein Bild allererst ermöglichen", sind rasch benannt; zunächst natürlich die Farbe und Leinwand bzw. Wasserfarbe und Pa-

---

54  Parsons führt ein längeres Zitat Gadamers aus der englischen Übersetzung von „Wahrheit und Methode" an (S. 80 f.). Leider war es mir nicht möglich, dieses in der deutschen Ausgabe aufzufinden. Ich führe daher zwei Stellen an, die das Gemeinte der Sache nach belegen.

pier. Das sind natürlich nur elementare Voraussetzungen. Gestalterische Elemente müssen hinzutreten. So die Form, d. h. das „Arrangement der Elemente" (ebd., S. 86) und der Stil des Bildes, d. h. „dasjenige, das zwei oder mehr Bildern auf eine bedeutsame Art und Weise gemeinsam ist" (ebd., S. 87). Diese beiden Elemente stehen für eine Reichhaltigkeit, die weit über die Freude an Farben oder die Fähigkeit, Emotionen adäquat auszudrücken, hinausweist. So kann „Einfachheit" beispielsweise erst jetzt als relevantes Gestaltungsprinzip eines Bildes erkannt und anerkannt werden. Karen, eine Kunstprofessorin, beschreibt ihre Konzeption anhand des Klee:

> „Mehr als alles andere arbeitet er mit äußerster Einfachheit. Wie wenig kann man sagen und immer noch ein Bild haben? Dies ist eine Frage, die – wie ich meine – ihre Reife mit dem Minimalismus erreicht hat. Wieviel kann man auslassen und dennoch expressiv, dennoch analytisch zu sein? Es ist ein Versuch, einfach zu sein, rein zu sein, so wenig wie möglich zu sagen, daß die Farben für einen sprechen – und es dennoch als ein Kunstwerk, als ein Bild, existieren zu lassen" (ebd., S. 111).

Stil und Form werden jetzt – wie angesprochen – auch in einen explizit gesellschaftlich-historischen Kontext einbezogen. Das, was gesehen wird, kann eingeordnet werden in einen größeren, übergreifenden Zusammenhang. So interpretiert Kathleen, ebenfalls eine Kunstprofessorin, den Chagall folgendermaßen:

> „Die Farbe ist kindlich, groß und oberflächlich ..., gut gewählt. Es gibt das intensive Gelb, und die Figur auf dem Pferd hier, das ist hübsch und wird hier drüben in diesen Abbildern reflektiert. Der Kontrast, das Blaue, dient nicht so sehr, um eine Stimmung hervorzurufen; er verwendet es, um einige Dinge nach hinten treten zu lassen. Sehen Sie, er benutzt die Perspektive nicht, um einen Raum zu suggerieren. Man kann das gleiche mit Farbe erreichen, und Chagall war wahrscheinlich bewußt, daß Matisse und die Impressionisten dies taten – daß kühle Farben in den Hintergrund treten und warme Farben nach vorne rücken" (ebd., S. 114).

Obwohl Parsons sich zu den Mechanismen der Entwicklung nur sehr vage äußert und hierzu auf die Veröffentlichungen von Baldwin und Kohlberg verweist, bietet die Darstellung der vierten Stufe Anlass für eine wichtige Feststellung, die zugleich den eigentümlichen Charakter einer Entwicklungstheorie des ästhetischen Bewusstseins unterstreicht. Ich zitiere:
Die „Reflexionen über die Bedeutung des Bewußtseins von Stil und der Geschwindigkeit des Wandels in der Kunstwelt erheben offenkundig einige Fragen über die Erziehung in den Künsten. Der durchschnittliche Betrachter kann nicht länger unterstellen, daß er mit dem Künstler oder anderen Betrachtern einen gemeinsamen interpretativen Rahmen teilt, nur weil sie in **einer** Gesellschaft leben. Wir können die zentralen Werke des 20. Jahrhunderts nicht verstehen, indem wir

sie so anschauen, wie wir dies auf Stufe drei tun – als wären sie von einem Freund erstellt, mit dem wir uns intuitiv verstehen. Die Unterschiede hinsichtlich der Voraussetzungen, des Verständnisses und der Techniken sind zu groß, um intuitiv überbrückbar zu sein. Wir können die zeitgenössische Kunst nicht einfach aufgrund unserer Sozialisation – ohne eine bewußte Kunsterziehung – verstehen" (ebd., S. 116 f.).

### Stufe 5: Die „Natur" des ästhetischen Urteils: Autonomie

> „,Es scheint mir, daß es aus den Schranken des Stils ausbricht, indem es das Flache der Oberfläche hervorhebt'.
> ,Ich schwanke. Ich dachte, daß es zu rhetorisch ist; jetzt versetzt es mich wieder in Schwingungen'."

Die Vorstellung eines gebildeten, im Sinne eines zur Kunst erzogenen Betrachters konkretisiert sich im Übergang zu Stufe fünf noch einmal. Dieser Betrachter „ist nun autonom geworden". Parsons skizziert diese fünfte Stufe in Analogie zu Kohlberg als postkonventionell und verbindet damit die Vorstellung, dass „wir Urteile nicht mehr aufgrund der Autorität einer Tradition akzeptieren, sondern daß wir diese für uns selbst erneut untersuchen" (ebd., S. 121). Damit lösen wir uns jedoch nicht aus dem gesellschaftlichen Diskurs heraus – ich hatte schon darauf hingewiesen: Für Parsons kann Postkonventionalität niemals Postsozialität bedeuten –, sondern unsere Interpretation beruht nun sowohl auf unseren „eigenen" Kriterien als auch auf der Heranziehung des gemeinsam geteilten Traditionsbestandes der Kunstwelt. Mit den Worten Meads: „I" und „Me" sind gleichermaßen am Verständnisprozess beteiligt; und wir sind jetzt in der Lage, einen Diskurs stellvertretend für imaginierte andere (kontrafaktisch) zu führen. So gestalten sich Urteile über Bilder als Ausdruck dieser Wahrnehmung entsprechend. Henry, ein Kunstprofessor, führt aus:

> „Ich denke auch, daß Chagall, daß er zu einem bestimmten Zeitpunkt im Prozeß des Berühmtwerdens – manchmal nimmt man den Druck von sich selbst, und ich meine, daß Chagall von Zeit zu Zeit etwas verschwommen wurde. Es ist in etwa das Gegenteil mit Picasso ... Das Schlagwort für Picasso lautet: Bis Guernica machte er Kunst – nach Guernica machte er Picassos. Es gab eine Zeit, da habe ich dem zugestimmt; jetzt lehne ich das gänzlich ab. Er hielt den Druck durch permanente Änderungen aufrecht, und wenn er Fehler machte, waren dies großartige Fehler. Bei Chagall ist es keine Frage des Fehlermachens, sondern aus seinem direkten Stil und der persönlichen Art heraus werden seine Übertreibungen verschwommen und gefühlsduselig" (ebd., S. 146).

Dann erst geht Henry auf die vorliegende Arbeit Chagalls ein:

„(Könnten Sie das etwas konkretisieren? Wo sehen Sie in diesem bestimmten Werk die Gefühlsduselei?)
Ja, im Hinblick auf die Farben – da sind einige Sprenkel leuchtendes Gelb, und eine rote Hand und solche Sachen; für mich sind dies Anzeichen für Direktheit und Aufrichtigkeit. Das überall vorhandene Blau ist eine passive Farbe und ist mit Kunstclichés durchsetzt, und für mich ist das weniger bestimmt – obwohl ich weiß, daß er als Maler die Dinge nicht intellektualisiert –, aber das ist nicht entschieden genug. Ein Teil des Problems liegt darin, daß hierin zuviele Dinge enthalten sind, und deshalb kann ich die interessanten Sachen nicht erfassen. (...) Ich würde lieber eine Kurzgeschichte an Stelle eines Romans sehen. Dann müßte man nicht so nachsichtig sein. Einige der Sachen sind nur Füllmaterial und sind nicht interessant genug" (ebd., S. 146 f.).

In Aussagen wie diesen sieht Parsons exemplarisch die Autonomie des Urteils der Stufe fünf realisiert. Der Betrachter urteilt aufgrund seiner Kenntnisse über Stil und Formen (wie auf Stufe 4), aber er kann sich zugleich von der „Last der Tradition" gedankenexperimentell freimachen und sein Urteil aus einer Distanz formulieren. Insofern beruht das Urteil nach wie vor auf einer Sinneswahrnehmung; sie hat sich nur ausdifferenziert zu einer Form des Urteils im Sinne der Kritik bzw. der Kunstkritik.

Dem entspricht im Übrigen auch die tatsächlich stattfindende Ausfüllung des öffentlichen Raums durch die Institution der Kunstkritik. Hieran wird wiederum die Art und Weise der Festlegung von Kriterien deutlich, die bestimmen sollen, was als Kunst gelten kann. Die im und für den öffentlichen Diskurs vorgetragene eigene und zugleich erfahrungsgesättigte Stellungnahme bildet jene Instanz, an der sich die Geltung eines Kunstwerks als Kunst erweisen lassen muss. Beispielhaft wird dies m. E. für die „Schöne Literatur" in der Bundesrepublik durch Marcel Reich-Ranicki vorgeführt. Eine ähnliche Position für die Bereiche Malerei, Plastik und Architektur nimmt für den US-amerikanischen Raum der Australier Robert Hughes ein. Ihn lässt Parsons abschließend als paradigmatisch für die empirisch insgesamt doch weniger abgesicherte fünfte Stufe der Entwicklung des ästhetischen Urteils zu Wort kommen. Parsons zeigt damit auch, dass der diskursive Charakter der Kunstkritik letztendlich doch stärker als dies Diskurse über Wahrheit oder Moralität tun an die divinatorische Kraft des Interpreten gebunden bleibt. – Hughes diskutiert die Arbeiten von Clyfford Still bzw. der „New Yorker Abstrakten Expressionisten":

„Die Verbindung zwischen Stills Arbeiten und der amerikanischen Landschaftsmalerei des 19. Jahrhunderts ist ganz offensichtlich. Diese Risse und Flammen, diese dunklen Vorgebirge und wirren Schluchten von Farbe haben die theatralische Diktion eines Bierstadt und Moran, so wie der sensiblere Rothko einige der charakteristischen Merkmale der Luminaristen übernahm. Stills Arbeiten können sicherlich nicht als symbolische Darstellungen des Grand Canyon oder der Rocky Mountains gesehen werden, aber sie sollten die gleichen Emotionen wecken, die frühere Maler in solchen Naturereignissen suchten: ein ‚heroisches‘ Gefühl für Wagnis und Theatralik, pantheistische Stimmung und bezwingende Überzeugungskraft" (ebd., S. 152; dt. Hughes, S. 318).

# 9. Ausklang

Am Ende dieser Arbeit möchte ich einige, auch praxisbezogene Reflexionen anstellen, die sich sowohl auf Problembereiche wie auf offene Fragen und Weiterentwicklungen im Zusammenhang mit sozialpsychologischen Theorien der Entwicklung beziehen. Zunächst scheint es mir noch einmal notwendig zu sein, darauf hinzuweisen, dass es nicht mein Ziel war, eine umfassende Darstellung von Entwicklungstheorien zu geben, sondern eine Auswahl zu präsentieren, die den eingangs formulierten Kriterien entsprach. Insofern beschränkte sich der Überblick auf grundlegende Entwicklungsdimensionen und vernachlässigte jene stärker inhaltsbezogenen Darstellungen menschlicher Entwicklung, die auf den Basistheorien aufbauen bzw. deren Gültigkeit voraussetzen. Zu denken ist hier z. B. an die Ausarbeitung solcher Entwicklungskonzepte wie Freundschaft (Damon 1984; Selman 1984; Keller 1986), Autorität (Damon 1984) und Strafe (Selman 1984), aber auch an die stärker ganzheitlich ausgerichteten Entwicklungstheorien von Perry (1970) und Kegan (1986).

Schon bei den in diesem Band vorgestellten Arbeiten wurde an mehreren Stellen offensichtlich, dass ein Wissen um Entwicklungsschritte besonders für Erzieher bzw. Lehrer hilfreich sein kann (vgl. Aufenanger u. a. 1981; Oser/Althof 1992). So ist es sinnlos, Leistungen von einem Kind zu erwarten, die es aufgrund seiner kognitiven oder moralischen Entwicklung nicht erfüllen kann. Die Berücksichtigung der Idee, dass „Sollen" „Können" impliziert, wird noch deutlicher anhand jener Fälle, in denen es darum geht, über das übliche Maß hinausgehende Probleme der Entwicklung zu erkennen und zu lösen. Zwei der Ansätze, die Entwicklungsforschung mit Therapie bzw. Beratung verbinden, will ich kurz erwähnen.

1. William G. Perry, der über 30 Jahre Leiter der Studienberatung der Harvard Universität war, formulierte eine Idealtypologie der Entwicklungsstufen, die Studierende an einer Hochschule während ihres Studiums durchlaufen: Ausgestattet mit bestimmten Alltagsvorstellungen erreichen diese die Universität (Stufe 1) und gelangen in ihrem Studium relativ schnell an einen Punkt, der es (scheinbar) erlaubt, richtig und falsch nach wissenschaftlichen (d. h. eindeutigen!) Kriterien zu unterscheiden (Stufe 2). Auf der nächsten (3.) Stufe realisieren die Studierenden jedoch, dass selbst ihre Lehrer nicht alle Antworten parat haben, was zu einer 4. Stufe führt, deren Inhalt sich folgendermaßen charakterisieren lässt: „Where nobody knows – anything goes" – eine Auffassung, die auch der neueren Wissenschaftstheorie nicht unbekannt ist. Den Studierenden stehen jetzt mehrere Wege offen, die unterschiedliche Auswirkungen auf ihre Karriere haben; deshalb ist das

Erkennen dieses Wendepunkts für die akademische Studienberatung von hervorragender Bedeutung.

Die Studierenden bemerken nun entweder, dass (1) richtig und falsch immer nur in Bezug auf einen bestimmten Kontext (ein bestimmtes Paradigma) gültig ist, und dass dementsprechend alle nach den Regeln ihrer (eigenen) „scientific community" spielen. Sie können (2) das Spiel **nur** noch nach den eigenen Regeln betreiben, gewissermaßen auf Stufe zwei zurückkehren – eine Erscheinung, die als wissenschaftlicher Dogmatismus bekannt ist. Oder sie werden (3) zu „Spielverderbern" und verlassen die Universität.

Beim Verbleib an der Hochschule sind die folgenden Stufen durch eine Ausweitung der Empathie und dem Erkennen der Verpflichtungen, die insbesondere im Beruf zu erwarten sind, bestimmt. Jede Entwicklungsstufe bedeutet zugleich eine Zunahme an Einsamkeit und ein Gewinn neuer Möglichkeiten. Auf der letzten Stufe – vor dem Abgang von der Universität – stellen die Studierenden schließlich fest, dass sich hier ein Prozess ausdrückt, der sich über das gesamte Leben erstrecken wird.

2. Robert Kegan, der sowohl als Entwicklungspsychologe wie als klinischer Psychologe tätig ist, zeigt in **seiner** Stufenbeschreibung der Entwicklung, dass sich das Verständnis des menschlichen Lebenslaufs mit dem Hinweis auf kognitiv-theoretische sowie moralisch-praktische Aspekte nicht erschöpft. Dessen vollständige Erklärung verlangt eine Beschreibung des Menschen, der in einem umfassenden Sinn „Bedeutung schafft und kreiert". Erst die Darstellung der Entwicklung als ein Tun, die intellektuelle und affektive Komponenten zugleich erfasst, ergibt ein angemessenes Bild des Menschen als „meaning-making animal": Das Schaffen von Bedeutung und die gerichtete Entwicklung stehen im Mittelpunkt der Untersuchungen.

Kegan postuliert im Anschluss an Perry zwei zentrale Tendenzen, die alle Menschen betreffen:

1. Das Verlangen, unabhängig zu sein und
2. Das Bedürfnis, mit anderen verbunden zu sein.

Den daraus entstehenden Konflikt versteht Kegan als prinzipiell nicht (auf-)lösbar, bestenfalls lässt sich ein immer fragiles Gleichgewicht herstellen. Eine der beiden Tendenzen überwiegt jedoch in bestimmten Abschnitten der menschlichen Entwicklung, so dass sich eine entsprechende Stufenfolge formulieren lässt.

1. Stufe: Das Kleinkind braucht trotz seines ursprünglichen Egozentrismus die Fürsorge und den Kontakt mit Personen seines Vertrauens.

2. Stufe: Das Kind „strebt" erneut nach Unabhängigkeit und zieht auch praktische Konsequenzen aus dieser Vorstellung. Es entwirft beispielsweise Zimmerordnungen, die den Eintritt in seinen Bereich erschweren. Erste „naive" Versuche, wegzulaufen, werden unternommen (der 8jährige packt seine Koffer).

3. Stufe: Der Jugendliche schließt sich verstärkt an Bezugspersonen (die Familie) bzw. peer-groups (die Schulkameraden) an und definiert sich selbst fast ausschließlich in Bezug auf diese Gruppen und deren Norm- und Wertsystem.

4. Stufe: Der junge Erwachsene löst sich – mehr oder weniger heftig – aus den bestehenden Bindungen und versucht, ein eigenständiges Leben zu führen, das jedoch auf Bindungen nicht verzichten muss.

Von Interesse ist in diesem Zusammenhang die Aussage Kegans, dass dieser Entwicklungsprozess zwar für das Individuum zunächst mit Verlusten und Trennungsschmerzen verbunden ist, dass diese aber in aller Regel überwunden werden, wenn – und hier liegt die eigentliche Bedeutung dieser These – nur ausreichend „natural support" von seiten der Familie, von Freunden usw. vorhanden ist. Sollte es dennoch zu Störungen, insbesondere zu Verzögerungen in der Entwicklung kommen, so weist Kegan vorsichtig und als zweitbeste Lösung auf die therapeutische Praxis hin, die sich an der formulierten Stufentheorie der Entwicklung – an der „Spirale menschlichen Wachstums" – orientieren kann (vgl. auch Noam 1988).

Formuliert man, wie Kegan, die Stufen in einem umfassenden Sinn als Kreation von Bedeutung, so ist es nicht mehr weit zu einem nächsten Schritt des Verständnisses von Entwicklung: Dieses weist hinaus über die historischen Anfänge der wissenschaftlichen Behandlung der Thematik und bezieht sich auf die generelle Vorstellung von Entwicklung als Bildung. Bereits in Platons Höhlengleichnis wird dies so dargestellt; als beschwerlicher Pfad von der Dunkelheit, dem bloßen Meinen, hin zum Licht, d. h. zur wirklichen Erkenntnis. Und Hegel, der Philosoph des „Deutschen Idealismus", formulierte mehr als 2000 Jahre später den Weg, dem der sich ent-wickelnde menschliche Geist folgt, auf ähnliche Weise:

> „Der Einzelne muß auch dem Inhalte nach die Bildungsstufen des allgemeinen Geistes durchlaufen, aber als vom Geiste schon abgelegte Gestalten, als Stufen eines Wegs, der ausgearbeitet und geebnet ist ... – Die Bildung in dieser Rücksicht besteht, von der Seite des Individuums aus betrachtet, darin, daß es dies Vorhandene erwerbe, seine unorganische Natur in sich zehre und für sich in Besitz nehme" (Hegel 1807, S. 32 f.).

Heute, wiederum fast 200 Jahre später, scheint es möglich – mithilfe der vorgestellten Entwicklungskonzepte – Anschluss an die klassischen Bildungstheorien zu erlangen, in deren Mittelpunkt immer schon „die moralische, die Dimension des Erkennens bzw. des Denkens und die ästhetische Dimension" (Klafki 1986, S. 467) standen. Eine Verbindung bildungsphilosophischer Reflexion und entwicklungsbezogener Forschung sollte hier auf fruchtbaren Boden fallen und möglicherweise eine Theorie formaler Bildung begründen helfen.

Das größte Hindernis auf dem Weg zu einem umfassenden Entwicklungsparadigma, das auch Hilfen und Anregungen bereitstellen kann für Therapie, Beratung und Theorien formaler Bildung, soll jedoch abschließend zumindest benannt werden. Es liegt, soweit die in diesem Band vertretenen Ansätze angesprochen sind, in einem Mangel an Forschungen zur Frage, wodurch menschliche Entwicklung bewirkt wird. Sieht man philosophische Erklärungen, die von der treibenden Kraft der Ideen bzw. des dialektischen Widerspruchs ausgehen, als nicht zureichend an und gibt die Frage an die Sozialpsychologie weiter, so muss man feststellen, dass befriedigende Antworten bisher nicht vorliegen. Die Dynamik der Entwicklung ist zwar als ein Problemgebiet benannt, wie jedoch soziale Faktoren auf die individuelle Entwicklung einwirken und welche Rolle in dieser Interaktion dem Subjekt zukommt, muss derzeit offen bleiben. Das Verhältnis von sozialer Konstitution der Entwicklung und individueller Konstitution der Gesellschaft ist ungeklärt.

# Sozialpsychologische Entwicklungstheorien – heute

## Nachwort zur 3. Auflage, 2006

Als dieses Buch seine erste Auflag fand, ging es mir darum, menschliche Entwicklung so zu umreißen, wie sie sich im Spiegel von bestimmten theoretischen Entwürfen zeigt. Nicht der Gesamtheit der Entwicklung, falls sie denn überhaupt erkenn- und darstellbar sein sollte, sondern jenem Bereich, der sich im Rahmen von Stufentheorien, also Ansätzen, die deutlich voneinander unterscheidbar Entwicklungszustände im Sinne einer Genese von Strukturen markieren, niederschlägt, galt und gilt mein Interesse.

In diesem Nachwort soll es nun in der gebotenen Kürze darum gehen, nachzuzeichnen, wie sich dieses Forschungsprogramm in einer veränderten Forschungslandschaft, und alles andere wäre nach mehr als 15 Jahren erklärungsbedürftig, verorten lässt. Dabei schreibe ich die vorgestellten Theorien nicht fort, sie können in vielen Hinsichten in der Form, die sie im Rahmen des vorliegenden Buches angenommen haben, stehen und bestehen bleiben. Vielmehr geht es mir um eine Einbettung in neuere Diskurslandschaften und um den Hinweis auf Anschlussmöglichkeiten von Stufentheorien der Entwicklung generell[55]; dabei ist es mir ebenso wichtig, auf neue und veränderte Fragestellungen hinzuweisen, selbst wenn Antworten nicht vorliegen. Dass dabei die Überlegungen von Jean Piaget und Lawrence Kohlberg einen prominenten Stellenwert einnehmen, hängt mit der nach wie vor zentralen Rolle zusammen, die ihren Arbeiten in vielen Kontexten zukommt (vgl. dazu Brumlik 2003, Sutter 2005, Weyers 2004 oder als Versuch einer Anwendung Welzer 2005). Insofern steht diese Diskussion exemplarisch für mögliche Auseinandersetzungen im Sinne von Behauptung und Kritik überhaupt.

Folgt man dieser Vorstellung, so lassen sich zwei Linien in meiner weiteren Darstellung unterscheiden:

► Zum einen lässt sich eine Reihe von Anregungen und Kritiken finden, die im Anschluss an das piagetsche und kohlbergsche Wissenschaftsprogramm formuliert wurden. Hier folge ich in vielen, nicht aber allen Aspekten der eindrucksvollen Veröffentlichung von Rest, Narvaez, Bebeau und Thoma (1999)[56], die

---

55  Auch die pädagogische Rezeption und Weiterentwicklung wurde in einer Vielzahl von Arbeiten erfasst; vgl. dazu beispielsweise Oser/Althof 1992/1997³; Garz 1996, 1998 und 2000.

56  Leider ist diese Arbeit, die eine Vielzahl von Aspekten anspricht, unter dem irreführenden Titel des „postkonventionellen" moralischen Denkens erschienen.

in umfassender und systematischer Weise die Punkte, die für und gegen Ansätze dieser Art sprechen, gebündelt und mit Antworten versehen haben[57].

▶ Zum anderen liegt eine Weiterführung und -formulierung des Ansatzes der moralischen Urteilsbildung und Entwicklung vor, die Kohlberg selbst vorgenommen hat. Hier geht es ihm um eine Ausweitung des Stufenkonzepts in Richtung auf eine umfassendere, nämlich biographische Perspektive, also um die Verbindung von Stufen der Gerechtigkeit mit der Entwicklung des „ganzen" Subjekts als „denkendes, wollendes und fühlendes" Wesen, wie es in der wieder erstarkten Biographieforschung seit einigen Jahren eine wichtige Rolle spielt. Darauf, dass hiermit auch ein verändertes Verständnis der Forschungsmethodik einhergeht, soll ebenfalls aufmerksam gemacht werden.

Dass diese Diskussionen stattfinden, kann nicht überraschen. Vielmehr wäre ein Verzicht auf diese Auseinandersetzung ein Zeichen von wissenschaftlicher Nachlässigkeit, denn, so schon Noam Chomsky, „jede interessante und signifikante Theorie (stimmt) im besten Fall nur teilweise. Das ist kein Grund, Theorien aufzugeben oder rationale Forschung aufzugeben. ... (Es) ist ein intuitives Urteil, ob man innerhalb eines gegebenen Rahmens fortfahren sollte oder nicht – wegen der positiven Ergebnisse und trotz der offenbaren Gegenbeispiele" (Chomsky 1981, S. 207). Vor allem Rest u. a. plädieren in diesen Zusammenhang vehement für das Fortführen des Ansatzes, denn „Kohlbergs Theorie ist immer noch fruchtbar" (Rest u. a. 1999, S. 1).

# 1. Die Auseinandersetzung um Stufen und Stufentheorien der Entwicklung

Rest und andere nennen vier Bereiche, innerhalb derer sich die wissenschaftlichen Auseinandersetzungen um Stufentheorien im Allgemeinen und Stufentheorien der kognitiven und moralischen Entwicklung im Besonderen abbilden lassen. Sie unterscheiden

▶ Die vorwiegend psychologisch orientierte Kritik im Hinblick auf die Methode und die Theorie
▶ von der philosophischen Kritik, die vor allem auf den formalen Charakter der Theorie und die Betonung einer Moral der Pflichten abstellt.

---

57  Dass Lawrence Kohlberg geradezu für das Ausfechten wissenschaftlicher Kontroversen antrat, zeigt sich an seinen zahlreichen aus Auseinandersetzungen hervorgegangenen oder diese herbeiführenden Veröffentlichungen; z. B. Kohlberg 1971, 1982, 1986 und mit Levine und Hewer 1983; dt. 1995.

➤ Sie weisen dann auf die Grenzen einer sozialpsychologisch orientierten Stufentheorie der moralischen Entwicklung hin bevor sie
➤ auf einige Kritiken eingehen, die sie als ungerechtfertigt ansehen.

Auf einige dieser Aspekte, vor allem auf jene, die im Kontext der von mir vorgelegten Arbeit stehen, will ich im Folgenden eingehen. Zunächst gilt es allerdings
deutlich zu machen, dass der Ansatz der Entwicklung kognitiver, moralischer, religiöser und ästhetischer Strukturen, also das struktur-genetische Programm, noch
fruchtbar ist. Dafür lassen sich folgende Punkte benennen:

1. Die Betonung, die diese Ansätze auf die Bedeutung der Kognition legen, versetzt uns in die Lage zu verstehen, dass und wie Menschen handeln, und vor
   allem, dass wir es hierbei mit aktiven Personen zu tun haben, die keiner Bestimmung von außen unterliegen, die aber auch nicht so frei sind, dass sie die
   Welt je neu erschaffen könnten. Plausibel war und ist das Bild einer Wechselwirkung, einer Interaktion, von aktivem Subjekt und aktiver Gesellschaft, wobei im Subjekt, ganz im Sinne des Menschenbilds von Max Weber (vgl. Radkau 2005, S. 667), traditionelle mit rationalen und charismatischen Anteilen
   zusammenlaufen, also das Alte, das Vernünftige und das auf die Entstehung
   des Neuen ausgerichtete koexistieren. Insofern lässt sich ohne Einschränkung
   sagen, dass die „person is making sense of the world" (Rest u. a. 1999, S. 1).

2. Für die grundlegenden Kategorien der Kognition (wie Wahrnehmen und Denken) sowie diejenigen der Moral (wie Gerechtigkeit, Rechte und Pflichten) bedeutet dies, dass sie von den Subjekten selbst konstruiert werden, und zwar auf
   eine aktive Weise. Es handelt sich gerade nicht um ein passives Aufnehmen der
   Ein- und Vorstellungen der das Subjekt umgebenden Kultur und Umwelt,
   sondern um ein im Prinzip offenes sowie häufig kreatives und nach vorn
   schauendes Umgehen mit der Welt der Dinge und der Personen.

3. Entwicklung bedeutet für Lawrence Kohlberg im Anschluss an John Deweys
   Postulat der „Entwicklung als Ziel der Erziehung" ein Fortschreiten – nämlich
   ein Voranschreiten von einfachen Ideen, seien sie kognitiv oder moralisch, zu
   mehr komplexen Vorstellungen, so dass beide die normative, vor allem für die
   Pädagogik zentrale Fragestellung, inwieweit „eine höhere Stufe eine bessere
   Stufe" ist, in ihren Ansatz aufgenommen haben.

4. Daran lässt sich der Hinweis auf eine bestimmte Form der Entwicklung und
   auf einen bestimmten Übergang anschließen, die eben nicht nur für das Denken und die Moral von entscheidender Bedeutung sind, sondern die die gesamte Entwicklung des Menschen, nämlich seine Biographie, betreffen. Angesprochen ist hiermit auch der Prozess des Übergangs vom konventionellen zum
   postkonventionellen Denken, der in der Regel in der späten Adoleszenz bzw.
   dem Zeitraum der Jugend stattfindet. Hierin ist ebenfalls das Verständnis enthalten, wie Menschen durch Gesetze, Regeln, Rollen, Perspektivenübernahme

und Institutionen (das Gesellschaftssystem) zueinander in Beziehung stehen, und wie dies begründet werden kann.

Von seiten der Psychologie sind es vor allem vier Hinweise und Einwände, die sich mit dem Stufenkonzept auseinandersetzen:

➤ Bei der Diskussion im Hinblick auf das von Piaget und Kohlberg geprägte „harte" Stufenmodell wird die Frage gestellt, ob auch andere Wege und eventuell auch andere Endpunkte möglich sind, dass also die in der Einleitung hervorgehobene Logik der Entwicklung abgeschwächt oder gar aufgehoben wird. – Dies ist ein Argument, das sich, wenn es vollständig durchgeführt wäre, für die Pädagogik, die sich ja von der Orientierung an den Stufen eine Möglichkeit für die Förderung der Entwicklung erhofft (vgl. Oser/Althof 1992/1997³), eher als problematisch erwiese.

➤ Weiterhin wird thematisiert, ob die Konzentration auf die Durchführung von Interviews und den damit einhergehenden verbalen Antworten das Wissen von Personen ausreichend zum Ausdruck bringt. Damit wird eine spannende Debatte über die Güte von mündlich erhobenen Daten eröffnet; eine Diskussion, der gerade im Hinblick auf den sich rapide entwickelnden Forschungszweig der qualitativen bzw. rekonstruktiven Forschung eine große Bedeutung zukommt (vgl. dazu auch Teil zwei des Nachworts).

➤ Zudem wird aus der Tatsache, dass sich nur vergleichsweise wenige Menschen am postkonventionellen Denken der Gerechtigkeit ausrichten, die Frage abgeleitet, inwieweit diese Ebene (die Stufen fünf und sechs bei Kohlberg) als empirisch gehaltvoll aufrechterhalten werden kann. Hier lautet die sehr eindeutige Antwort, dass dieses Ergebnis durchaus einer empirischen Überprüfung standhält, und die Frage möglicherweise eher lauten müsste, weshalb es in „modernen" Gesellschaften nur so wenige Menschen gibt, die postkonventionell, d. h. z. B. auf der Stufe der Verfassung, argumentieren. Darüber hinaus wurden diese Stufen auch in Kulturen gefunden, die nicht westlich-individualistisch, sondern eher kollektivistisch orientiert sind (z. B. in Korea, Taiwan oder Israel[58]; vgl. zusammenfassend Garz 1996, S. 91ff.).

---

58  Kohlberg (2000) fasst die einschlägigen Studien wie folgt zusammen. „Eine Übersicht (...) zeigt, daß alle Stufen bis zu Stufe 5 sowohl in östlichen wie in westlichen Kulturen in der erwarteten Altersanordnung existieren. Die Stufe 5 wird nicht in dörflichen Kulturen gefunden und scheint sowohl mit höherer Bildung als auch kultureller Komplexität verbunden zu sein. Es ist unwahrscheinlich, daß prinzipiengeleitetes moralisches Denken spezifisch westlich ist, da hinduistische, buddhistische und konfuzianische Philosophien ebenso als prinzipiengeleitet angesehen werden wie jene aus dem Sokratischen Athen oder der Propheten Jerusalems. Es ist wahrscheinlich, daß ein Auswertungshandbuch, das auf Antworten aus den USA basiert, nach einer Ergänzung um moralische Konzepte oder ‚Kriteriumsurteile' für andere Kulturen verlangt; dies gilt besonders für die höheren Stufen" (S. 43).

▶ Schließlich wird die Frage aufgeworfen, ob Kohlberg die moralische Kompetenz von Kindern unterschätzt hat. Hier gibt es in der Tat eine Reihe von Hinweisen, dass kleine Kinder bzw. Vorschulkinder über Fähigkeiten verfügen, die in der Theorie Kohlbergs nicht bzw. nur unzureichend ausbuchstabiert wurden (vgl. dazu vor allem die Arbeiten von Edelstein/Keller 1993 und Nunner-Winkler 1996).

Die Hinweise und Einwände, die von seiten der Philosophie formuliert wurden, lassen sich in drei, zum Teil sich überlappenden Punkten zusammenfassen. Sie verlangen, so Rest und andere, nicht so sehr nach Veränderungen innerhalb der Theorien, sondern nach dem Anerkennen, dass diese – wie könnte es anders sein – bestimmte Grenzen aufweisen:

▶ Der erste Einwand betrifft das Konzept der Moral und dessen Definition und wurde bereits von Lawrence Kohlberg aufgegriffen. Er bezieht sich zunächst auf die Frage, welchen inhaltlichen Bereich das von ihm vorgelegte Modell der Moral abdecken kann. Kohlberg hat bereits in seiner Auseinandersetzung mit Carol Gilligan eingeräumt, dass sein Konzept sich auf eine Moral der Gerechtigkeit konzentriert sowie dass daneben andere Inhalte (z. B. fürsorgeorientierte oder utilitaristische) und damit verbunden Entwicklungsvorstellungen der Moral existieren können.

Schließlich hat er auch deutlich gemacht, dass es ihm um Kompetenzen, um Fragen des maximalen Ausschöpfens dieses Denkens, geht, und damit Fragen der Motivation oder der Umsetzung von Urteilen in Handeln in der Hintergrund treten; was nicht heißt, dass er der Verbindung von Urteil und Handeln, allerdings erst nach der Bestimmung der Kompetenz, keine Aufmerksamkeit geschenkt hat (vgl. zusammenfassend Garz/Oser/Althof 1999).

Habermas hat in der Ausarbeitung seines moralphilosophischen Ansatzes im Übrigen sehr ausführlich und überzeugend die Strategie beschrieben, die das Aufdecken von Kompetenzen möglich macht. Er hat jene Elemente der „Abstraktion von der Lebensgeschichte" (Kohlberg 1973, S. 199; dt. 1995, S. 115) benannt, die für Kompetenztheorien notwendig sind: Nämlich die Abstraktion von den erforderlichen Motiven der Person, die Abstraktion von der gegebenen Situation und schließlich die Abstraktion von der konkreten Sittlichkeit, d. h. der gelebten Lebenspraxis (vgl. Habermas 1991, S. 98).

▶ Eine zweite bedeutsame Frage, die erst in neuerer Zeit, also im historischen Abstand zur Entstehungszeit der Theorie Kohlbergs gestellt wird bzw. eventuell auch gestellt werden kann, lautet, inwieweit sein Ansatz (auch) ein Produkt dieser Zeit, also der (späten) 50er, 60er und 70er Jahre des vergangenen Jahrhunderts ist und daher nicht nur eine besondere Nähe zu den damals politisch aufgeladenen Zeitgeistphänomenen aufweist, sondern diese Phänomene auch besonders gut mithilfe seines Ansatzes erfasst und diskutiert werden können. Rest und andere nennen z. B. den McCarthyismus, d. h. die Verfolgung „unpatriotischer" Personen in den 50er Jahren des vergangenen Jahrhunderts, bzw. die häufig anzutreffende „law und order" Orientierung generell, aber auch die Ablehnung der US-Gesellschaft durch die Hippies in den 60er Jahren; schließlich beziehen sie sich auf die Bürgerrechtsbewegung, das free-speech movement, die Anti-Kriegs-Demonstrationen, Black Power und die Frauenbewegung als politische Bewegungen, die potenziell eine Nähe zur Theorie Kohlbergs beinhalten (können). Möglicherweise, so der weitere Hinweis, lassen sich auch politische bzw. ideologische Strömungen aus neuerer Zeit, so die Debatten um Fundamentalismus versus Säkularismus, um Orthodoxie versus Progressivismus und um konventionelles versus postkonventionelles Denken, mit der kohlbergschen Methodologie auf fruchtbare Weise erhellen (vgl. Rest u. a., S. 30).

▶ Ein Problem, das ebenfalls bereits zwischen Lawrence Kohlberg und Carol Gilligan diskutiert wurde (vgl. die Seiten 116ff. in diesem Band), besteht in der Frage, wie eine Theorie der Entwicklung aufgebaut werden soll. Zwei Möglichkeiten bieten sich an: Entweder geschieht dies im Sinne einer „top down"-Ableitung (Deduktion) von Aussagen aus allgemeinen Angaben, so z. B. aus einer höchsten Stufe der Moral im Sinne Kants oder Rawls', oder aber im „bottom up"-Aufbau von einzelnen (Interview-)Aussagen zu einer generellen Theorie (Induktion). Dies sind natürlich Fragen, die die Errichtung von Theorien insgesamt betreffen, wie sie gegenwärtig auch zwischen quantitativen und qualitativen Forschungsrichtungen diskutiert werden. Kohlberg hat mit dem Konzept des „bootstrapping" im Übrigen schon sehr früh eine „Lösung" für dieses Dilemma vorgeschlagen: Empirisch und zugleich theoretisch gehaltvolle Ansätze können immer nur im kontrollierten Wechselspiel zwischen deduktivem und induktivem Vorgehen entstehen.

## 2. Die Ausweitung des Stufenkonzepts – Verbindungen zur biographischen Entwicklung[59]

In der im Jahr 2000 posthum erschienenen Veröffentlichung „Die Psychologie der Lebensspanne" erläutert Lawrence Kohlberg das Ziel seiner Arbeit wie folgt. „Dieses Buch behandelt die großen Bereiche des menschlichen Lebens nicht nur vom

---

59 Daniel Hart (1992) hat die Daten der kohlbergschen Längsschnittuntersuchung einer erneuten Analyse unter der Perspektive der Lebenslaufforschung unterzogen. Vor allem vier Fragen haben ihn bei der Untersuchung von Lebensläufen geleitet (S. 4ff.):
   1. Inwieweit verändern die Menschen sich, inwieweit bleiben sie gleich?
   2. Was sind die Ursprünge von Stabilität und Entwicklung?
   3. Lassen sich die Lebensläufe am besten durch die Selbstbeschreibungen der Personen oder durch Beobachtungen Dritter verstehen? Schließlich:
   4. Welche Facetten der Persönlichkeit sind für das Verstehen der Lebensläufe zentral?

Standpunkt der ‚harten' Stufen des logischen bzw. gerechtigkeitsbezogenen Urteilens, sondern auch aus der Perspektive der ‚weichen' Stufen der reflexiven Sinnschöpfung sowie der funktionalen Stufen Eriksons" (Kohlberg 2000, S. 64). Damit geht er nicht nur auf die im vorigen Abschnitt angesprochene Frage nach einer Ausweitung seines Konzepts ein, sondern bietet darüber hinausgehend in ausdrücklicher Form Anschlusspunkte an: Denn der Begriff der „reflexiven Sinnschöpfung" impliziert einen Rückgang auf die Gesamtheit des gelebten Lebens, also auf die Biographie eines Menschen, „innerhalb dessen die Lebensalter als ... Synthesen unterschiedlicher, aber miteinander verbundener Stufen verstanden werden. Diese Synthesen können am besten mit der Metapher des Menschen als Philosophen beschrieben werden" (ebd., S. 66), so dass hier erneut das auch bei Rest und anderen verwandte Bild des aktiven Menschen, der auf jeder Stufe seines Lebens „Sinn schafft", seinen Ausdruck findet.

Indem Kohlberg nun drei Stufenkonzepte unterscheidet, gelingt es ihm, Bereiche der Entwicklung, die im Hinblick auf die Gesamtheit des menschlichen Lebens erfasst werden können, erheblich und folgenreich auszuweiten. Während die „harten", eine „Logik der Entwicklung" bildenden Stufen der Kognition, der Perspektivenübernahme (Selman) und Moral gewissermaßen das „Entwicklungsgerüst" des Menschen bilden und dabei den Vorteil aufweisen, dass sie sehr präzise formuliert werden können und im Kern universalistisch sind (vgl. ebd., S. 34ff.), lagern sich die weichen und funktionalistischen Stufen um diesen Kern herum an. Sie betonen stärker historisch und kulturell veränderliche Elemente und schließen vor allem die Idee der personalen und sozialen Identität bzw. die eines Selbst im Sinne von George Herbert Mead (vgl. Kapitel 3) ein; insgesamt umschließen sie offenkundig einen stärker durch die Eigenheiten von Kulturen bestimmten Inhalt. Die zuletzt genannten Stufen sind auch noch in einem anderen Sinne umfassender, da sie auf die Lebensführung insgesamt abstellen. Sie beinhalten das, was manche Philosophen als die „Frage nach dem gelungenen Leben" oder weniger anspruchsvoll als „Ethik der Lebensführung" bezeichnen. Forschungspraktisch formuliert bedeutet dies, dass es Kohlberg nun darum geht, Untersuchungen durchzuführen, in deren Mittelpunkt Personen stehen, „deren Lebensentscheidungen auf vielfältige Weise ihre moralische oder ethische Stufe reflektieren" (ebd., S. 41), wobei auch Fragen nach dem Sinn des Lebens zunehmend an Relevanz gewinnen. Diese müssen jedoch nicht im engeren Sinne religiös beantwortet werden (vgl. Kapitel 7), sondern mögliche Antworten schließen jede Form der Auseinandersetzung mit Fragen dieser Art ein – auch z. B. ästhetisch motivierte (vgl. vor allem die Kapitel 2.6 und 8).

Die vorgenannten Überlegungen weisen wiederum auf die Bedeutung hin, die die Umwelt für die Entwicklung von Kindern, Jugendlichen und Erwachsenen

---

Leider verbleibt Hart in vielen Hinsichten der alten Auffassung verpflichtet, die stärker die Unterordnung der Äußerungen bzw. Aussagen von Subjekten unter bereits bestehende Theorien favorisiert.

spielt. Zunächst ist es für Kohlberg und (zumindest für den frühen) Piaget (vgl. das Kapitel 4.2) wichtig zu betonen, dass Entwicklungen „in erster Linie das Ergebnis der Interaktion des Kindes mit anderen bilden und nicht der direkten Entfaltung von biologischen oder neuronalen Strukturen" (ebd., S. 50) entsprechen. Wie lässt sich dann aber die Universalität dieser Stufentheorien begründen? Kohlberg weist, und hier zeigt sich, wie grundsätzlich er diese Problematik angeht, im direkten Vergleich mit der Universalität der physikalischen Welt auf das Vorhandensein einer Sozialität an sich hin, auf soziale Basismuster als der Bedingung der Möglichkeit menschlichen Zusammenlebens. „Kulturell universelle, invariante Sequenzen in den sozialen Konzepten und Werten des Kindes implizieren, dass es universelle strukturelle Dimensionen oder Invarianten in der sozialen Welt gibt, die analog zu denen in der physischen Welt sind. Universelle physikalische Konzepte konnten gefunden werden, weil es eine universelle physische Struktur gibt, die der Vielfalt der physischen Anordnungen, in denen die Menschen leben, sowie der Vielfalt der formalen physikalischen Theorien, die in unterschiedlichen Kulturen vertreten wurden, zugrunde liegen. In annähernd vergleichbarer Weise implizieren die sozialen Strukturen universelle strukturelle Dimensionen der sozialen Erfahrung" (ebd., S. 50f.).

Last but not least bringen diese Ausweitungen des Inhalts auch Veränderungen in der Methodologie und Methodik mit sich. Zentral für Kohlbergs ursprüngliches Vorgehen war ja erstens die Ermittlung moralischer Urteile durch die Vorlage von Dilemmata, zweitens deren Diskussion, also einem Austausch von auf Kompetenzen bezogenen Argumenten, und drittens die sich daran anschließende „semi-hermeneutische" Interpretation unter Zugrundelegung des Auswertungs-Handbuchs (vgl. Kap. 5.3).

Um aber die Gesamtheit einer Lebensgeschichte verstehen zu können, muss der Wissenschaftler, so Kohlberg in der Weiterentwicklung seiner Ideen, nun eine „hermeneutische oder interpretative Haltung gegenüber der sich entwickelnden Person" (ebd., S. 23) einnehmen. Damit reiht er sich in die Gruppe der Autoren ein, die gegen Ende der 70er Jahre des vergangenen Jahrhunderts jene Strömung begründeten oder unterstützten, die eine „interpretative Wende" (vgl. hierzu die die einführenden Bemerkungen zum „interpretive turn" bei Rabinow und Sullivan [1979]) in den Sozialwissenschaften herbeizuführen halfen[60]. Für Kohlberg führ-

---

60 Nur kurze Zeit später entwickelte Jürgen Habermas (1983) sein interpretativ bzw. hermeneutisch gestütztes Modell der „rationalen Rekonstruktion der Ontogenese", auf das sich Kohlberg in der „Psychologie der Lebensspanne" ausdrücklich bezieht, indem er postuliert, dass der Wissenschaftler „eine hermeneutische oder interpretative Haltung gegenüber der sich entwickelnden Person" einnehmen muss: „Wenn man die Meinung eines Kindes in einem Interview verstehen will, muß man eine rationale oder ,sinnschaffende' Einstellung des Kindes unterstellen, obwohl die Einstellung des Kindes gegenüber der Rationalität sich stark von der unsrigen unterscheidet" (Kohlberg 2000, S. 23f.). Für eine Arbeit aus dem Bereich der Entwicklungspsychologie, in der die menschliche (biographische) Entwicklung mithilfe von verstehenden Verfahren auf vielfältige Weise untersucht wird, vgl. Jessor u. a. 1996.

ten diese Ideen einer verstehenden Sozialforschung zurück bis in die 50er Jahre, als er seine Dissertation an der Universität von Chicago, dem Ort, an dem der Symbolische Interaktionismus seinen Ursprung hatte, verfasste[61] und dabei seine Stufen der moralischen Entwicklung zunächst als Idealtypen im Sinne Max Webers formulierte[62]. Mehr als ein Vierteljahrhundert später konnte er an dieses Konzept wieder anknüpfen: Während er bei der Interpretation der Interviewaussagen jedoch noch stark intuitiv und wenig intersubjektiv abgesichert vorgeht, dabei aber aufgrund seiner Vertrautheit mit den Ausführungen der Befragten und seines theoretischen Wissens zu plausiblen Ergebnissen kommt, greift er bei der Frage nach der Ergebnissicherung auf vertraute Ideen zurück. Im Kontext seiner erweiterten Entwicklungstheorie rekurriert er erneut auf die besondere Art und Weise der Formulierung von Forschungsergebnissen, nämlich auf ein „typisierendes Denken".

„Wir beziehen uns an verschiedenen Stellen dieses Buches auf das Konzept des Idealtypus; d. h. auf eine konsistente Konfiguration von Einstellungen oder Merkmalen, die die Einheit einer Persönlichkeit und ihre Werte enthüllt. Ein Idealtypus beruht nicht auf den durchschnittlichen Charakteristika einer Gruppe von Menschen, sondern auf bestimmten individuellen Fällen, die eine theoretische und logische Einheit am eindeutigsten repräsentieren. In diesem Buch greifen wir auf Beispiele zurück, die am eindeutigsten die Einheit der sich entwickelnden Person als Philosoph in den verschiedenen Phasen des Lebens zum Vorschein bringen" (Kohlberg 1986a, Ms. „Der Erwachsene als Philosoph, Anhang", S. 14).

An dieser Stelle schließt sich dann auch der im zweiten Teil des Nachworts aufgemachte Kreis: Verstehende, ja: biographische Methodik und biographische Entwicklung bedingen sich einander: Durch das Hinzufügen einer Perspektive, die sich auf die Gesamtheit der Lebensspanne und die Gesamtheit der sich entwickelnden Person richtet, werden Methoden unabdingbar, die die biographische Entwicklung in ihrer Gänze erfassen können. Dass es Lawrence Kohlberg nicht vergönnt war, an dieser sich rasch entfaltenden und bis heute andauernden hermeneutischen Wissenschaftsentwicklung teilzunehmen, gehört zu den Tragiken seines wissenschaftlichen Lebens (vgl. dazu Althof/Garz 2000, S. 12ff.).

---

61 An dieser Stelle kann hinzugefügt werden, dass Kohlberg in seinem (methodischen) Denken von Anselm Strauss, einem der Begründer des qualitativen Forschungsverfahrens der „Grounded Theory", beeinflusst wurde; vgl. Garz, im Druck.
62 Max Weber stellt klar, dass der Idealtypus gewonnen wird „durch einseitige Steigerung eines oder einiger Gesichtspunkte ... zu einem in sich einheitlichen Gedankengebilde. In seiner begrifflichen Reinheit ist dieses Gedankenbild nirgends in der Wirklichkeit empirisch vorfindbar" (Weber 1922/1988, S. 191).

# Literatur

Adorno, Th. W.: Einleitung. In: Durkheim, E.: Soziologie und Philosophie. Frankfurt 1976, S. 7–44.

Aebli, H.: Zur Einführung. In: Piaget, J.: Das Weltbild des Kindes. Frankfurt 1981 (Original 1926), S. 8–12.

Aebli, H.: Denken: Das Ordnen des Tuns. 2 Bde. Stuttgart 1980/81.

Alford, C. F.: Is Jürgen Habermas's reconstructive science really science? In: Theory and Society 14 (1985), S. 321–340.

Althof, W./Garz, D.: Schlußbetrachtungen. In: Oser, F./Althof, W./Garz, D. (Hg.): Moralische Zugänge zum Menschen – Zugänge zum moralischen Menschen. München 1986, S. 327–362.

Althof, W./Garz, D.: Sind Frauen die besseren Menschen? In: Psychologie Heute 15 (1988) (H. 9), S. 58–65.

Althof, W./Garz, D.: Einleitung der Herausgeber. In: Kohlberg, L.: Die Psychologie der Lebensspanne. Frankfurt a.M. 2000, S. 9–17.

Althof, W./Garz, D./Zutavern, M.: Heilige im Urteilen, Halunken im Handeln? Lebensbereiche, Biographie und Alltagsmoral. In: Zeitschrift für Sozialisationsforschung und Erziehungssoziologie 8 (1988), S. 162–181.

Apel, K.-O.: Grenzen der Diskursethik? Versuch einer Zwischenbilanz. In: Zeitschrift für philosophische Forschung 40 (1986), S. 3–31. (a)

Apel, K.-O.: Die transzendentalpragmatische Begründung der Kommunikationsethik und das Problem der höchsten Stufe einer Entwicklungslogik des moralischen Bewußtseins. In: Archivo di Filosofia LIV (1986), S. 107–157. (b)

Aufenanger, St./Garz, D./Zutavern, M.: Erziehung zur Gerechtigkeit. München 1981.

Babilon, F. W./Kittler, U.: Keine Zeit für Ideologiedebatten? Die Diskussion um Kohlbergs Konzept der „Entwicklung moralisch-demokratischer Urteilskompetenz". In: Schule heute 26 (H. 6), (1986), S. 4–6.

Baldwin, J. M.: Handbook of psychology. Bd. 1. Senses and intellect. New York: Henry Holt & Co. 1889.

Baldwin, J. M.: Mental development in the child and the race: Methods and processes. New York and London: Macmillan 1894/1895.

Baldwin, J. M.: Social and ethical interpretations in mental development. New York and London: Macmillan 1897.

Baldwin, J. M.: Die Entwicklung des Geistes beim Kinde und bei der Rasse. Übersetzt von Dr. A. E. Ortmann. Berlin: Verlag von Reuther & Reichard 1898.

Baldwin, J. M.: Das soziale und sittliche Leben erklärt durch die seelische Entwicklung. Leipzig 1900.

Baldwin, J. M.: Dictionary of philosophy and psychology. Vol. 1–4. New York: The Macmillan Company 1901–1904.

Baldwin, J. M.: Mental development in the child and the race: Methods and processes. New York: Macmillan 1906[3].

Baldwin, J. M.: Thoughts and things. A study of the development and meaning of thought. Vol I. Functional logic, or genetic theory of knowledge. London: Swan Sonnenschein & Co. 1906.

Baldwin, J. M.: Thoughts and things or genetic logic. Vol. 2. Experimental logic, or genetic theory of thought. London: Swan Sonnenschein & Co. 1908.

Baldwin, J. M.: Darwin and the humanities. Baltimore: Review Publishing Co. 1909.

Baldwin, J. M.: The springs of art. In: Philosophical Review 18 (1909), S. 281–298. (a)

Baldwin, J. M.: Thoughts and things or genetic logic. Vol. 3. Interest and art. Being real logic 1. Genetic epistemology. London: George Allen & Co. 1911.

Baldwin, J. M.: The individual and society. Boston: Gorham 1911. (a)

Baldwin, J. M.: Social and ethical interpretations in mental development. New York and London: Macmillan 1912/13[5].

Baldwin, J. M.: History of psychology. Vol. 1 & 2. New York and London: The Knickerbocker Press 1913.

Baldwin, J. M.: Genetic theory of reality. New York and London: The Knickerbocker Press 1915.

Baldwin, J. M.: Between two wars, 1861–1921. Vol. 1. Boston: The Stratford Company 1926.

Baldwin, J. M.: Between two wars, 1861–1921. Vol. 2. Boston: The Stratford Company 1926.

Baldwin, J. M.: Autobiography. In: Murchison, C. (ed.): A history of psychology in autobiography. Vol. 1. Worcester, Massachusetts: Clark University Press. London: Oxford University Press 1930, S. 1–30.

Baltes, P. B./Sowarka, D.: Entwicklungspsychologie und Entwicklungsbegriff. In: Silbereisen, R. K./ Montada, L. (Hg.): Entwicklungspsychologie. München 1983, S. 11–20.

Bar-Yam, M./Kohlberg, L./Naame, A.: Moral reasoning of students in different cultural, social, and educational settings. In: American Journal of Education 88 (1980), S. 345–362.

Becker, E.: The structure of evil. New York: The Free Press 1968.

Benhabib, S.: The generalized and the concrete other: The Kohlberg-Gilligan controversy and feminist theory. In: Praxis International 5 (1986), S. 402–424; dt.: Der verallgemeinerte und der konkrete Andere. Ansätze zu einer feministischen Moraltheorie. In: List, E./Studer, H. (Hg.): Denkverhältnisse. Frankfurt 1988, S. 417–451.

Berghaus, M.: Moral, Erziehung, Gerechte Gesellschaft. In: Kölner Zeitschrift für Soziologie und Sozialpsychologie 35 (1983), S. 121–132.

Berkowitz, M. W.: The social construction of knowledge. Paper read at the tenth Annual Symposium of the Jean Piaget Society: Philadelphia, Penn., May 30, 1980.

Bernert, Ch. J.: Die Wanderjahre: The higher education of American students in German universities, 1870–1914. Dissertation. State University of New York at Stony Brook 1984.

Bertram, H.: Moralerziehung – Erziehung zur Kooperation. In: Zeitschrift für Pädagogik 25 (1979), S. 529–546.

Bertram, H.: Moralische Sozialisation. In: Hurrelmann, K./Ulich, D. (Hg.): Handbuch der Sozialisationsforschung. Weinheim 1980, S. 717–744.

Blasi, A.: Bridging cognition and moral action: A critical review of the literature. In: Psychological Bulletin 88 (1980), S. 1–45.

Blasi, A.: Die moralische Persönlichkeit: Reflexionen für die Sozialwissenschaft und die Erziehung. In: Oser, F./Althof, W./Garz, D. (Hg.): Moralische Zugänge zum Menschen – Zugänge zum moralischen Menschen. München 1986, S. 67–81.

Blumer, H.: Der methodologische Standort des Symbolischen Interaktionismus. In: Arbeitsgruppe Bielefelder Soziologen (Hg.): Alltagswissen, Interaktion und gesellschaftliche Wirklichkeit. Reinbek 1973, S. 80–146.

Boyes, M. C./Walker, L. W.: Implications of cultural diversity for the universality claims of Kohlberg's theory of moral reasoning. In: Human Development 31 (1988), S. 44–59.

Brachel, U. von/Oser, F.: Kritische Lebensereignisse und religiöse Strukturtransformationen (Berichte zur Erziehungswissenschaft 43). Freiburg/Schweiz 1984.

Brecht, B.: Kalendergeschichten. Frankfurt 1973.

Bringuier, J. C.: Conversations with Jean Piaget. Chicago: University of Chicago Press 1980.

Brion-Meisels, St./Selman, R. L.: Interpersonale Verhandlungen in der Adoleszenz. In: Oser, F./Althof, W./Garz, D. (Hg.): Moralische Zugänge zum Menschen – Zugänge zum moralischen Menschen. München 1986, S. 136–156.

Broughton, J. M.: The developmental psychology of mind-body concepts. In: Rieber, R. W. (ed.): Body and mind. New York: Academic Press 1980, S. 177–221.

Broughton, J. M.: Piaget's structural developmental psychology. In: Human Development 24 (1981), S. 78–109, 195–224, 320–346, 382–411.

Broughton, J. M.: The psychology, history and ideology of the self. Ms. New York 1983.

Broughton, J. M./Freeman-Moir, D. J. (eds.): The cognitive-developmental psychology of James Mark Baldwin. Norwood: Ablex 1982.

Broyer, J. A.: Mead's ethical theory. In: Corty, W. R. (ed.): The philosophy of G. H. Mead. Winterthur 1973, S. 171–192.

Brumlik, M.: Der symbolische Interaktionismus und seine pädagogische Bedeutung. Frankfurt 1973.

Brumlik, M.: Symbolischer Interaktionismus. In: Lenzen, D./Mollenhauer, K. (Hg.): Theorien und Grundbegriffe der Erziehung und Bildung (Enzyklopädie Erziehungswissenschaft; Bd. 1) Stuttgart 1983, S. 232–245.

Brumlik, M.: Bildung und Glück. Versuch einer Theorie der Tugenden. Berlin 2003.

Buck-Morss, S.: Sozio-ökonomische Verzerrungen in Piagets Theorie und ihre Implikationen für interkulturell vergleichende Untersuchungen. In: Riegel, K. F. (Hg.): Zur Ontogenese dialektischer Operationen. Frankfurt a.M. 1978, S. 53–74.

Campbell, R. L./Richie, D. M.: Problems in the theory of developmental sequences. In: Human Development 26 (1983), S. 156–172.

Chomsky, N.: Sprache und Verantwortung. Berlin 1981.

Colby, A.: Evolution of a moral developmental theory. In: Damon, W. (ed.): Moral development (New Directions for Child Development 2), 1978, S. 89–104.

Colby, A./Kohlberg, L.: Das moralische Urteil: Der kognitionszentrierte entwicklungspsychologische Ansatz. In: Steiner, G. (Hg.): Piaget und die Folgen (Die Psychologie des 20.Jahrhunderts. Bd. 7). Zürich 1978, S. 348–366.

Colby, A./Kohlberg, L. u. a.: Standard form scoring manual. (Ms., 4 Teile, 1978/79); jetzt: The measurement of moral judgment. Vol. I & II. New York: Cambridge University Press 1987.

Colby, A./Kohlberg, L./Gibbs, J./Lieberman, M.: A longitudinal study of moral judgment. Monograph of the Society for Research in Child Development. No. 200, Vol. 48, 1983.

Damon, W.: The social world of the child. San Francisco: Jossey-Bass 1977; dt.: Die soziale Welt des Kindes. Frankfurt a.M. 1984.

Döbert, R.: „Was mir am wenigsten wehtut, dafür entscheid ich mich dann auch". In: Kursbuch (Moral) 60, 1980, S. 43–59.

Döbert, R.: Oser/Gmünders Stadium 3 der religiösen Entwicklung im gesellschaftlichen Kontext: Ein circulus vitiosus. In: Nipkow, K. E./Schweitzer, F./Fowler, J. W. (Hg.): Glaubensentwicklung und Erziehung. Gütersloh 1988, S. 144–162.

Döbert, R.: Männliche Moral – weibliche Moral? In: Gerhardt, U./Schütze, Y. (Hg.): Frauensituationen. Frankfurt a.M. 1988, S. 81–113. (a)

Döbert, R./Nunner-Winkler, G.: Performanzbestimmende Aspekte des moralischen Bewußtseins. In: Portele, G. (Hg.): Sozialisation und Moral. Weinheim 1978, S. 101–121.

Döbert, R./Nunner-Winkler, G.: Jugendliche schlagen über die Stränge. Abwehr- und Bewältigungsstrategien in moralisierbaren Handlungssituationen. In: Eckensberger, L. H./Silbereisen, R. K. (Hg.): Entwicklung sozialer Kognition. Stuttgart 1980, S. 267–298.

Döbert, R./Nunner-Winkler, G.: Die Bewältigung von Selbstmordimpulsen im Jugendalter. In: Edelstein, W./Habermas, J. (Hg.): Soziale Interaktion und soziales Verstehen. Frankfurt 1984, S. 348–380.

Döbert, R./Habermas, J./Nunner-Winkler, G. (Hg.): Entwicklung des Ichs. Köln 1977.

Durkheim, E.: Erziehung, Moral und Gesellschaft. Neuwied 1973 (Original 1925).

Durkheim, E.: Soziologie und Philosophie. Frankfurt 1976 (Original 1924).

Durkheim, E.: Über die Teilung der sozialen Arbeit. Frankfurt 1977 (Original 1893).

Eckensberger, L. H./Silbereisen, R. K.: Einleitung: Handlungstheoretische Perspektiven für die Entwicklungspsychologie sozialer Kognitionen. In: Dies. (Hg.): Entwicklung sozialer Kognitionen. Stuttgart 1980, S. 11–45.

Eckensberger, L. H./Villenave-Cremer, S./Reinshagen, H.: Kritische Darstellung von Methoden zur Erfassung des Moralischen Urteils. In: Eckensberger, L. H./Silbereisen, R. K. (Hg.): Entwicklung sozialer Kognitionen. Stuttgart 1980, S. 335–377.

Edelstein, W.: A few words in commemoration of Lawrence Kohlberg. Ms. Baltimore 1987.

Edelstein, W./Keller, M. (Hg.): Perspektivität und Interpretation. Frankfurt 1982.

Edelstein, W./Keller, M.: Die Entwicklung eines moralischen Selbst von der Kindheit zur Adoleszenz. In: Edelstein, W./Nunner-Winkler, G./Noam, G. (Hg.): Moral und Person. Frankfurt a.M. 1993, S. 321–346.

Fatke, R.: Jean Piaget. In: Scheuerl, H. (Hg.): Klassiker der Pädagogik. Bd. II. München 1979, S. 290–314.

Fatke, R. Einführung. In: Jean Piaget über Jean Piaget. München 1981, S. 7–27.

Feder, H.: Required: A place for literature in moral education. In: The Journal of Aesthetic Education 15 (1981), S. 10–30.

Fetz, R. L.: Piaget als philosophisches Ereignis. In: Steiner, G. (Hg.): Piaget und die Folgen (Die Psychologie des 20. Jahrhunderts. Bd. 7). Zürich 1978, S. 27–40.

Fetz, R. L.: Die Gegenwärtigkeit aristotelischen Denkens. In: Vierteljahresschrift für Heilpädagogik und ihre Nachbargebiete 48 (1979), S. 221–236. (a)

Fetz, R. L.: Kreis des Verstehens oder Kreis der Wissenschaften? In: Freiburger Zeitschrift für Philosophie und Theologie 26 (1979), S. 163–201. (b)

Fetz, R. L.: Genetische Semiologie? In: Freiburger Zeitschrift für Philosophie und Theologie 28 (1981), S. 434–470.

Fetz, R. L.: Nachahmung, Spiel und Kunst. Fragen einer genetischen Ästhetik. In: Freiburger Zeitschrift für Philosophie und Theologie 29 (1982), S. 489–508. (a)

Fetz, R. L.: Naturdenken beim Kind und bei Aristoteles. Fragen einer genetischen Ontologie. In: Tijdschrift voor Filosofie 44 (1982), S. 473–513. (b)

Fetz, R. L.: Symbolforschung unter strukturgenetischem Vorzeichen. In: Gesellschaft für Symbolforschung (Hg.): Symbolforschung. Bern: 1984, S. 51–62.

Fetz, R. L.: Struktur und Genese. Jean Piagets Transformation der Philosophie. Bern: Haupt 1988.

Fetz, R. L./Bucher, A.: Stufen religiöser Entwicklung? Eine rekonstruktive Kritik an Fritz Oser und Paul Gmünder. In: Jahrbuch der Religionspädagogik 3 (1986), S. 217–230.

Flavell, J. H.: The developmental psychology of Jean Piaget. New York: D. van Nostrand 1963.

Flavell, J. H.: An analysis of cognitive-developmental sequences. In: Genetic Psychology Monographs 86 (1972), S. 279–350.

Flavell, J. H.: Structures, stages, and sequences in cognitive development. In: Collins, A. (ed.): Minnesota Symposium on Child Psychology. Vol. 15. Hillsdale: Erlbaum 1982, S. 1–28.

Flavell, J. H./Ross, L.: Concluding remarks. In: Dies. (eds.): Social cognitive development. Cambridge: Cambridge University Press 1981, S. 306–316.

Flavell, J. H./Flavell, E. R./Green, F. L.: Development of the appearance-reality distinction. In: Cognitive Psychology 15 (1983), S. 95–120.

Fowler, J. W.: Stages of faith. San Francisco: Harper & Row 1981.

Freitag, B.: Theorie des kommunikativen Handelns und genetische Psychologie. In: Kölner Zeitschrift für Soziologie und Sozialpsychologie 35 (1983), S. 555–576.

Furth, H. G.: Intelligenz und Erkennen. Frankfurt 1976.

Furth, H. G.: Piaget and knowledge. Chicago 1981[2].

Furth, H. G.: Äquilibration oder das Leben des Denkens. In: Neue Sammlung 23 (1983), S. 124–132.

Furth, H. G.: A developmental perspective on the societal theory of Habermas. In: Human Development 26 (1983), S. 181–197. (a)

Gadamer, H.-G.: Wahrheit und Methode. Tübingen 1986[5].

Gallagher, J. M./Reid, D. K.: The learning theory of Piaget and Inhelder. Monterey: Brooks/Cole Publishing Company 1983.

Gardner, H.: The quest for mind. Chicago: University of Chicago Press 1981[2].

Garz, D.: Zum neuesten Stand von Kohlbergs Ansatz der moralischen Sozialisation. In: Zeitschrift für Pädagogik 26 (1980), S. 93–98.

Garz, D.: Rekonstruktive Methoden in der Sozialisationsforschung. In: Ders./Kraimer, K. (Hg.): Brauchen wir andere Forschungsmethoden? Frankfurt 1983, S. 176–188.

Garz, D.: Strukturgenese und Moral. Opladen 1984.

Garz, D.: Sollten wir vielleicht doch eingreifen? Abolitionismus – Gerechtigkeit – Just Community. In: Kriminologisches Journal 19 (1987), S. 212–228.

Garz, D.: Ethische Aspekte des Leistungssports. Gerecht werden. Pädagogische Möglichkeiten – gesellschaftliche Grenzen. Ms. Osnabrück 1986. In: Franke, E. (Hg.): Ethische Aspekte des Leistungssports. Clausthal-Zellerfeld 1988, S. 35–53.

Garz, D.: Moral bei Kindern. In: Welt des Kindes 66, 1988, S. 6–10. (a)

Garz, D.: Theorie der Moral und gerechte Praxis. Wiesbaden 1989.

Garz, D.: Lawrence Kohlberg zur Einführung. Hamburg 1996.

Garz, D.: Moral, Erziehung und Gesellschaft. Wider die Erziehungskatastrophe. Bad Heilbrunn 1998.

Garz, D.: Biographische Erziehungswissenschaft. Lebenslauf, Entwicklung und Erziehung. Eine Hinführung. Opladen 2000.

Garz, D.: „Anselm Strauss is perhaps the first American scholar to attempt to integrate struturalistic theory with symbolic interactionism". What Larry Kohlberg learned from Anselm Strauss and what developmental and qualitative research can learn from both, im Druck.

Garz, D./Oser, F./Althof, W. (Hg.): Moralisches Urteilen und Handeln. Frankfurt a.M. 1999.

Gehlen, A.: Anthropologische und sozialpsychologische Untersuchungen. Reinbek 1986. (Original 1957 u. 1961).

Gelman, R./Spelke, E.: The development of thoughts about animate and inanimate objects: Implications for research on social cognition. In: Flavell, J. H./Ross, L. (eds.): Social cognitive development. Cambridge: Cambridge University Press 1981, S. 43–66.

Geulen, D.: Das vergesellschaftete Subjekt. Frankfurt 1977.

Geulen, D. (Hg.): Perspektivenübernahme und soziales Handeln. Frankfurt 1982.

Gibbs, J. C.: Kohlbergs moral stage theory. In: Human Development 22 (1979), S. 89–112.

Gilligan, C.: In a different voice: Womens conceptions of self and morality. In: Harvard Educational Review 47 (1977), S. 481–517.

Gilligan, C.: In a different voice. Cambridge: Harvard University Press 1982; dt.: Die andere Stimme. München 1984/1988³.

Gilligan, C.: Interview. In: The Boston Globe Magazine. January 13, 1985 (Feminist Perspectives), S. 14, 15 u. 44.

Gilligan, C./Belenky, M. F.: A naturalistic study of abortion decisions. In: New Directions For Child Development 7 (1980), S. 69–80; dt.: Eine naturalistische Studie über Abtreibungsentscheidungen. In: Garz, D./Oser, F./Althof, W.: Der Kontext der Moral. Frankfurt 1999, S. 117–136.

Gilligan, C./Langdale, S./Pollak, S.: Remapping development: The power of divergent data. Ms. Cambridge, Mass. 1984.

Ginsburg, H./Opper, S.: Piagets Theorie der geistigen Entwicklung. Stuttgart 1975.

Glasersfeld, E. von/Kelley, M. F.: On the concepts of period, phase, stage, and level. In: Human Development 25 (1982), S. 152–160.

Grathoff, R.: Zur gegenwärtigen Rezeption von George Herbert Mead. In: Philosophische Rundschau 34 (1987), S. 131–145.

Gruber, H. E./Veneche, J. J. (eds.): The essential Piaget. New York: Basic Books 1977.

Grunwald, G.: Pädagogische Psychologie. Eine genetische Psychologie der Wissenschaft, Kunst, Sittlichkeit und Religion bis zur vollen Reife des Menschen. Berlin 1921.

Habermas, J.: Kultur und Kritik. Frankfurt 1973.

Habermas, J.: Erkenntnis und Interesse. Mit einem neuen Nachwort. Frankfurt 1973. (a)

Habermas, J.: Was heißt Universalpragmatik? In: Apel, K.-O. (Hg.): Sprachpragmatik und Philosophie. Frankfurt 1976, S. 174–272.

Habermas, J.: Zur Rekonstruktion des Historischen Materialismus. Frankfurt 1976. (a)

Habermas, J.: Theorie des kommunikativen Handelns. Band 1: Handlungsrationalität und gesellschaftliche Rationalisierung. Frankfurt 1981.

Habermas, J.: Theorie des kommunikativen Handelns. Band 2: Zur Kritik der funktionalistischen Vernunft. Frankfurt 1981.

Habermas, J.: Kleine Politische Schriften (I–IV). Frankfurt 1981. (a)

Habermas, J.: Moralbewußtsein und kommunikatives Handeln. Frankfurt 1983.

Habermas, J.: Interpretive Science vs. Hermeneuticism. In : Haan, N. et al. (eds.): Social Science as Moral Inquiry. New York 1983, S. 251–270; dt. in: Habermas, J.: Moralbewußtsein und kommunikatives Handeln. Frankfurt a.M. 1983, S. 29–52.

Habermas, J.: Moralität und Sittlichkeit. Treffen Hegels Einwände gegen Kant auch auf die Diskursethik zu? In: Kuhlmann, W. (Hg.): Moralität und Sittlichkeit. Frankfurt 1986, S. 16–37.

Habermas, J.: Erläuterungen zur Diskursethik. Frankfurt a.M. 1991.

Hart, D.A.: Becoming Men. The Development of Aspirations, Values and Adaptational Styles. New York 1992.

Harten, H.-Chr.: Der vernünftige Organismus – oder gesellschaftliche Evolution der Vernunft. Frankfurt 1977.

Hegel, G. W. F.: Werke (Theorie Werkausgabe) Bd.1. Frankfurt a.M. 1970.

Hegel, G. W. F.: Phänomenologie des Geistes (1807). Frankfurt a.M. 1975².

Hersh, R. H./Paolitto, D. P./Reimer, J.: Promoting moral growth. New York: Longman 1979.

Hesse, H.: Mein Glaube. Frankfurt 1971.

Hughes, R.: Der Schock der Moderne. Düsseldorf 1981.

Inhelder, B.: Einige Aspekte von Piagets genetischer Theorie des Erkennens. In: Furth, H. G.: Intelligenz und Erkennen. Frankfurt 1976, S. 44–71.

James, W.: Pragmatism (1907). New York: Meridian 1974.

Jessor, R./Colby, A./Shweder, R. A. (eds.): Ethnography and Human Development. Context and Meaning in Social Inquiry. Chicago 1996.

Joas, H.: G. H. Mead. In: Kaesler, D. (Hg.): Klassiker des soziologischen Denkens. Band. 2. München 1978, S. 7–39.

Joas, H.: Praktische Intersubjektivität. Frankfurt 1980.

Joas, H. (Hg.): Das Problem der Intersubjektivität. Frankfurt 1985.

Kant, I.: Grundlegung zur Metaphysik der Sitten (1785). Hamburg 1971.

Kegan, R.: The evolving self: A process conception for ego psychology. In: The Counseling Psychologist 8 (1979), S. 5–34.

Kegan, R.: The evolving self. Cambridge: Harvard University Press 1982; dt.: Die Entwicklungsstufen des Selbst. München 1986/1991[2].

Keller, M.: Freundschaft und Moral: Zur Entwicklung der moralischen Sensibilität in Beziehungen. In: Bertram, H. (Hg.): Gesellschaftlicher Zwang und Autonomie. Frankfurt 1986, S. 195–223.

Kesselring, T.: Entwicklung und Widerspruch. Ein Vergleich zwischen Piagets genetischer Erkenntnistheorie und Hegels Dialektik. Frankfurt 1981.

Kesselring, T.: Jean Piaget. München 1988.

Kittay, E. F./Meyers, D. T. (eds.): Women and moral theory. Totowa: Rowman & Littlefield 1987.

Klafki, W.: Die Bedeutung der klassischen Bildungstheorien für ein zeitgemäßes Konzept allgemeiner Bildung. In: Zeitschrift für Pädagogik 32 (1986), S. 455–476.

Kohlberg, L.: Beds for bananas. In: The Menorah Journal 36 (1948), S. 285–299.

Kohlberg, L.: The development of modes of moral thinking and choice in the years 10 to 16. Dissertation. Chicago 1958.

Kohlberg, L.: The development of children's orientations toward a moral order 1. Sequence in the development of moral thought. In: Vita Humana 6 (1963), S. 11–33.

Kohlberg, L.: The child as a moral philosopher. In: Psychology Today 7 (1968) (September), S. 24–30.

Kohlberg, L.: Stage and sequence: The cognitive-developmental approach to socialization. In: Goslin, D. A. (ed.): Handbook of socialization theory and research. Chicago: Rand McNally 1969, S. 347–480; dt: Stufe und Sequenz: Sozialisation unter dem Aspekt der kognitiven Entwicklung. In: Ders.: Zur kognitiven Entwicklung des Kindes. Frankfurt a.M. 1974, S. 7–255.

Kohlberg, L.: The moral atmosphere of the school. In: Overley, N. (ed.): The unstudied curriculum: Its impact on children. Washington: Monograph of the Association for Supervision and Curriculum Development 1970, S. 104–127.

Kohlberg, L.: From is to ought: How to commit the naturalistic fallacy and get away with it in the study of moral development In: Mischel, Th. (ed.): Cognitive development and epistemology. New York: Academic Press 1971, S. 151–235. (a)

Kohlberg, L.: Cognitive-developmental theory and the practice of collective moral education. In: Wolins, M./Gottesmann, M. (eds.): Group care: An Israeli approach. New York: Gordon Breach 1971, S. 342–379. (b)

Kohlberg, L.: The claim to moral adequacy of a highest stage of moral judgment In: The Journal of Philosophy 70 (1973), S. 630–646.

Kohlberg, L.: Continuities in Childhood and Adult Moral Development Revisited. In: Baltes, P.B./Schaie, K.L. (eds.): Life Span-Developmental Psychology. New York 1973, S. 179–204; dt. in: Kohlberg, L.: Die Psychologie der Moralentwicklung. Frankfurt a.M. 1995, S. 81–122.

Kohlberg, L.: Moral stages and moralization: The cognitive-developmental approach. In: Lickona, T. (ed.): Moral development and behavior. New York: Holt, Rinehart and Winston 1976, S. 31–53.

Kohlberg, L.: The cognitive developmental approach to behavior disorders: A study of the development of moral reasoning in delinquents. In: Serban, G. (ed.): Cognitive defects in the development of mental illness. New York: Brunner/Mazel 1978, S. 207–219.

Kohlberg, L.: An interview with Lawrence Kohlberg. In: Hennessy, T. C. (ed.): Value/Moral education. New York: Paulist Press 1979, S. 211–242. (a)

Kohlberg, L.: Foreword. In: Rest, J. R.: Development in judging moral issues. Minneapolis: University of Minnesota Press 1979, S. VII–XVI. (b).

Kohlberg, L.: High school democracy and educating for a just society In: Mosher, R. L. (ed.): Moral education: A first generation of research and development. New York: Praeger 1980, S. 20–57.

Kohlberg, L.: The meaning and measurement of moral development. (Heinz Werner Memorial Lecture 1979). Worcester, Mass.: Clark University Press 1981.

Kohlberg, L.: Essays on moral development. Vol. 1: The philosophy of moral development. San Francisco: Harper & Row 1981.

Kohlberg, L.: A reply to Owen Flanagan and some comments on the Puka-Goodpaster exchange. In: Ethics 92 (1982), S. 513–528.

Kohlberg, L.: Moral development. In: Broughton, J./Freeman-Moir, D. J. (eds.): The cognitive-developmental theory of James Mark Baldwin. Norwood: Ablex 1982, S. 277–325.

Kohlberg, L.: Essays on moral development. Vol. 2: The psychology of moral development. San Francisco: Harper & Row 1984.

Kohlberg, L.: An evaluation of the effects of high school democratic governance on students moral judgment and action. Ms. Cambridge, Mass. 1985.

Kohlberg, L.: Der Erwachsene als Philosoph. Manuskript, Anhang. Ohne Ort: 1986.

Kohlberg, L.: Der „Just-Community"-Ansatz der Moralerziehung in Theorie und Praxis. In: Oser, F./Fatke, R./Höffe, O. (Hg.): Transformation und Entwicklung. Grundlagen der Moralerziehung. Frankfurt 1986, S. 21–55.

Kohlberg, L.: A current statement on some theoretical issues. In: Modgil, S. & C. (eds.): Lawrence Kohlberg. Consensus and controversy. Philadelphia: Falmer 1986, S. 485–546. (a)

Kohlberg, L.: My personal search for universal morality. In: Moral Education Forum 11 (1986), H. 1, S. 4–10. (b)

Kohlberg, L.: School climate and the school climate questionnaire. Results from two Bronx high schools – Bronx Science and Theodore Roosevelt. Ms. Cambridge, Mass. 1986.

Kohlberg, L.: Conscience as principled responsibility: On the philosophy of stage six. In: Zecha, G./Weingartner, P. (eds.): Conscience: An interdisciplinary view. Dordrecht: D. Reidel 1987, S. 3–25.

Kohlberg, L.: Die Psychologie der Lebensspanne. Frankfurt a.M. 2000.

Kohlberg, L./Candee, D.: The relationship of moral judgment to moral action. In: Kurtines, W. M./Gewirtz, J. L. (eds.): Morality, moral behavior and moral development. New York: Wiley 1984, S. 52–73; dt.: Die Beziehung zwischen moralischem Urteilen und moralischem Handeln. In: Garz, D./Oser, F./Althof, W.: Der Kontext der Moral. Frankfurt 1999, S. 13–46. (a)

Kohlberg, L./Candee, D.: The relationship of moral judgment to moral action. In: Kohlberg, L.: Essays on moral development. Vol. 2. The psychology of moral development. San Francisco: Harper & Row 1984, S. 498–581. (b)

Kohlberg, L./Levine, Ch./Hewer, A.: Moral Stages: A Current Formulation and a Response to Critics. Basel 1983; dt. zum Teil in: Kohlberg, L.: Die Psychologie der Moralentwicklung. Frankfurt a.M. 1995, S. 217–372.

Kohlberg, L./Mayer, R.: Development as the aim of education. In: Harvard Educational Review 42 (1972), S. 449–496.

Kohlberg, L./Power, C.: Moral development, religious thinking, and the question of a seventh stage. In: Kohlberg, L.: Essays on moral development. Vol. One. The philosophy of moral development. San Francisco: Harper & Row 1981, S. 311–372.

Kohlberg, L./Whitten, Ph.: Understanding the hidden curriculum. In: Learning 1 (1972), S. 10–13.

Kohlberg, L. u. a.: The justice structure of the prison – A theory and an intervention. In: The Prison Journal 51 (1972), S. 3–14; dt.: Die Gerechtigkeitsstruktur im Gefängnis. Eine Theorie und eine Intervention. In: Portele, G. (Hg.): Sozialisation und Moral. Weinheim 1978, S. 202–214.

Kohlberg, L. u. a.: The just community approach to corrections: A theory. In: Journal of Moral Education 4 (1975), S. 243–260.

Kohlberg, L. u. a.: Die Gerechte Schul-Kooperative. Ihre Theorie und das Experiment der Cambridge Cluster School. In: Portele, G. (Hg.): Sozialisation und Moral. Weinheim 1978, S. 215–259.

Kohlberg, L. u. a.: Moral stages: A current formulation and a response to critics. Basel: Karger 1983.

Kohlberg, L. u. a.: Die Wiederkehr der sechsten Stufe: Gerechtigkeit, Wohlwollen und der Standpunkt der Moral. In: Edelstein, W./Nunner-Winkler, G. (Hg.): Zur Bestimmung der Moral. Frankfurt 1986, S. 205–240.

Kohlberg, L. u. a.: School climate and the school climate questionaire. Results from two Bronx high schools. Ms. 1986. (a)

Kolb, W. L.: A critical evaluation of Mead's 'I' and 'Me' concepts. In: Social Forces 22 (1944), S. 291–296.

Krappmann, L.: Identität – ein Bildungskonzept? In: Grohs, G. (Hg.): Kulturelle Identität im Wandel. Stuttgart 1980, S. 99–118.

Krappmann, L.: Mead und die Sozialisationsforschung. In: Joas, H. (Hg.): Das Problem der Intersubjektivität. Frankfurt a.M. 1985, S. 156–178.

Kreft, J.: Grundprobleme der Literaturdidaktik. Heidelberg 1977.

Kreft, J.: Der Literaturunterricht und die moralische Entwicklung der Schüler. In: Westermanns Pädagogische Beiträge 30 (1978), S. 498–502.

Kreft, J.: Kindheit – Literatur – Kinderliteratur. In: Doppler, B. (Hg.): Kindheit – Kinderlektüre. Wien: Österreichischer Bundesverlag 1984, S. 27–45.

Kreft, J.: Moralische und ästhetische Entwicklung im didaktischen Aspekt. In: Oser, F./Althof, W./Garz, D. (Hg.): Moralische Zugänge zum Menschen – Zugänge zum moralischen Menschen. München 1986, S. 257–280.

Kuhlmann, W.: Philosophie und rekonstruktive Wissenschaft. In: Zeitschrift für philosophische Forschung 40 (1986), S. 224–234.

Kuhn, T. S.: Die Struktur wissenschaftlicher Revolutionen. Frankfurt a.M. 1976².

Langdale, Ch. J.: Moral orientation and moral development: The analysis of care and justice across different dilemmas in females and males. Dissertation. Harvard University. Cambridge, Mass. 1983.

Langdale, Ch./Lyons, N. P.: Vortragsmanuskript (ohne Titel). Cambridge, Mass. 1985.

Lapsley, D. K./Serlin, R. C.: On the alleged degeneration of the Kohlbergian research programm. In: Educational Theory 34 (1984), S. 157–169.

Lempert, W. Soziobiographische Bedingungen der Entwicklung moralischer Urteilsfähigkeit. In: Kölner Zeitschrift für Soziologie und Sozialpsychologie 40 (1988), S. 62–92.

Lempert, W.: Moralisches Denken. Essen 1988. (a)

Lind, G.: Wie mißt man moralisches Urteil? In: Portele, G. (Hg.): Sozialisation und Moral. Weinheim 1978, S. 171–201.

Lind, G./Raschert, J. (Hg.): Moralische Urteilsfähigkeit. Eine Auseinandersetzung mit Lawrence Kohlberg. Weinheim 1987.

Loch, W.: Rollenübernahme und Selbstverwirklichung. In: Bräuer, G. u. a. (Hg.): Studien zur Anthropologie des Lernens. Essen 1968, S. 65–89.

Loevinger, J.: On ego development and the structure of personality. In: Developmental Review 3 (1983), S. 339–350.

Lyons, N. P.: Two perspectives: On self, relationships, and morality. In: Harvard Educational Review 53 (1983), S. 125–145.

Martin, J. R.: A reply to Siegel. In: Harvard Educational Review 53 (1983), S. 246–248.

Mead, G. H.: Mind, self and society. Chicago: University of Chicago Press 1934; dt.: Geist, Identität und Gesellschaft. Frankfurt 1975².

Mead, G. H.: Gesammelte Aufsätze. Bd. 1 u. 2. Frankfurt 1980/1983.

Meltzer, B. N./Petras, J. W./Reynolds, L. T.: Symbolic interactionism. London: Routledge & Kegan Paul 1975.

Miller, M.: Sprachliche Sozialisation. In: Hurrelmann, K./Ulich, D. (Hg.): Handbuch der Sozialisationsforschung. Weinheim 1980, S. 649–668.

Modgil, S. &. C. (eds.): Lawrence Kohlberg. Consensus and controversy. (Falmer International Master-Minds Challenged). Philadelphia: Falmer 1986.

Mollenhauer, K.: Theorien zum Erziehungsprozeß. München 1974².

Mühle, G.: Das Kontinuitätsproblem in der Entwicklungspsychologie. In: Schneider, P./Saame, O. (Hg.): Das Problem der Kontinuität. (Mainzer Universitätsgespräche 1966). Mainz 1970, S. 28–38.

Mühle, G.: Entwicklung. In: Historisches Wörterbuch der Philosophie. Darmstadt 1972. Bd. 2. Sp. 557–560.

Müller, A.: Erklären oder Verstehen? Frankfurt 1978.

Müller, H.-P.: Gesellschaft, Moral und Individualismus. Emile Durkheims Moraltheorie. In: Bertram, H. (Hg.): Gesellschaftlicher Zwang und moralische Autonomie. Frankfurt 1986, S. 71–105.

Mueller, R. H.: The american era of James Mark Baldwin (1893–1903). Dissertation. University of New Hampshire 1974.

Mueller, U.: Die Entwicklung des Denkens. Darmstadt 1982.

Muuss, R. E.: Jean Piagets Theorie der kognitiven Entwicklung. In: Döbert, R./Habermas, J./Nunner-Winkler, G. (Hg.): Entwicklung des Ichs. Köln 1977, S. 90–108.

Nipkow, K. E.: Moralerziehung. Gütersloh 1981.

Nisan, M.: Begrenzte Moralität (1982). In: Oser, F./Fatke, R./Höffe, O. (Hg.): Transformation und Entwicklung. Frankfurt a.M. 1986, S. 192–214.

Nisan, M.: Moral balance. A model for moral decisions. (Ms. 1984); dt: Die moralische Bilanz. Ein Modell moralischen Entscheidens. In: Edelstein, W./Nunner-Winkler, G. (Hg.): Zur Bestimmung der Moral. Frankfurt 1986, S. 347–376.

Nisan, M./Kohlberg, L.: Universality and variation in moral judgment: A longitudinal and cross-sectional study in Turkey. In: Child Development 53 (1982), S. 865–876.

Noam, G.: A constructivist approach to developmental psychopathology. In: Nannis, E. D./Cowan, P. A. (eds.): Developmental Psychopathology and its treatment. (New directions for child development 39). San Francisco: Jossey-Bass 1988, S. 91–121.

Noam, G./Kegan, R.: Soziale Kognition und Psychodynamik: Auf dem Weg zu einer klinischen Entwicklungspsychologie. In: Edelstein, W./Keller, M. (Hg.): Perspektivität und Interpretation. Frankfurt 1982, S. 422–460.

Noam, G./Kohlberg, L./Snarey, J.: Steps toward a model of the self. In: Lee, B./Noam, G. (eds.): Developmental approaches to the self. New York: Plenum Press 1983, S. 59–141.

Nunner-Winkler, G.: Two moralities? A critical discussion of an ethic of care and responsibility versus an ethic of rights and justice. In: Kurtines, W. M./Gewirtz, J. L. (eds.): Morality, moral behavior, and moral development. New York: Wiley 1984, S. 348–361.

Nunner-Winkler, G.: Moralisches Wissen – moralische Motivation – moralisches Handeln. In: Honig, M.-S./Leu, H.R./Nissen, U. (Hg.): Kinder und Kindheit. Weinheim 1996, S. 129–156.

Oevermann, U.: Hermeneutische Sinnrekonstruktion: Als Therapie und Pädagogik mißverstanden, oder: Das notorische strukturtheoretische Defizit der Pädagogik. In: Garz, D./Kraimer, K. (Hg.): Brauchen wir andere Forschungsmethoden? Frankfurt 1983, S. 113–155. (a)

Oevermann, U.: Zur Sache. Die Bedeutung von Adornos methodologischem Selbstverständnis für die Begründung einer materialen soziologischen Strukturanalyse In: von Friedeburg, L./Habermas, J. (Hg.): Adorno-Konferenz 1983. Frankfurt 1983, S. 234–289. (b)

Oevermann, U.: Kontroversen über sinnverstehende Soziologie. In: Aufenanger, St./Lenssen, M. (Hg.): Handlung und Sinnstruktur. München 1986, S. 19–83.

Oser, F.: Die Theorie von Lawrence Kohlberg im Kreuzfeuer der Kritik – Eine Verteidigung. In: Bildungsforschung und Bildungspraxis 3 (1981), S. 51–64.

Oser, F.: Moralisches Urteil in Gruppen. Soziales Handeln. Verteilungsgerechtigkeit. Frankfurt 1981. (a)

Oser, F.: Moralische Erziehung als Intervention. In: Unterrichtswissenschaft 9 (1981), S. 207–224. (b)

Oser, F.: Das Wollen, das gegen den eigenen Willen gerichtet ist. Über das Verhältnis von Urteil und Handeln im Bereich der Moral. In: Heckhausen, H. u. a. (Hg.): Jenseits des Rubikon: Der Wille in den Humanwissenschaften. Berlin 1987, S. 256–285.

Oser, F.: Möglichkeiten und Grenzen der Anwendung des Kohlbergschen Konzepts der moralischen Erziehung in unseren Schulen. In: Lind, G./Raschert, J. (Hg.): Moralische Urteilsfähigkeit. Weinheim 1987, S. 44–53. (a)

Oser, F.: Wieviel Religion braucht der Mensch? Gütersloh 1988.

Oser, F.: Genese und Logik der Entwicklung des religiösen Bewußtseins: Eine Entgegnung auf Kritiken (Berichte zur Erziehungswissenschaft 74a). Freiburg/Schweiz; auch in: Nipkow, K. E./Schweitzer, F./Fowler, J. W. (Hg.): Glaubensentwicklung und Erziehung. Gütersloh 1988, S. 48–88. (a)

Oser, F.: Verlust im Gewinn: Biographie und Determinanten des Entwicklungsmodells von Lawrence Kohlberg. (Berichte zur Erziehungswissenschaft 70). Freiburg/Schweiz 1988. (b)

Oser, F./Althof, W.: Der moralische Kontext als Sumpfbeet möglicher Entwicklung: Erziehung angesichts der Individuum-Umwelt-Verschränkung. Ms. 1984. In: Bertram, H. (Hg.): Gesellschaftlicher Zwang und moralische Autonomie. Frankfurt 1986, S. 322–357.

Oser, F./Althof, W.: Moralische Selbstbestimmung. Stuttgart 1992/1997[3].

Oser, F./Gmuender, P.: Der Mensch – Stufen seiner religiösen Entwicklung. Zürich 1984.

Oser, F./Schläfli, A.: Und sie bewegt sich doch. Zur Schwierigkeit der stufenmäßigen Veränderung des moralischen Urteils am Beispiel von Schweizer Banklehrlingen In: Oser, F./Fatke, R./Höffe, O. (Hg.): Transformation und Entwicklung. Frankfurt 1986, S. 217–251.

Parsons, M.: Aesthetic development. In: Broughton, J./Freeman-Moir, D. J. (eds.): The cognitive-developmental psychology of James Mark Baldwin. Norwood: Ablex 1982, S. 389–433.

Parsons, M. J: How we understand art. Cambridge: Cambridge University Press 1987.

Parsons, M. J. u. a.: A cognitive-developmental approach to aesthetic experience. In: Mosher, R. L. (ed.): Adolescents development and education. A janus knot. Berkeley: McCutchan 1979, S. 209–235.

Peltzer, U.: Lawrence Kohlbergs Theorie des moralischen Urteilens. Opladen 1986.

Perry, W. G.: Forms of intellectual and ethical development in the college years. New York: Holt, Rinehart and Winston 1970.

Piaget, J.: Children's philosophies. In: Murchison, C. (ed.): Handbook of child psychology. Worcester: Clark University Press 1931, S. 377–391.

Piaget, J.: The general problems of the psychobiological development of the child. In: Tanner, J. M./Inhelder, B. (eds.): Discussions on child development. London: Tavistock 1960, S. 3–27.

Piaget, J.: Part two. In: Beth, E. W./Piaget, J.: Mathematical epistemology and psychology. Dordrecht: Reidel 1966, S. 131–303.

Piaget, J.: The theory of stages in cognitive development. In: Green, D. R. u. a. (eds.): Measurement and Piaget. New York: McGraw 1971, S. 1–11.

Piaget, J.: Der Strukturalismus. Olten 1973.

Piaget, J.: Weisheit und Illusionen der Philosophie. Frankfurt 1974.

Piaget, J.: Sechs psychologische Studien. In: Ders.: Theorien und Methoden der Erziehung. Frankfurt 1974, S. 153–278. (a)

Piaget, J.: Das Erwachen der Intelligenz beim Kinde. Stuttgart 1975.

Piaget, J.: Autobiographie. In: Jean Piaget – Werk und Wirkung. München 1976, S. 15–59.

Piaget, J.: Das Weltbild des Kindes. Frankfurt 1981. (Original 1926).

Piaget, J.: Jean Piaget über Jean Piaget. (Hg. von R. Fatke). München 1981.

Piaget, J.: Intelligence and affectivity: Their relationship during child development. Palo Alto: Annual Reviews Inc. 1981. (a)

Piaget, J.: Das moralische Urteil beim Kinde. Frankfurt 1973/Stuttgart 1983. (Original 1932).

Piaget, J.: Problems of Equilibration. In: Gallagher, J. M./Reid, D. K.: The learning theory of Piaget and Inhelder. Monterey: Brooks/Cole Publishing Company 1983, S. 210–220. (a)

Piaget, J.: Jean Piaget's views on the psychology of language and thought. In: Rieber, R. W. with Voyat, G. (eds.): Dialogues on the psychology of language and thought. New York: Plenum Press 1983, S. 107–120. (b)

Piaget, J./Inhelder, B.: Die Psychologie des Kindes. Frankfurt 1977.

Piaget, J./Inhelder, B.: Das In-Beziehung-Setzen der Perspektiven. In: Geulen, D. (Hg.): Perspektivenübernahme und soziales Handeln. Frankfurt 1982, S. 75–85.

Portmann, A.: Zoologie und das neue Bild vom Menschen. Reinbek 1956[2].

Power, C.: Harte oder weiche Stufen der Entwicklung des Glaubens und des religiösen Urteils? Eine Piagetsche Kritik. In: Nipkow, K. E./Schweitzer, F./Fowler, J. W. (Hg.): Glaubensentwicklung und Erziehung. Gütersloh 1988, S. 108–123.

Power, C./Kohlberg, L.: Religion, morality and ego development. In: Brusselmans, Chr. u. a.: Toward moral and religious maturity. Morristown: Silver Burdett 1980, S. 343–372.

Rabinow, P./Sullivan, W.M.: The interpretive turn: Emergence of an approach. In: Dies. (eds.): Interpretive social science. Berkeley 1979, S. 1–21.

Radkau, J.: Max Weber. Die Leidenschaft des Denkens. München 2005.

Rest, J./Narvaez, D./Bebeau, M.J./Thoma, St.: Postconventional Moral Thinking: A Neo-Kohlbergian Approach. Mahwah, NJ. 1999.

Raven, U. F.: Professionelle Sozialisation und Moralentwicklung. Dissertation. Freiburg/Schweiz 1988. Veröffentlicht: Wiesbaden 1989.

Rawls, J.: Eine Theorie der Gerechtigkeit. Frankfurt 1975.

Reese, H. W./Overton, W. F.: Models of development and theories of development. In: Goulet, L. R./Baltes, P. B. (eds.): Life-span developmental psychology. Research and theory. New York: Academic Press 1970, S. 115–145; dt: Modelle der Entwicklung und Theorien der Entwicklung. In: Baltes, P. B. unter Mitarbeit von Eckensberger, L. H. (Hg.): Entwicklungspsychologie der Lebensspanne. Stuttgart 1979, S. 55–86.

Regenbogen, A. (Hg.): Moral und Politik. Köln 1984.

Rest, J. R.: Development in judging moral issues. Minneapolis: University of Minnesota Press 1979.

Rest, J. R.: Ein interdisziplinärer Ansatz zur Moralerziehung und ein Vierkomponentenmodell der Entstehung moralischer Handlungen. In: Oser, F./Althof, W./Garz, D. (Hg.): Moralische Zugänge zum Menschen – Zugänge zum moralischen Menschen. München 1986, S. 20–41.

Rest, J. R.: Die Rolle des moralischen Urteils im moralischen Handeln. In: Garz, D./Oser, F./Althof, W. (Hg.): Der Kontext der Moral. Frankfurt 1999, S. 82–116.

Russell, J.: The acquisition of knowledge. New York: St. Martin's Press 1978.

Russett, C. E.: Die Zähmung des Tigers: Der Darwinismus in der amerikanischen Gesellschaft und Gesellschaftslehre. In: Lepenies, W. (Hg.): Die Geschichte der Soziologie. Bd. 3. Frankfurt 1981, S. 329–380.

Schiller, F.: Über die ästhetische Erziehung des Menschen (1795). In: Werke in drei Bänden. 2. Band. Leipzig 1955, S. 509–604.

Schirp, H. (Hg.): Fragen an Kohlberg. (Arbeitsberichte zur Curriculumentwicklung, Schul- und Unterrichtsforschung). Soest: Landesinstitut für Schule und Weiterbildung 1985.

Schöfthaler, T.: Kultur in der Zwickmühle. Zur Aktualität des Streits zwischen kulturrelativistischer und universalistischer Sozialwissenschaft. In: Das Argument 139 (1983), S. 333–347.

Schöfthaler, T.: Die neue Universalismusdebatte. In: Neue Sammlung 24 (1984), S. 149–165.

Schreiner, G.: Die Herausforderung durch die ‚andere Stimme'. Zur Konstruktion einer weiblichen Moral durch Carol Gilligan. In: Zeitschrift für Pädagogik 33 (1988), S. 237–246.

Selman, R. L.: Sozial-kognitives Verständnis: Ein Weg zu pädagogischer und klinischer Praxis. In: Geulen, D. (Hg.): Perspektivenübernahme und soziales Handeln. Frankfurt 1982, S. 223–256. (a)

Selman, R. L. u. a.: Entwicklung der Fähigkeit zur Selbstreflexion bei Kindern. In: Edelstein, W./Keller, M. (Hg.): Perspektivität und Interpretation. Frankfurt 1982, S. 375–421. (b).

Selman, R. L.: The growth of interpersonal understanding. New York: Academic Press 1980; dt.: Die Entwicklung des sozialen Verstehens. Frankfurt 1984.

Sewny, V. D.: The social theory of James Mark Baldwin. New York: King's Crown Press 1945.

Snarey, J.: Cross-cultural universality of social-moral development: A critical review of Kohlbergian research. In: Psychological Bulletin 97 (1985), S. 202–232.

Snarey, J./Kohlberg, L./Noam, G.: Ego development in perspective: Structural stage, functional phase, and cultural age-period models. In: Developmental Review 3 (1983), S. 303–338.

Snarey, J./Reimer, J./Kohlberg, L.: The kibbutz as a model for moral education: A longitudinal cross-cultural study. In: Journal of Applied Developmental Psychology 6 (1985), S. 151–172.

Sprinthall, N. A./Collins, W. A.: Adolescent psychology: A developmental view. Reading: Addison-Wesley 1984.

Strauss, A.: Introduction. In: Mead, G. H.: On social psychology. Chicago: University of Chicago Press 1964, S. VII–XXV.

Sullivan, E. V.: Kohlberg's structuralism. A critical appraisal. Toronto: OISE 1977.

Sutter, H.: Entwicklungsorientiertes Fallverstehen. Eine hermeneutisch-rekonstruktive Fallstudie zur Entwicklung moralischer Urteilsfähigkeit. In: Sozialer Sinn 5 (2004), S. 335–386.

Tenbruck, F. H.: George Herbert Mead und die Ursprünge der Soziologie in Deutschland und Amerika. In: Joas, H. (Hg.): Das Problem der Intersubjektivität. Frankfurt 1985, S. 179–243.

Tugendhat, E.: Selbstbewußtsein und Selbstbestimmung. Frankfurt a.M. 1979.

Turiel, E.: The development of social knowledge. Cambridge: Cambridge University Press 1983.

Turiel, E./Edwards, E. P./Kohlberg, L.: Moral development in Turkish children, adolescents, and young adults. In: Journal of Cross-Cultural Psychology 9 (1978), S. 75–87.

Vidal, F.: Erfahrung und Denken: Jean Piagets Weg zur Wissenschaft. In: Neue Sammlung 23 (1983), S. 200–210.

Vidal, F.: The development of the young Piaget: Case materials against utopian psychology. In: Commons, M. L. u. a. (eds.): Beyond formal operations. New York: Praeger 1984 S. 28–40.

Vinh-Bang, N.: Die klinische Methode und die Forschung in der Kinderpsychologie. In: Inhelder, B./Chipman, H. (Hg.): Von der Kinderwelt zur Erkenntnis der Welt. Wiesbaden 1978, S. 83–97.

Weber, M. (1922): Gesammelte Aufsätze zur Wissenschaftslehre. Tübingen 1988.

Welzer, H.: Täter. Wie aus ganz normalen Menschen Massenmörder werden. Frankfurt a. M. 2005.

Weyers, St.: Moral und Delinquenz. Moralische Entwicklung und Sozialisation straffälliger Jugendlicher. Weinheim 2004.

Wilson, R. J.: In quest of community: Social philosophy in the United States, 1860–1920. New York: Wiley 1968. (Kap. 3: J. M. Baldwin: Conservator of moral community, S. 60–86).

Wood, A. W.: Deism. In: Eliade, M. (ed.): The encyclopedia of religion. Vol. IV. New York: Collier 1987, S. 262–264.

Woodward, W. R.: Young Piaget revisited: From the grasp of consciousness to decalage. In: Genetic Psychology Monographs 99 (1979), S. 131–161.

Wozniak, H.: Metaphysics and science, reason and reality: The intellectual origins of Genetic Epistemology. In: Broughton, J. M./Freeman-Moir, D. J. (eds.): The cognitive-developmental psychology of James Mark Baldwin. Norwood: Ablex 1982, S. 13–45.

# Über den Verfasser

Detlef Garz, geboren 1949 in Bermbach (Taunus), Studium der Erziehungs- und Sozialwissenschaften in Mainz, Frankfurt und Hamburg, 1980 Wissenschaftlicher Mitarbeiter, 1982 Hochschulassistent, 1988–1990 Privatdozent an der Universität Osnabrück; 1982 bis 1985 Auslandsaufenthalt an der Universität Fribourg (Schweiz) und der Harvard University in Cambridge, Mass. (USA). 1990 – 2002 Professor an der Carl von Ossietzky Universität Oldenburg. Seit 2002 Professor für Allgemeine Erziehungswissenschaft an der Johannes Gutenberg Universität Mainz.

Buch-Veröffentlichungen:

*Erziehung zur Gerechtigkeit. Unterrichtspraxis nach Lawrence Kohlberg.* München 1981 (Mitautor). *Brauchen wir andere Forschungsmethoden?* Frankfurt 1983 (Mitherausgeber). *Strukturgenese und Moral.* Opladen 1984. *Moralische Zugänge zum Menschen – Zugänge zum moralischen Menschen.* München 1986 (Mitherausgeber). *Theorie der Moral und gerechte Praxis.* Wiesbaden 1989. *Entwicklung – ein Grundbegriff der Pädagogik.* Hagen 1990. *Qualitativ-empirische Sozialforschung.* Opladen 1991 (Mitherausgeber). *Die Welt als Text. Zu Theorie, Kritik und Praxis der objektiven Hermeneutik.* Frankfurt 1994 (Mitherausgeber). *Moral, Erziehung und Gesellschaft. Wider die Erziehungskatastrophe.* Bad Heilbrunn 1998. *Moralisches Urteilen und Handeln.* Frankfurt a.M.: Suhrkamp 1999 (mit F. Oser und W. Althof). Vordtriede, K.: *„Es gibt Zeiten, in denen man welkt". Mein Leben in Deutschland vor und nach 1933.* Lengwil 1999/2000³ (Herausgeber). Kohlberg, L.: *Die Psychologie der Lebensspanne.* Frankfurt a.M. 2000 (Herausgeber und Bearbeiter der deutschen Ausgabe mit W. Althof). *Biographische Erziehungswissenschaft. Lebenslauf, Entwicklung und Erziehung. Eine Hinführung.* Opladen 2000. *„Wir Kinder hatten ein herrliches Leben...". Jüdische Kindheit und Jugend im Kaiserreich 1871–1918.* Oldenburg 2000 (mit U. Blömer). Wysbar, E.: *„Hinaus aus Deutschland, irgendwohin...". ,Mein Leben in Deutschland vor und nach 1933'.* Lengwil: Libelle 2000. *Jüdische Kindheit und Jugend in der Weimarer Republik.* Oldenburg 2003 (mit S. Bartmann und U. Blömer). *Constanze Hallgarten. Porträt einer Pazifistin.* Hamburg 2004 (mit A. Knuth). *Qualitative Research. Different Perspectives – Emerging Trends.* Ljubljana 2004 (mit J. Fikfak und F. Adam). *The Understanding of Human Behavior and Social Environment.* Seoul 2006 (mit Hyo-Seon Lee). Koreanisch. *Hilda Weiss – Soziologin, Sozialistin, Emigrantin.* Hamburg 2006.

Printed by Printforce, the Netherlands